做学生喜欢的班主任

主　编　张　红

副主编　付翠丽　闫丽丽　李永磊

编　委　孙　岩　李晓宁　梁　燕
　　　　杨　艳　江翠苹

中国海洋大学出版社

·青岛·

图书在版编目（CIP）数据

做学生喜欢的班主任/张红主编 . 一青岛：中国
海洋大学出版社，2019. 6
ISBN 978-7-5670-2181-5

Ⅰ. ①做…　Ⅱ. ①张…　Ⅲ. ①班主任工作　Ⅳ.
①G451. 6

中国版本图书馆 CIP 数据核字（2019）第 072869 号

出版发行	中国海洋大学出版社		
社　　址	青岛市香港东路 23 号	邮政编码	266071
出 版 人	杨立敏		
网　　址	http://pub.ouc.edu.cn/		
电子信箱	1922305382@qq.com		
责任编辑	邵成军	电　　话	0532－85902533
印　　制	青岛海大印务有限公司		
版　　次	2019 年 6 月第 1 版		
印　　次	2019 年 6 月第 1 次印刷		
成品尺寸	170 mm ×240 mm		
印　　张	13. 75		
字　　数	240 千		
印　　数	1—1 000		
定　　价	45. 00 元		

序

　　打开张红老师发过来的书稿,我认真阅读。这部书稿是张红名班主任工作室 9 位老师的作品,是一线班主任对班级管理、德育工作的探索和思考。浓浓的草根气息让我非常欣喜,非常感动。书中没有高深的理论,没有标语式的口号,没有"为赋新词强说愁"的虚假。从书中的字里行间,我看到了小学班主任老师们的敬业和付出、实践和行走,我为有这样一群兢兢业业教书育人的一线老师而感动和骄傲。

　　小学的班主任也许是这个世界上最小的"官"了,但她们管理的对象是一个个具有生命活力、独特个性的小学生,这就决定了她们工作的复杂性、艰巨性。她们要有非常细腻的慈母般的爱,要有非常丰富的心理学知识,要有非常扎实的教育学功底,要有非常娴熟的人际关系处理方法;她们要会育人、会教书、会与家长交流、会与社会融合。在这个社会期望值高、家长要求多元的时代,一线教师,特别是班主任,真是太不容易了。

　　但是班主任的工作又太重要了!班主任是学校管理与教育教学的中坚力量,是指引孩子们"系好人生第一粒扣子"的重要导师。小学生有很强的向师性,老师,特别是班主任老师的一言一行、一举一动都在潜移默化地影响着他们的成长。鉴于此,青岛市教育局非常重视班主任队伍建设,2017 年专门成立了 30 个青岛市名班主任工作室,精选了 30 名中小学名班主任工作室主持人,其中小学共 7 人,张红老师就是其中的一位。

　　说起张红老师,熟悉她的人都说她是一位真正的好老师!她的爱生、敬业是无可挑剔的,她对班主任工作的热爱已然成了一种自觉。自工作以来她一直担任班主任,25 年的班主任工作使她由一名默默无闻的新兵成长为在学校、在即墨乃至青岛有一定影响的优秀班主任。这期间的努力和辛苦,她带过的每一届学生知道,她接触过的每一位家长知道,和她搭档过的每一位同事知道。25 年里,她记了大量的班级管理日记,进行过大量的家访,与孩子们进行了大量的交流,有风雨过后的彩虹,有雄关漫道的执着,有走过红毯的收获。她走进了孩子的心里,赢得了家长的支持,得到了同事的帮助,受到了领导和专家的好评。

担任青岛市名班主任工作室主持人以来,张红老师的身边迅速聚集起了付翠丽、闫丽丽、李永磊、孙岩、李晓宁、梁燕、杨艳、江翠苹等 8 名骨干班主任,以她们为中心的各校班主任工作研讨群,形成了强有力的辐射带动作用。有了青岛市教育局基教处搭建的平台,这群致力于班主任工作研究与实践的"追梦人"开启了更高层次的飞翔。她们南下金陵,参加 2017 年深受欢迎全国著名教师、著名班主任报告会;北上冰城,参加全国中小学班主任专业素养提升暨立德育人实践智慧暑期高级研修;远赴申城,参加全国中小学名班主任工作经验交流会。全国各地的教育专家来青岛传经送宝,她们珍惜每一次机会,参加了全国中小学教育名家班主任工作创新报告会、全国中小学班主任核心素养与智慧提升高级研修班、全国中小学德育管理与班主任工作室建设研修班;还参加了由青岛市教育局基教处统一组织的四次班主任论坛:核心素养背景下的班主任工作透视与创新;核心素养背景下班主任工作创新教育论坛;创新班级管理,培育核心素养,做幸福班主任;同心同行,做智慧班主任。 在名师、大家的指导下,她们的眼界更加开阔,她们的思想更加成熟。在一次次的学习与碰撞中,她们把所学到的理论应用到实践中,在实践中再反思提升。她们聚焦一个个班级管理的热点问题进行研讨、思考;她们就班级管理的方法、妙招进行共享。于是,一点一滴,一字一篇,形成了今天这本饱含了她们思想与实践的著作。

这本书反映了她们每一个踏踏实实的脚印。当然,作为一线教师,理论水平不够,工作繁忙,书中难免有不尽如人意的地方,如有的班级管理方法还稍显不足,有的教育经验的提升尚不系统。但是这没有关系。我想,只要是老师们在扎实地做研究,在真实的解决问题中前行,她们一定会在班级管理之路上越走越稳健。

让我借此书的出版,感谢老师们的付出,感恩她们做出的努力。也祝愿老师们在班主任专业成长之路上越走越远,祝愿所有的班主任成为教育家。

是为序。

王道田

青岛市即墨区长江路小学校长

目录 Contents

第一章

文化篇

第一节 工作室简介

青岛市张红名班主任工作室的核心理念是"做学生喜欢的班主任"。

工作室标志(李晓宁设计)由枫叶、心和工作室名称组成,红色的枫叶代表着老师们对于教育事业的那份永不磨灭的、火一般的热情,历经努力,经过沉淀,在收获的季节成功。枫叶中间嵌着一颗心,上书"张红名班主任工作室"字样,代表着张红名班主任工作室的老师们在张红老师用心的带领下,九人同心,互相学习,不断提升自我,让自己的那颗教育之心越来越火热。

工作室所有档案封面、材料表格、背景图案都印有工作室标志,还有一首诗(梁燕创作):"红叶艳丽满杏坛,芳草翠绿江水蓝。不求引得岩上燕,育人吾心永宁安。"这首诗巧妙地将工作室九个人的名字都嵌了进去。

第二节 成员简介

张红,青岛市即墨区长江路小学教师,青岛市名班主任工作室主持人,担任班主任 25 年。曾获得山东省优秀班主任、青岛市教学能手、青岛市中小学德育工作先进个人、青岛市青年教师优秀专业人才、即墨区优秀教师、即墨区优秀班主任、即墨区十佳班主任、即墨名师、即墨区最美教师等称号;曾获得青岛市优质课比赛一等奖、即墨区优质课比赛一等奖、即墨区班主任素质竞赛一等奖,多次出青岛市公开课;曾发表《用心呵护每一个孩子》《南风悠悠暖人心》《日记助我走进孩子的内心》《"配套效应"的魔力》《小表扬,大智慧》等多篇文章;班级管理的做法曾在《半岛都市报》上报道过。先后被选拔参加省级骨干教师培训和国培计划小学骨干班主任培训。所带班级曾被评为青岛市先进班集体、即墨区书香班级、即墨区红旗中队。连续三年为即墨区新上岗教师做师德和班主任培训。班主任理念:用欣赏的眼光看学生,以包容的心态待学生,做学生喜欢的班主

任;朴素地做好每一天的教育,把平凡琐碎的事情耐心细致地做好,让每一个孩子享受生命成长的每一寸时光。

　　付翠丽,青岛市即墨区第二实验小学教师,担任班主任 20 年。曾获得青岛市教学能手、青岛市青年教师优秀专业人才、即墨区十佳班主任、即墨区优秀班主任、即墨区优秀教师、即墨区师德建设先进个人、即墨区教学能手、即墨区三八红旗手、即墨区优秀少先队辅导员、即墨区教学工作先进个人、即墨区教育读书人物等称号;曾获得青岛市优质课一等奖、即墨区优秀主题班会一等奖,出过即墨区公开课等。论文发表在《即墨教育论坛》《语文通讯》《考试科研》《中国基础教育》等刊物上。先后被选拔参加省级骨干教师培训和国培计划万名骨干班主任培训。所带班级曾两次被评为即墨区红旗中队、全国书香班级。班主任理念:用做母亲的心做教师,亲历每一个学生的成长,让他们带着一颗健康、阳光、乐观、善良的心走在自己的人生路上。

　　闫丽丽,青岛西海岸新区育才小学教师,担任班主任 11 年。曾连续三年获得山东省远程研修优秀组长、优秀学员,青岛西海岸新区优秀辅导员,青岛西海岸新区育才小学优秀教师、青岛西海岸新区优秀班主任、青岛西海岸新区骨干教师、青岛西海岸新区优秀团队带头人、青岛西海岸新区十佳辅导员等称号;曾出过青岛市公开课、城乡交流课、研究课,获一师一优课一等奖、青岛西海岸新区优质课一等奖,出过青岛西海岸新区公开课。所教班级班风正、学风浓,曾被评为校级优秀班集体。《让"问题学生"迈出心灵的"沼泽地"》在《新课程研究基础教育》上发表,《预设在精彩之外》获得省级一等奖,多篇论文获得省级二等奖。班主任理念:教育之路是和学生共同成长的过程,面向全体学生,以学生为主体,以德立人,尽心做好每一件事,怀揣着爱和责任去书写教育人生。

李永磊,青岛市即墨区通济八里庄小学教师,担任班主任20年。曾获得即墨区优秀班主任、即墨区教学能手、即墨区三八红旗手、即墨区优秀少先队辅导员等称号;在即墨区班主任主题班会优质课比赛中获得一等奖。执教青岛市主题班会公开课"感恩父母"。《运用活动教学发展学生的创新能力》《学了什么就写什么》《小议课堂教学中的背》《进步课堂与快乐课堂》等多篇文章获奖并发表。先后被选拔参加省级骨干教师培训和青岛市小学骨干教师培训。所带班级曾被评为通济街道办事处先进班集体、通济街道办事处红旗中队。始终坚持用"慈母心""朋友情"去关爱学生,注重培养学生全面发展,努力做家长放心、学生喜欢的班主任。班主任理念:对每一个孩子负责,对每一个家庭负责,让孩子踏实学习、真诚做人。

孙岩,青岛市即墨区德馨小学教师,担任班主任16年。曾获得即墨区优秀教师、即墨区优秀班主任、即墨区三八红旗手、即墨区教学能手等称号。曾获得青岛市优质课比赛二等奖。多次出青岛市公开课、青岛市名师开放课以及即墨区公开课。连续两次为即墨区新上岗教师做教材解读和培训。班主任理念:用教师之真心换学生之真心,用教师之爱心换学生之爱心;想学生之所想,急家长之所急。

李晓宁,青岛市即墨区北大附属即墨实验小学,担任班主任6年。曾获得即墨区优秀青年教师、即墨区教学工作优胜个人、即墨区三八红旗手、即墨区艺术节优

秀指导教师、北大附属即墨实验小学最美教师等称号;曾获得即墨区优质课比赛二等奖;班主任理念:关注孩子每一天的成长,用心发现,耐心引导,让他们在班级里能够找到归属感、安全感和成就感。

　　梁燕,就职于青岛湘潭路小学,现任学校大队辅导员,担任班主任10年。曾获青岛市学雷锋优秀中队辅导员、李沧区优秀读书个人、李沧区中小学生综合实践小课题优秀指导教师等称号。取得国家三级心理咨询师资格认证。多次执教区级、市级优质课及公开课。多篇论文在省级、市级教学成果评选活动中获奖。所带班级荣获区级书香班级称号。在多年的班主任工作中,致力于用所学的心理学相关知识温润每一名学生的心田,利用绘画游戏、沙盘游戏等心理学技巧辅助班级管理,塑造和谐向上的班风。班主任理念:在孩子成长的路上,班主任要扮演的角色很多,导师、同伴、助手,甚至是旁观者;但不论哪种角色,爱的注入必不可少;作为班主任的我们,话语间有支持的爱,眉目间有信任的爱,犯错时有严厉的爱,受伤时有抚慰的爱……爱有万千姿态,只因你在我心。

　　杨艳,莱西市月湖小学教师,担任班主任9年。曾获得莱西市最美教师荣誉称号。曾荣获一师一优课优课奖、莱西市优质课比赛一等奖,多次出莱西市公开课。两篇教学论文在《中小学教育》上发表。所带班级班风纯正、学风优良,多次被评为校优秀班级。班主任理念:用真心、爱心、耐心贴近孩子纯真的童心;严在该严处,爱在细微中,做一个公平、公正、学生喜欢的班主任。

　　江翠苹,青岛市即墨区潮海万科小学教师,担任班主任6年。曾获得即墨区师德建设先进个人、即墨区优秀青年教师、即墨区三八红旗手称号,曾获得即墨区公开课、即墨区网络教研优秀教学案例一等奖。曾作为优秀班主任参加"2017年深受欢迎全国著名教师、著名班主任报告会",参加全国中小学传统文化与学生核心素养教育创新研讨会、第7期班主任岗位培训等。所带的乐学六(2)班连续被评为学校优秀班级、文明班级,各科成绩在潮海万科小学都是名列前茅,多名学生被评为即墨区优秀少先队员。班主任理念:一直遵循严中有爱,爱中有柔;首先让孩子们感受到在这个大环境里有安全感,其次跟孩子们之间没有距离,用心与孩子们交流,并充分发挥班干部的作用,让孩子们做到人人有事做、事事有人做,实现自主管理。

第二章

管理篇

第一节 管理方法

给学生一件有价值的"睡袍"

青岛市即墨区长江路小学 张 红

小良^①在课堂上待不住,不听讲,不学习,有时影响别人了,老师管管他,他还离班出走。作为班主任,我随时关注他的动向,及时把他带到办公室。

当小良又一次被带到办公室时,离下课还有一段时间,我得给他找点事做啊!刚刚学了《莫高窟》一课,第二至第四自然段要求背诵。"小良,下节语文课我要带领大家背诵,你提前背吧!到时我就可以自豪地说你已经背过了!先从最短的第二自然段开始吧!"结果没用五分钟,他就背过了第二段。我高兴地说:"小良,你太棒啦!这么短时间你就背过啦!记忆力真好!"我还特意当着办公室其他老师的面大声表扬他,我的同事们也纷纷配合我,都说他好好学一定能更棒!接下来,他背得更带劲了!

周二的经典诵背时间,四个排比赛,小良还为自己那排争得了一分。以前的他才不管这些呢,课堂不在他眼里,比赛更不关他事,美好的变化就从我表扬他记忆力好愉快地开始了。以后的每个周二,他都非常积极地找我背诗,有时三首,有时两首,最多的一次五首,他已经成为很多同学追赶的目标了!后来发展到无论早上还是中午,一进门,小良总是一句话:"老师,我找您背诗。"我印象最深的是期末检测那天,上午考完语文和英语,还有一节课的时间才放学,大家都在忙着复习下午要考的科目数学和综合,而小良坚持要找我检查背诗。结果,不到半小时,他背过了五首,并且是比较难背的词和曲。至此,他背过了我们校本教材《多一点诗意》全部的50首古诗词,成为我班取得此成绩的第七人!全班同学都为他鼓掌!

学期末,我在家整理班级档案时,在班级《幸福日记》中,我看到了2018年1月22日这天,记录人小良写的是:"我大课间背了12首诗,加了60分,我非常非常开心。(画了一个特开心的笑脸,还戴着一顶小帽子)我会加油的,谢谢。(又画了一个张大嘴巴的笑脸)"(注:这一天因天气原因没上操)

现在,五年级的小良已经开始背六年级的《多一点诗意》!他已经背了10首,成为全班第一人!

---

① 本书中后进生为化名。

对于小良这个很特别的孩子,我送给他一件有价值的"睡袍"。从学生的成长过程来看,无论是好的行为还是不良的习惯,都可以找到引起这一行为的一件"睡袍"。如果我们给孩子的是劣质的"睡袍",那就别期待孩子的行为会有多高尚;相反,如果我们给孩子的是有价值的"睡袍",孩子肯定会努力配之以好的习惯。

一路走来,小良的变化跟我送给他的"睡袍"不无关系,这也许就是"配套效应"的魔力吧!最让我高兴的是,小良越来越信任我,越来越喜欢我。有一次,他把网上作业挣的学豆换来的唯一的一支铅笔送给了我,我没舍得要,但我非常感动。以后,我会送给小良更多的"睡袍",给更多的孩子有价值的"睡袍",帮助孩子更好地成长。

我发现,当自己开始注意从学生的心理需要出发,巧妙运用心理效应,充分利用其积极作用,不仅受到了学生的喜欢,还促进了学生的健康成长,取得了事半功倍的效果。

我的班级管理

青岛西海岸新区育才小学　闫丽丽

班主任是班集体的组织者、教育者和指导者,班主任的任务是开展班级工作,全面教育、管理、指导学生。一年级的班主任责任尤其重大,我们不仅要传授学生知识,更要注重培养他们的习惯。我结合自己的工作经历就班主任工作谈谈自己的几点做法。

一、小小马蹄印

常常早上整理好的桌子,一节课不到,都变了样子,歪歪扭扭,看着就别扭。但一味地让老师整理又不是个事儿。让一年级的孩子自己整理,不是那么容易。于是,我就把桌子整理好后,用彩笔在桌子腿处按桌子腿的形状描出来一个"马蹄印",桌子错位时,学生对齐"马蹄印"就行了。时间一长,学生就大体知道桌子腿怎样整理就对齐了。

二、图书阅览

为激励学生读书,班里设立了"图书角"。有学生把自己看过的书放到图书角,课间,其他学生就可以找自己喜欢的书看,既保障了安全,又拓展了知识。同时，我让家长把孩子读过的书名写在一张读书卡上，粘在墙上，每多读一本，凭借家长的微信图片，就在孩子的读书卡上添一个书名。我根据孩子读书的多少，评"书香家庭"，以此激励孩子多读书。

三、就餐和路队管理

为落实光盘行动和安静就餐，我给就餐的学生按座位分了组。由每个组中最不受管理的学生担任组长，负责记录说话打闹的学生，只要记满了三次，就劝他回家吃饭"反省"。所以，即使老师不在，学生一样能安安静静地吃饭。

路队中的说话问题往往不好管理，学生经常偷着说。虽然每个路队设立了路队长，但个别孩子一直是"老大难"。于是，我跟孩子们约定：只要抓到谁说话，谁就得回教室反思，并扣两分。如果扣到三次以上，学期末取消评优的资格。为了争取奖状，学生能比较自觉地遵守纪律。

四、人人负责制和班长轮流制

班里为每个孩子设立了岗位，甚至是一人多岗。一开始，孩子的责任心不是很强，需要班主任和几个负责的班干部提醒，后来熟悉后不再提醒。但孩子如果出现不按时履行职责的现象，就会在此后的几天继续履职，并且要扣一定分值，这对于低年级的学生管理起了督促作用。如果学生表现得好，会在各个方面加分（每四个人由一个固定的学生负责加分，自己不加自己的分），每个月一合计，分数最高的学生自动成为下一个月的班长。对于一年级学生来说，能当班长，可以说非常让人羡慕。这样的方式增加了竞争机制，促使孩子更加积极向上。

五、关注家务劳动

为了让一年级孩子尽快适应小学生活，学会自己的事情自己做，养成给家长分担家务的习惯，我和孩子们约定：只要在家做家务的，家长发微信给我，我就给孩子加上两分。

浇好安全树，方开幸福花

青岛西海岸新区育才小学　闫丽丽

常言道："安全不离口，规章不离手。安不可忘危，治不可忘乱。""浇好安全树,方开幸福花。"平安健康是每个家庭的首要追求,所以,我们肩负着任重道远的责任。下面我就常规工作中的几点做法跟大家汇报一下。

一、警钟长鸣,未雨绸缪

三年级的孩子在校园生活中过了接近三年,往往自认为对一切都很了解,长大了,所以开始在各方面"蠢蠢欲动",做事也缺少深度。往往许多大人想不到的事情就会发生,且反弹性极强。所以,对待安全隐患要未雨绸缪。

首先,思想渗透,绷紧安全弦。

常言道:"浇树浇根,育人育心"。思想教育渗透在安全教育中更是起着至关重要的作用。我利用学校开展的"1530"活动,针对发现的安全问题,每天及时进行教育。哪怕每天一句话的强调,每天的苦口婆心,每天的点滴渗透,都会让孩子们的脑中留下些许安全知识的痕迹;充分利用班会、下课前几分钟、上操后时间,随时发现问题,并把几年来自己的所见所闻、所感所想的安全问题,隔段时间进行强化教育或用事例教育,防止某些事故的发生。更多的时间,是结合每周的班主任会强调问题。通过开展安全教育,让孩子了解危险的存在;让孩子知道躲避危险和求生、求助的简单方法、技能;让孩子逐步形成安全意识,掌握必要的安全行为的知识和技能,养成在日常生活和突发安全事件中正确应对的习惯,最大限度地预防安全事故的发生和减少不安全事件对孩子造成的伤害,保障孩子健康成长。

其次,留心观察,做好防范。

通常,一下课,我就到教室里靠着,直到下一节课老师的到来。这期间,我的留意观察和孩子们的监督汇报,让我及时掌握第一手教育防范材料;路队及跑操过程中,我倒着走的时候比较多,这样全班孩子都能在我的视野范围内活动,一旦发现问题,及时强调。例如,体育活动前,先强调好要求再活动;发现孩子拿着尖锐物体和别人玩,及时制止;同时,从个例中发现问题,普及教育。有一年冬天,班里小翔的爸爸在跟我请假时告诉我,孩子在他单位门前玩,因怕冷把手揣在口袋中跑时摔倒,把一半脸磕了,嘴里磕破了皮而不敢吃饭。我借机在班里开展教育,并单独找以前反复教育却不听的小翔谈话,收效甚好。

二、以身作则,率先垂范

三年级的孩子虽然不会明着跟老师顶撞,但我们老师的言行会引发他们背后的议论或效仿。所以,我要求学生做到的,自己首先以身作则。要求孩子不能做的，我自己尽量也不做，包括一些危险动作。例如，上下楼梯右行礼让，不跨越台阶上下楼梯，以此来树立自己的班主任形象，起到率先垂范的作用。

三、树立典型，以点带面

苏霍姆林斯基说："教育艺术的基础在于教师能够在多种程度上理解和感觉到学生的内心世界。"爱听好话是人的共性，更何况是小孩子。因此，我常对获取到的典型事例及时地进行表扬，发挥以点带面的作用。例如，某日早上的大雪使孩子们兴奋不已。第一节课后，教室里只剩下三个孩子安安静静地看操场上打闹的同学。一上课我就对这三个孩子大力表扬："总是安静地按老师的要求做好每项工作，从不跟同学打闹，但在运动会上、足球场上奋力拼搏为班级争光，值得每位同学学习。"这三个孩子越发表现得好，周围一些要强的孩子也开始效仿，课间在操场打闹的少了，教育起到了较好的效果。

总之，安全无小事，宁可千日不松无事，不可一日不防酿祸。抓基础从大处着眼，防隐患从小处着手。让我们在事无巨细中且行且管理。抓反复，反复抓，扎扎实实做好安全工作。

有效的表扬方式

青岛市即墨区通济八里庄小学　李永磊

表扬，是我们教师常用的教育教学手段，就是对学生多加鼓励，使他们在情绪上得到满足，使他们保持"愉悦"的学习心境，从而使他们的感觉、知觉、记忆、思维都处于良好的活动状态。只有运用得当，才能取得理想的效果。

作为班主任，因为工作原因，我经常长时间和孩子们待在一起，经常和孩子们聊天、交流，发现不同层次的孩子都有想被表扬的意愿。我自认为自己是比较善于运用表扬这种手段的。

一、肢体动作表扬

在一些偶发状态下，例如，孩子在楼道里捡起了一片纸花、一个塑料袋等，我通常对孩子报以微笑，或是轻轻地抚摸孩子的头，拍拍孩子的肩膀，竖起大拇指，对孩子给予表扬鼓励。在集体面前我会带头给孩子以热烈的掌声或一个拥抱以示欣赏。

二、语言表扬

我会用欣赏的语气称赞"好""对""好样的",也会说"你真细心""真是一个讲卫生的好孩子""你有一双会发现的眼睛"等。

三、物质奖励

我往往会准备几个选项,并在纸条上注明,采用抓阄的形式来表扬,如电话表扬、短信表扬、视频表扬、一个本子、一张喜报、一张合影、一个小礼物。

这些表扬的方式,孩子乐于接受,兴趣高涨,积极表现争取被表扬,教育教学效果良好。

巧用量化表

青岛市即墨区通济八里庄小学　李永磊

虽然工作20多年了,要说妙招,还真说不上来,但有一些自己常用的小方法同大家分享一下。

我们四(2)班孩子的整体基础较差,和兄弟班级有一定的差距。为了追上伙伴们,我制定了一系列的措施。

孩子们都比较看重分数,看中奖励。由此,我制定了"班级日常管理量化表",对孩子们一天的课堂表现、课间秩序、路队、早读午读、家庭作业等方面给予量化打分。一个月一统计,分数多的被评选为进步之星,当选进步之星的孩子才有资格被评为三好学生,同样成绩量化高的优先当选。

为了鼓励学生干部协助我辅导一般学生,每排选出一个认真负责且成绩好的学生当排长。他不但负责监督自己组员的上课表现,如回答问题一次加一分,做小动作一次减一分,而且发现自己的组员表现不好时要提醒,否则,当节课老师不会给排长额外加一分。本组作业全齐,每人加一分,排长加两分。排长收作业还要检查作业,错的教会并改正,没改错的,排长减一分。为了让排长乐于干,评选优秀时,同等分数排长优先。月末对于特别认真、做事积极的排长给予加分、喜报和物质奖励。

对于低中年级的孩子而言,生字听写很重要。因为在学校时间有限,我就发动家长协助。从家长会开始,我和家长沟通说明听写的重要性。得到家长的支持后,每天的作业都有听写,以提高孩子书写的正确率,听写情况也在量化表上体现。

最后,我认为教学过程中就是要尽心尽力,不放弃每一个孩子,抓紧每一堂课,做好每一份试卷。对于我们班的后进生,我常常紧抓不放。课文背不过我天天检查,直至人人过关。

一份小小的班级日常管理量化表,帮助孩子们养成了良好的学习习惯,也让我们班的成绩越来越好。

充分利用古诗文诵背组织管理教育教学

青岛市即墨区通济八里庄小学　李永磊

作为一名班主任老师,我在日常的教育教学生活中,无论课堂还是课间,无论是课内还是课外,和本班孩子接触特别多。又因小学生天性好动,手、脚、嘴等在集体活动中经常处于"失控"状态。这就需要班主任老师有效地组织教学及进行教育管理,使孩子们迅速安静或处于统一活动状态。我通常采取以下方法。

任何一节课都离不开组织教学,教师能否把课堂教学组织好,直接影响着教学工作能否正常有序地进行、教学计划能否有效地实施和课堂教学质量的高低。组织教学能力是教师从事教学活动的重要能力,是教师能否出色完成教学工作的关键。

以往许多教师在教学中利用拍拍手、敲敲桌子或者大喊一声的方式,使孩子们安静下来,以进入下面的教学环节。这些方式让很多教师觉得不但课堂杂乱无章,拖拖拉拉,而且效果也不明显。

我在课堂中开展古诗文诵背衔接各教学环节,教师诵背一句,学生接下一句。这样一问一答,方便教师灵活驾驭课堂。

放学前,打扫卫生时,孩子们往往容易纪律松懈,大声喧哗。这时,我会让我们班的值日班长起头,全班一起诵背古诗文,一边打扫卫生,一边诵背。不但教室井然有序,孩子还利用这个间隙巩固了传统文化知识。

放学站队时,孩子们情绪易激动,经常打闹嬉戏,出现安全隐患。我班就利用这个时间段,由路队长带领,一边行进,一边诵背古诗文。这样朗朗诵背之声贯穿整个路段,纪律得到了保障,也奠定了孩子们的文化底蕴。

现在,古诗文诵背对孩子们来说不但是口号,更是建立良好课内外秩序的保证。

班级管理小妙招

青岛市即墨区长江路小学　张　红

20多年的班主任生涯中,在班级管理上,我经常采用一些小创意,取得了不错的效果。

一、细节成就小主人

在班级管理中,我充分关注了细节,取得了令人满意的效果。我班的"班级小主人"活动中,有四组做得最令我满意。一组是周群和于萱,负责刷接水盒。他们每天早上检查接水盒,不仅把盒子内刷得干干净净,连接水盒底下也刷得很干净。万一他们忘了,还有卫生委员会及时提醒他们,绝对不会耽误。一组是孙德和董俊龙,负责楼梯窗台上的绿色小草皮。第一个月,这项工作是由我亲自来做的,他俩只是我的助手。再后来,他俩接手了,不用我提醒。上学时、课间里、放学后,他们都会留心观察,发现问题及时处理,还曾经得到大队部的表扬呢!一组是梁盛坤和金昊,负责桌椅维修,不用我格外费心,他们就把这项工作干得井井有条。还有一组是宫婕同学,她负责检查拖把在不在、是否挂好了、绳和标签有无损坏。有了这位"保护神",拖把可安全了。这些"班级小主人"的共同特点是责任感强,充分尊重了老师给予他们的信任。当然他们也不是白出力,每月都会得到五分的奖励。实践证明,充分信任学生,会激发他们的潜能,让不可能变为可能。

二、小地图的魅力

秋风起,树叶落,我们卫生区忙开了锅。我从传达室借来了一把扫帚、一个铁耙,先教会一个学生用耙耙,我就用扫帚扫,其他同学扫的扫,捡的捡,不亦乐乎!我自己忙得满头大汗,而学生呢,看似忙个不停,效率却不高,捡着捡着就玩去了,真是些孩子!你给他指定一个区域,转身就到别的区域去了。一个早晨下来,树叶清理了很多,我的话也说了不少。不能总是这样,得想个办法,高效完成任务。升旗仪式结束后,一回到办公室,我就开始画小地图。我把我班室外卫生区划分成八个区域,分别用数字标注好,需要用扫帚扫的我就画一个小扫帚。每月安排八个值日同学,每人就分管自己的区域,只有自己的活干完了,才能去帮助别的同学,这样避免了他们之间互相"串门",影响干活。而且我一改往日亲力亲为的风格,将"大权"放给了卫生委员。八个人的区域划分由四个卫生委员根据个人的实际情况进行任务分配,并且要亲自把他们送到区域内,告知他们具体要求。卫生委员去检查时,一查区里是否有人,二查域内是否干净,最后查有无"乐于助人"之人。吾,轻快矣!哈,可以安心上我的早读了!

三、两个小镜头

镜头一:周五社团,因为放学后要开级部会,我就让班长先带队往下走,我回办公室拿了班主任手册直接从东楼梯下去。等我走到一楼,那边一群也闹嚷嚷地下来了,和我带队时的安静形成天壤之别。又一个周五,我先严厉地强调了一番,再给学生一个自我管理的机会,结果比上次没好多少。两次之后,我就开始反思:这样是不行的,得想个办法。第三次,我把带队的小干部华一帆叫到眼前,递给她一个小电话,全班同学都看着我,不知道我葫芦里卖的什么药。我故意压低声音告诉她:"我已打开录音,你拿在手里,有说话的同学你就点一下他的名,一楼小厅汇合时把电话交给我就行了。"我快步走到了东小厅,静静地等待队伍的到来。不出所料,孩子们安静地从西边过来了。我掩饰不住自己的满意,笑着朝他们竖起大拇指。孩子们也开心地笑着,安静地走着。一切尽在不言中。后来,我又当着全班同学面隆重表扬阅读社团的同学真正长大了,能在没有老师的情况下安静带队(当然我绝口不提小电话的威力)。有了第一次的好,还愁以后没有很多次的好吗?

镜头二:每次单元检测结束收卷,教室里都是乱糟糟的。若正是下课时间,好说;若收完卷还要继续上课,就不能由着他们了。

第一次,我讲:"收卷的时候别讲话,有一个讲话的就扣你们排一分!"结果总有讲话的。数出几个,各排减分。大家都不愉快。

第二次,我说:"收卷的时候别讲话,如果没一个讲话的你们排加一分。"结果非常安静,没一个讲话的。省事,各排加分,我一高兴,双倍加分,两分!全班喜洋洋,皆大欢喜!

四、班级日记和班长手记

我建了一本班级日记,由室内值日班长详细记录孩子在校的方方面面

（早读、课堂、课间、两操、路队、作业、出勤、好人好事等），一周一总结，一月一汇总，详细反馈。虽说这项工作非常琐碎，但我一直坚持了下来。我的目的只有一个：我不想让每一个努力学习、尽力做事的学生失望，我要让这些小小的肯定成为他们自信心的源泉，成为他们乐观向上、积极进取的推动力。

每个学期，班里的每一个孩子都有机会体验当班长的感觉。每人当一天班长，喊一天"起立"，记一天班级日记，写一篇班长手记。在班长手记中，孩子们共同的感受是当班长很自豪、很风光，但是很辛苦、很不容易，都盼着别人给自己面子，都表示愿意支持班长的工作。但毕竟是孩子，认识到位，说得好听，但做得并不到位，闹起来的时候早忘了自己的誓言。可喜的是，他们学会了换位思考。

目标导引式班级管理

青岛市即墨区德馨小学 孙 岩

我在八里庄校区支教时，接触了目标导引式班级管理方式。以前经常听到或看到"目标导引"这种说法，但是，到底什么是目标导引，如何实施，我还真是个门外汉。这一次，和几个班主任讨论了一下，自己又在班级里实施了一下，才真正走近目标导引。

以前在班级管理上，我往往把学生置于管理的对面，学生的主体作用早抛得无影无踪。班主任在管理中"要注意发挥学生的主动性，培养他们自我教育和自我管理的能力"。如果我们能充分发挥学生在班级管理中的主体作用，那么一方面学生在能力上能得到锻炼，另一方面能减轻班主任在管理上的负担，达到两全其美的效果。我认为发挥学生的主体作用的根本是让学生自己管理自己。所以我就实施了目标导引式班级管理。

首先，引导学生制定目标，培养学生的自主精神。

制定目标是班级自我管理的前提条件，而学生的自主精神是班级管理的灵魂。记得当我说出让他们选一个学生当作自己期末的超越对象时，学生几乎同时说出了"宋文"（我们班的班长）。我就在心里笑了，但我嘴上说："看起来大家对自己的要求都很高呀！最好选一个比自己稍强、经过努力一定会追上的目标，对不对？"听我这么说，大家马上陷入了沉思，还不时东张西望着、寻找着。就这样,大家选出了适合自己的对手。

其次,引导学生把总目标细化,建立搭桥小目标。

树立了超越目标这远远不够,学生对于如何去做还是不太明白。如果班主任不加以引导,这个目标就会是一个美丽的泡泡,转瞬即逝。所以我又抛出了一个问题:"光想着这个人,就能超过他吗?"学生们马上积极讨论了起来:"我要每天坚持读书,因为蓝沁非朗读非常好。""我要上午写一行钢笔字,下午再写一行,这样才会超越他。""我要读题再仔细点,因为我比他粗心。""我要学一篇课文,把要求背过的全部过关。"……学生们七嘴八舌地说着,那种兴奋劲儿真是前所未有。这时候班长发话了:"老师,不如我们把这些目标写下来,像鲁迅那样贴在桌子上,天天看着,这样也好激励自己。""好!"我还没说话,大家倒异口同声地回应起来。说干就干,我给他们裁好纸,学生们马上一笔一画地写了起来。

接下来,教师要定期对学生进行检查。叶圣陶先生说:"凡属于养成习惯的事,光反复讲未必有用,一句老话,要能游泳必须下水。"因此,教师的任务就是用切实有效的方法引导学生下水,练成游泳的本领。这个目标导引一开始实施时,学生兴趣很大,还能坚持做,但总会有"冷铁"的时候。教师要及时出马,定期检查,鼓励学生们坚持做下去。在我们班里,我倒没有用正规的检查方式,我是抓住时机就进行"挑逗"。比如说,发现班里最近生字听写下滑,我就会在念听写成绩的时候故意说道:"恭喜国金明,这次听写竟然超过了他的目标刘一宁!来,让他说说自己是怎么做的!"大家一边欢呼着,一边又学习了经验。让我没想到的是,下课之后,学生们竟然都在询问自己对手的情况,争着要在下一次超过呢。就这样,事事都拿出来和对手做比较,学生们越来越进步。班主任只需要这样时不时出来"挑逗"学生一下,班级里那种竞争向上、你追我赶的风气就会日渐浓厚。

第二节　管理经验

爱为教育护航

青岛西海岸新区育才小学　闫丽丽

没有规矩,不成方圆。我们制定的班规班约是为了让孩子们养成良好的行为习惯。但这些严格的规章制度对于孩子来说，通常是在"畏惧"的基础上执行的。如果没有一定的"怀柔"策略，很难"笼络"孩子的心。所以，人文管理是非常有必要的。

一、攻城为下，攻心为上

孩子们是一个个有着独立思想的人。尊重每个孩子是其内心的需要，只要满足他这份需求，孩子就会拥有进步的内在动力。孔子说："其身正，不令而行；其身不正，虽令不从。"言传是身教的基本方式，身教是言传的有效手段。当一个孩子被你逐渐感化，对你认同时，他也会慢慢转变。

我们班的小宁是出了名的小淘气，不是这儿出毛病，就是那儿有问题，班里"告状"的接二连三：打闹、跑跳、惹老师生气。道理说了一箩筐，可最后总是无功而返，一波未平一波又起，最后发展到谁和他同位，不出一周，人家就吵着不跟他同位了。虽然我一直耐着性子教育，但心里的那份无奈与失望无以名状，有时真的很生气。后来，我见他极其爱劳动，就对他进行大力表扬，慢慢引导他遵规守纪。他在表扬中渐渐改变，虽然他积极地擦黑板是为了逃避早读，逃避上操，但我在表扬他的同时也明确提出要求，进行谈话，有时还跟他比一比。有时，他控制不住自己，一时忘记，刚要违反纪律，我一提醒，他马上意识到错误并改正。

一天早上，别人在早读，他又跟往常一样抢着擦黑板，似乎忘乎所以。可当我让孩子们拿出口算打算做题时，他迅速地到了座位上准备做题。我窃喜的同时，在全班表扬他爱劳动并能适可而止，并在微信群里进行表扬。那一上午，他的表现异常乖巧。可中午放学时，孩子"告状"说他被值日生抓着了，我好失望。我见到他时，刚想责问，他急急地解释："老师，我没有扣分！我是把捡到的折纸交给值日生了。"我真的为他的转变而高兴。

通过这些事情，我认识到"攻城为下，攻心为上"的战略非常适用于班级管理。班主任要想很好地开展工作，首先要蹲下身来，与孩子的视线持平，深入了解孩子心里想什么。当他们知道你是为他们而想、为他们而做时，才可能心服口服，也才可能使他们充分挖掘出自己的潜力，充分发挥自己的才能，最终达到"精诚所至，金石为开"。

二、因材施教，才能"药到病除"

人上一百，形形色色，孩子们同样参差不齐。这就要求我们不能眉毛胡子一把抓。我的做法是：特殊情况特殊对待，个别学生个别对待；宽爱后进生,让他们树立自信。

　　班里的小男是不做作业的"钉子户"。二年级时,他是办公室里补作业的"常客"。接班后,我一看,他的口算速度慢得要命,10分钟顶多做30道口算,而且越批评他越不说话。因为这我常常想念原来的班级,好不容易训练好了,又分了,现在得跟这些孩子淘。后来我在跟家长交流时,得知他有个几个月大的小弟弟,他很喜欢弟弟。于是我开始找他谈话,谈到他弟弟时,他的眼睛闪着喜悦的光,脸上有了笑容,开始放松。我试着鼓励:"咱是哥哥了,就要为弟弟做榜样,不管哪方面都做好,让弟弟也为你自豪,好吗?"他使劲含笑点头。后来,他一下课就到讲桌前围着我转,尽管没有多余的话,但看得出他对我的信任。渐渐地,随着谈话次数的增多以及家长的配合,他不完成作业的次数越来越少。

　　从他身上我感受到:无论孩子学习多差,他也一定拥有自己的优点。也许我们无法帮助一个孩子快速提高成绩,但是我们可以设法帮助一个孩子克服自己的缺点,帮助他树立人生的自信,让他尽可能多学一点。当孩子在十字路口徘徊不前,甚至后退时,我们教育者的正确引导可以让他们步入正轨,避免误入歧途。这时,我们就是孩子人生路上的一个"贵人"。

　　"教育者要教育别人,首先要使自己具有完善的人格,注意自身的形象教育。""捧着一颗心来,不带半根草去。""理解是教育的前提,尊重是教育成功的基础。"这样,才能使自己无愧于"人类灵魂的工程师"的光荣称号,"世界将变成美好的人间"。

严中有爱,温暖每一颗心灵

青岛西海岸新区育才小学　闫丽丽

　　作为一名班主任,琐碎的工作常常让我忘记了自己的初心,把自己扮成庙堂之上的"严师",让学生敬畏远离。按照常理这样做是有用的,特别是对待后进生、调皮的学生。见到他们有什么不良行为,立即当面呵斥,表面上看,他们纪律好了,班级常规成绩上去了,可是我能感觉到我和学生特别是后进生的距离在一天天拉远。慢慢地,我觉得与他们心灵上的距离越来越远。特别是在一次"与你交流"的班级活动中,很多学生都这么写:"老师,你对后进生太苛刻了,所以他们都不喜欢你"。我幡然悔悟。如果这么下去,那么班级的这部分后进生我是永远也转化不了的。

《与元九书》中有这样一句话："感人心者，莫先乎情。"我们所面对的学生是有人格尊严、有思维、有情感的人。"情"的投入是教师工作的内在要求，情到深处，学生的内心世界就会向你敞开，有话会愿意和你交流，有困难会愿意请你帮助，有苦闷会愿意向你倾诉。你的"爱"他能领悟，你讲的道理他能接受，你指出的缺点他愿意改正，从而产生强烈的情感效应。

从那之后我开始着手改变自己，一点一滴地拉近与学生心灵的距离。我开始打心眼里关注他们，关心他们，遇到事情不再是呵斥他们，而是先站在他们的角度看问题，让他们自己来陈述自己的问题，也就是给予他们发言权，不再是先劈头盖脸来一顿了。慢慢地，我发现这些后进孩子也不再像以前那样"讨人厌"了，发现原来他们每个人身上都有闪光点。

班级里有位叫子嘉的女同学，性格内向，孤僻，喜欢独来独往，学习习惯差，基础差，班级里的同学都不太喜欢和她一个组，因为她每天作业上交都很困难。了解到这个情况，我开始每天关注、关心她。我了解到，她是试管婴儿，从小妈妈就对她特别严格，而且在家时不时还要挨打。了解到这一情况，我先把孩子的妈妈叫到学校跟她沟通教育孩子的方式方法。每个母亲都希望自己的孩子能成才，这位母亲也是如此，只不过她的方式方法存在问题，一味急于求成。而孩子是很反感这种方法的，所以有抵触心理。这样母亲就会越来越抱怨，甚至动手打孩子。这时我能够想象到孩子的内心是多么痛苦，没有人理解她，没有人倾诉，没有人安慰，有的只是无情的冷漠，长此以往她把自己封闭在黑暗的内心世界里。我开导了她妈妈，她妈妈含泪离去。

对于这个孩子，我不打算找她安慰她，我怕揭她伤疤，她会排斥我。我就从生活中的点点滴滴开始。她忘带作业我就把我手机借给她，她作业不会，我就找同学帮助她，而且跟她组长提出要经常表扬她，只要有一点点进步就要表扬她。由于基础差，成绩非常差，为此她一直抬不起头来。于是，我隔三岔五地给她补习语文、数学。慢慢地，她的脸上偶尔会有丝丝笑容，慢慢地，碰到我她会怯生生地挤出一句"老师好"。一次家长会上，我当着所有家长的面表扬了她，回到家她妈妈高兴地告诉了她这一消息。从那以后，课堂上的她更加积极向上，她那个紧闭的内心世界在慢慢地打开。我知道这一段时间我的努力没有白费，而且我也慢慢地喜欢上了这个性格内向的孩子。

从那之后，我经常地表扬她，小到值日、作业，大到考试，从她的脸上我看到了自信的笑容,从她的身上我看到了积极努力进取的精神面貌。

可以说,我做的这一切其他同学也都看在眼里,我看到了她们对我的信任,看到了她们对我的尊重。班队会上,我们师生的交流稿上,学生写道:"老师,您变了!您变得容易接近了。我能跟您说说心里话吗?老师,今天我碰到一件事情……"我知道我与孩子的心灵距离越来越近了。

在沟通的基础上,孩子们从心底感受到老师对他们的期待。渐渐地,不需要我的批评和提醒,孩子们自觉地互相提醒,课间纪律有了很大改善,教室卫生面貌也焕然一新,同学们之间多了友好和关心,整个集体变得温暖起来。

充满爱意的关切,会改变一个学生的行为。每个孩子都有一座属于自己的乐园,我们不能发现它,那是我们还缺少一双智慧的眼睛。我们要热爱每一个学生,学习好的要爱,学习一般的要爱,学习差的也要爱。我们要相信,每一朵花都会绽放熠熠光彩。用我们的真心去温暖每一个学生,去关爱每一颗稚嫩的心灵,我们将收获整片天空。

班　会

青岛湘潭路小学　梁　燕

对于班会,大家怎么理解?依稀记得,小时候做学生时我们的班会分两种,一种是老师不停地讲,一种是我们不停地演。当然,以前者居多。如今,自己成了老师,做了班主任,面对班会课,似乎沿袭了之前老师的第一种做法,不停地给学生讲道理,然而,收效甚微。应该感谢这次以"核心素养背景下的班主任工作透视与创新"为主题的培训,尤其是感谢罗京宁老师,他的体验式班会让我眼前一亮,原来,这才是班会的正确打开方式啊!

我喜欢现学现卖,尤其是教学上的好活动,我总是会在习得的最短时间内,在班里"显摆"给孩子们。培训结束后的第一次班会课上,我和孩子们玩起了拍手实验。看着孩子们饶有兴趣地参与其中,我在欣喜的同时,更多的是惭愧。之前,我辜负了班会,辜负了孩子们。原本可以这样有趣的活动,我却拿一些自以为慷慨激昂的说教给替换了。从那天的实验结果来看,孩子们的喜欢程度远远大于我处心积虑设计多时的说教。

自此之后,我开始反思自己的行为,修改自己的方式。每次班会课,我都会将心理小游戏融入我的班会课，不仅仅是为了引起学生的兴趣，更重要的是，让孩子们在亲身实践的过程中感受道理的真谛。的确，这才是班会课，这才是孩子和老师需要的班会。

涓涓细流汇江河

青岛湘潭路小学 梁 燕

一直都觉得，班级文化建设不是一项一蹴而就的工作，它不仅体现了一个班级的显性文化特色，更对班级凝聚力等隐性因素起到了指引的作用。因此，构建班级文化，需要班主任韬光养晦，厚积薄发。低年级的班级文化建设，对学生班级概念的形成产生了较为深广的影响。

一、以班级文化为抓手，营造积极向上的班级氛围

低年级的学生喜欢接受一些新鲜且有激励性的事物。因此，在班级文化建设中，要着重营造积极向上的班风，使同学们在班级文化氛围的影响下，形成你追我赶的风气。2016年，我担任了一年级的班主任。在学生入校之前，我便对教室的墙壁进行了精心布置，粘贴了"成长的足迹""书写小状元"等带有评比性的榜单。开学伊始，我便对学生说明了榜单的评比规则，使学生明确一个概念：只有表现好的同学才有资格在评比栏中获得奖章，获得奖章的同学将成为我们的榜样和骄傲。这样学生便有了自己的努力方向。开学两个月，我班的这种"人人争奖章，个个有成长"的氛围日趋浓厚。

二、以班级文化为载体，关注学生人文成长

学生在学校中不仅要得到知识的补给，人文素养的培养对学生的发展也是至关重要的。因此，在班级文化建设中，人文性的因素也是不可或缺的。现在的学生多为独生子女，是家里的"小公主""小皇帝"。他们习惯了被关爱，却忘记了怎样去爱别人。根据学生的这一特点，我将"爱"的教育渗透到班级文化建设工作当中。在班级形成之后，我要求孩子制作个人介绍卡，卡片上不但要介绍自己的一些情况，还要将自己最爱的人介绍给大家。此后，我利用班会时间带领孩子一起说一说："你为什么爱这个人？""他为你做了什么？"孩子的回答多半很简单，即使是这样，这个过程也可以让学生体验到自己是在爱里成长的，进而由被爱一点点地尝试着去爱别人，逐步学

会感恩。

三、以学校活动为平台，巩固班级文化建设

学校活动是学生生活的重要组成部分，而通过活动，可以很好地培养一个班级的凝聚力。因此，我将学校活动作为平台，巩固本班的班级文化建设。开学初，学校号召各班制定自己的班训班徽。对于一年级的学生而言，他们喜欢自己的班级，但不能明确地表达自己的思想。我就鼓励学生写下最想对班级同学和老师说的一句话，并让学生把这句话在班里宣读。在听和读的过程中，学生感受到家一般的温暖和亲切。最终，我将学生的话归纳成"爱班爱校爱自己"这一简短的标语作为班训，并把"一（2）是我温暖的家，老师是我最爱的人"作为我们班的"名言"张贴在板报上。每每看到这些贴心的话语，学生们都会有一种强烈的责任感。因为，这一切都让他们感觉到自己就是这个家的主人。

此外，为了使学生形成良好的生活习惯，我们还注重班级文化建设的实用性，在板报上设立"卫生角""温馨提示"等板块，使学生能从中获取各自需要的生活技能，这对学生的能力也是一种培养。

班级文化建设是一门艺术。这门艺术需要我们倾心打造，如同涓涓细流一般，精致地流动，迎来的是汇成江河时的欣喜与成就。

班级初建理念

青岛市即墨区潮海万科小学　江翠苹

每一个班主任在接受这份工作的时候都会在脑子里构思要把自己这个班级打造成什么样，也就是我们班主任自己的目标是什么。之前我经常会听到一些老教师这样说："什么样的老师有什么样的学生，所以班集体是班主任的一个缩影，是班主任工作的集中体现。"当班主任的第一件事就是想明白要建设一个什么样的班级，而我的理念就是乐学向上，其中包含以下三方面。

一、要把学生的身心健康与安全放在第一位

所谓教育就是教书育人，而育人是我们所有工作的重中之重。在如此多元的社会环境背景下，学生的身心健康应该引起我们的高度重视，班主任要多与家长进行沟通，了解孩子们在家里的一些表现，这样有助于我们更好

地实施教育。我们班的一个学生因为与其他同学发生矛盾引起了我的关注。与家长沟通后才知道这个孩子在家里与爸妈几乎都不说话,问什么都是很敷衍的态度,家长也开始担心孩子的心理问题。对于小学生来说,心理问题在近几年越来越凸显,其中原因主要是由于缺少家长的陪伴。我们班里一些特殊孩子是最容易做错事的,因为从小的心理缺失没有得到正确的引导,久而久之问题就会出现。很多校园欺凌事件的实施者大多都是问题家庭的孩子。身心健康是学习的前提,在任何时候都需要老师和家长的密切关注。

二、要打造一个快乐、干净的班级环境

快乐是我管理班级的一个重要理念,学习是快乐的,让学生在快乐中学习才是我们老师所要追求的,而不是把他们培养成一群麻木、懒散、对什么都提不起兴趣的人。学生在课堂上的表现是对待学习最直观的感受。有一个快乐的学习氛围才能让学习变得更加轻松,学生才能愿意学。同样,有一个干净的学习环境会助我们达到事半功倍的效果。干净的教室需要学生的保持,需要每个孩子的付出,需要他们把教室当成自己的家一样对待来提升整个班级的凝聚力。

三、把学生们培养成阳光向上的人

教育归根结底是人的教育,而人的教育又是最难做的。学生是祖国的花朵,我深知自己的责任之重大。我有时会问自己:作为教师,我要把学生培养成什么样的人?什么样的人才能成为建设祖国的栋梁呢?我认为,一个拥有阳光向上的积极心态的人以后不管面对什么样的困难,都能保持一颗顽强无畏的心,这是我们这个时代所必需的。

每个班主任的班级理念不一样,但是目的只有一个,就是让孩子们能够快乐、健康地成长,这是我们每一位班主任的责任。

打造最美教室,搭建学习平台

青岛市即墨区潮海万科小学 江翠苹

班级文化是一个班集体智慧的象征,是班级精神面貌、学生思想状态的综合体现。它具体体现在学生的学习、卫生、纪律、生活等各个方面。让自己的班级充满活力,让班级成为每一个学生温暖的"家",让班级文化建设成为

学校教育的主阵地,这是我们班主任工作的努力方向。我的班级文化可以分为以下两个方面。

一、制订计划

打造以学生身心健康发展为主要内容的班级文化,发挥学生的集体智慧,让学生共同参与班级文化制度建设,打造快乐学习、环境优美的班级。

1. 建立班名、口号

班名和口号是集体荣誉感的体现。班名的制定要在班里进行讨论,让学生共同参与制定,比如我们班的班名就是"乐学班",其他班则叫"雏鹰班""七色光班"等。制定符合自己班级特色的班名,能在一定程度上促进班级的发展。在班名的基础上提出适合的口号,就像学校的办学理念一样让学生谨记在心。班级口号一定要朗朗上口,要充满积极向上的能量。

2. 制定班规

我认为班规的制定必不可少,无规矩不成方圆。在当今的法治社会,要让学生从小知道遵守各种规章制度。班集体也要有自己的规章制度,我们每一个人都必须牢牢遵守才能打造和谐的班集体,拥有良好的学习环境。

二、分工明确

要做到分工明确,人人有事做、事事有人做,让班级真正成为学生自己的,让学生在自觉的状态下有意识地进行班级制度、卫生等各方面的自我约束,共建班级文化墙,让每一面墙壁都会说话,让学生参与进来,共同规划和打造我们的班级。

"入校即静,入室即学"经验交流

青岛市即墨区通济八里庄小学　李永磊

我校制定了"自我管理,自主进步"的学习总目标,就是要求我们自己约束自己,自己激励自己,自己管理自己。古人说:"非学无以广才,非静无以成学。"一个人只有排除杂念、专心致志,将智慧、灵感全部集中调动起来,才能有所创造、有所成就。

我们4年级2班就做到了"入校即静,入室即学"。"入校即静,入室即学"就是指进入校园、楼道,特别是教室,就要安静下来,不要乱讲话,一旦落座,立即开始学习。

我经常教育孩子们，教室是学习的地方，不是运动场，更不是茶话室。

早晨无论谁来到教室，都要按照早读要求高声朗读，当天的值日班干部监督提醒并带领同学们共同学习，然后小组检查朗读或背诵；课间，在走廊自觉保持安静，班级志愿者监督秩序；在教室的同学可以读书做习题，不得大声喧哗，同学之间互相提醒；中午到校后，自觉拿出准备好的课外阅读，按要求默读，并做好批注，当值班干部巡视，根据同学们的表现进行量化加分，作为评选进步之星的重要依据。

作为班主任，我协调任课老师告诫学生要珍惜时间，做时间的主人。"入校即静，入室即学"，不正是告诉我们要珍惜时间吗？我们抓紧每一分每一秒，就能多学许多知识。人的时间是有限的，但知识是无限的，我们只有这样珍惜时间，才能学到更多。

其实，"入校即静，入室即学"就是在告诉我们要心静。入校即静，非宁静无以致远；入室即学，真学习方能成才。静能生智，静能生慧。静以促学，静以养性。

让我们安静地学习，学会自我管理，珍惜时间，拥有良好的习惯，同时也营造一个很好的学习氛围，带动更多的同学学习，让大家共同进步。

和谐互助，共同进步

青岛市即墨区通济八里庄小学　李永磊

紧张又忙碌的2017年第一学期结束了，我觉得可以用"和谐互助、认真踏实、共同进步"三个词语来概括我们班级的工作。我们取得了良好的成绩，获得了"优秀管理班级"的殊荣。下面将工作中的一些做法与大家来分享一下。

我在管理班级方面实行分数量化，各项工作都会安排一个班干部专门负责记录学生的加分扣分情况，进行适当的奖惩。每月一统计，评选发放进步之星卡。路队实行两分钟静快齐，谁两分钟之内扫不完地，站不好路队，就扣一分，确保路队整齐有序。课间排长负责好自己所在排的纪律。卫生排长负责检查卫生，对地面不干净的，排长让相关同学打扫干净，提醒三次不扫干净的扣一分。课间操整队，三个字，"快、静、齐"。三分钟站好队，队伍行进中禁止说话,队伍中有负责纪律的班干部进行监督,提醒三次扣一分。队伍行进的过程中对齐的,奖励全部学生,每人加一分。放学路队也是如此。班级进步之星按照日常得分多少进行评选,每月一次,学生大多会很在意自己的分数,会努力按照班规去做。因此,我班的纪律总是级部中最好的。

我班管理的成功也源于各学科老师的齐抓共管。能够拥有一个和谐发展、团结向上的团队是件很幸福的事,这也是做好工作的重要前提。我建了一个班级教师群,哪天有什么任务要干,有什么事情需要提醒孩子,哪些大事要发班级群,大家就会在这个群里强调一下。这样我们班级要完成的工作总是在规定的时间内完成,布置的事情也从不拖拉。班级教学成绩总是名列前茅,受到家长的好评。

凭着对学生的一份责任心,凭着对工作的执着劲儿,我们班的管理工作井然有序。和班级科任老师们在一起,我很幸运。在这个团队里,我们学会了彼此之间取长补短,学会了共同分担艰难困苦,学会了合作中的共同提升。

家庭作业经验交流

青岛市即墨区通济八里庄小学　李永磊

在学校常规检查中,我们班以积极向上、生机勃勃的面貌展现在全校师生面前。特别是家庭作业方面,大部分孩子书写认真,完成较好。

在我们班,如果问孩子对老师印象最深的一句话是什么,我想大部分孩子会说:"提笔即练字,书写认真呗。"只要孩子要写字了,我们就反复嘱咐孩子"提笔即练字,书写认真"。每月个人小目标制定时,我们都要求把"一笔一画写好字"作为个人小目标的首项,以时刻提醒孩子。

因为家庭作业都是老师不在身边时写的作业,所以对孩子的思想教育就显得格外重要。我经常对孩子说:"每天保质保量地按时完成家庭作业是学生应尽的职责,就像爸爸妈妈每天上班时都要尽心尽力地完成本职工作一样。"

针对孩子写作业涂涂改改、拖拖拉拉的现象,我们几个老师经常讨论怎样教孩子写认真整洁的家庭作业,形成了以下好做法。

1. 做作业前,要准备好学习用具,不要等到用的时候再临时去找。

2. 先看书和参考资料，复习完了之后再写作业。

3. 做作业时要看清题目、审清题意后再动笔，不要做了之后才发现没有按题目的要求去做。要是遇到不会的题，可以绕过去，先做其他会做的题，不要停在那里无谓地消耗时间。

4. 最重要的是要一心一意做作业，不能一会儿东张西望，一会儿摸摸这玩玩那，更不能边聊天边写作业，三心二意当然不能保证作业的质量和效率。

5. 写字前要自我检查坐姿和握笔姿势是否正确，然后再静下心来写好每一个字，确保书写认真工整。

6. 孩子的家庭作业如果完成优秀，就会在孩子的家庭作业上画上笑脸或印章给予鼓励，并在量化评分表中加分，以作为评选进步之星的参考。如果全组都完成较好，就给组长多加一分，让组长担负起监督提醒的职责，促进共同进步。

就这样，我们班孩子的家庭作业写字水平一天天进步和提高。

不打无准备之仗

青岛市即墨区德馨小学　孙　岩

开学第一天，没想到孩子们能很快地进入状态。教室里仍然是北排好过南排。君越上课有点坐不住，主要是想转头和后面的浩宇说两句，但是对于书写仍然很重视，我给他讲评完之后他马上写了几个更好的。伦硕回来之后也听话许多，课堂上虽仍然有小动作，会拿着尺子橡皮玩，总的来说听讲能较快进入状态，字写得有点一般，不过总想着得到老师的表扬。其中有几个我给他画了红圈圈，没画的他还能主动擦掉，改写几个。

教学真的是要做好万全的准备再上课。

今天有两节语文课。我也像李红霞那样，郑重地为孩子们下发每一本新书。在第一个孩子双手接过我的书后，我及时给予表扬，效果就是后面所有的 24 个孩子都能双手接过书，并且认真地写上姓名，仔细地、轻轻地翻阅，还有的拿起书来闻闻书里散发出来的独有的文字的香味。做完这一切，再讲后面的习惯养成中的爱护学习用品就水到渠成了。

自己在语文教学上一些小小的改进，主要包括以下几点。

一、重视预习

当然，一年级预习不能要求太高，但是读好课文是必须做到的，所以我想了以下预习的要求：一是读会课文，最少三遍；二是圈出一类字和二类字，并读准拼音。

二、重视早读

早晨重点应该是读书。读书的内容可以是前一天新学的课文，还有就是当天准备讲的，也就是前一天晚上布置孩子们预习的课文。检查方式就是人人过关，具体情况记录在我设计的争星表上。学习比较困难的就随着讲课把课文读会即可，班里的那些有能力的学生可以提前读着，读书时做到三点（正确、流利、有感情）即可算为过关。

三、重视堂堂清

一年级的堂堂清，主要是二类字、生字和课文。课文在早读时解决。二类字和生字就要保证在课堂上过关。

四、重视小题型的训练

一年级下学期的题型大体有偏旁部首认读、偏旁部首例字、加标点、课文内容填空、照样子写词语或句子、补充句子并加标点、连线、会意字识图写字、造句、数量词语、反义词、换偏旁或者加一加、象声词填空等。

班级"进步之星"的有效性

青岛市即墨区通济八里庄小学　李永磊

我校一直秉承进步教育理念，为了让孩子们每天进步一点点，在奖励体制中采用了班级评选"进步之星"的教育手段。在以往奖励体制中，奖励学生通常是奖励"三好学生""优秀干部"等少数优秀生。绝大多数班集体中的后进生和中等生很少有获得奖励的机会。自从我校班级设立"进步之星"以来，我深深地感受到先进的教育手段确实是有效的。

一、评"进步之星"更具有正面强化的作用

以前，奖励班级的优秀固然好，但绝大多数中等生与奖励所要求的顶尖水平有较大距离，几乎与奖励无缘，后进生就更不用说了。而根据层次设立

"进步之星"，所有学生都有可能从各方面成为进步者，从而获奖。当多数学生看到一位同学原先跟他们差不多或还不如他们，但通过努力有所进步并受到奖励时，这些学生心中会想："别人能获得'进步之星'，我也能，我也要争取。"他们无形中会鞭策自己，以获奖者为榜样，向获奖者学习。对获奖者而言，这是对他的一种积极的肯定性的评价，他会有成就感，自己能够体会到比以前有了进步，获得了战胜自己的快乐，可以使他更自觉地去努力，从而起到正面强化作用。"进步之星"比只设"优秀奖"或批评教育效果要好得多。

二、"进步之星"更具激励作用

每一个学生都对自己有一个"期望角色"，内心都有一种积极向上的意识。佼佼者都想获得奖励，其他学生也想得到，只是可望而不可即。设立"进步之星"使人人都有均等的争取进步并获得奖励的机会，从而化"远"为"近"，化"难"为"易"。这样就能调动全体学生的积极性，使学生能见贤思齐，大大地促进班级内你追我赶的良性竞争。这种竞争的热效应越大，奖励效果就越好。

三、"进步之星"更有利于培养学生的荣誉感与上进心

奖励的目的在于培养学生的荣誉感与上进心。学生有了这种意识，学校教育或班主任的教育才算成功。设立"进步之星"能培养学生的荣誉感和上进心。奖励重在精神，奖励重在及时。班主任要做好这方面的舆论宣传，促使学生有这样的认识：学习、做事贵在进步。学生获得了"进步之星"，知道自己获得了一定的成功，会有一种愉悦的心理体验，由此会产生努力进步的心理。在这种积极心理状态下，对其进行教育，效果是不言而喻的。

"进步之星"着眼于学生个体，自己跟自己"较劲"；"进步之星"着眼于学生的进步，让全体学生都有奔头。具备什么条件才能获得"进步之星"，这就要根据我校的素质教育进步管理标准，视具体情况而定。不过，我认为，"进步之星"作为一种教育手段，只要真诚，只要及时，那还是多多益善的。

第三章

故事篇

第一节 教育故事

爱，使教育无痕

青岛市即墨区第二实验小学 付翠丽

　　爱是情感的纽带，能够让教师走近学生、温暖学生、转化学生。带着这样的信念，担任班主任以来我始终全心全意爱、尊重、关怀、理解每一个学生。我们的教育工作中，一些思想上或学习上落后的学生更需要我们的关爱。

　　2014—2015年第一学期，我教三年级时，就有这样一例：有个学生曾是班里的中队干部，又是体育班长，各方面表现均比较优秀。但开学没多久，一连三天没来上学。我与家长电话联系后去家访。与家长的交谈中，我得知孩子常喊胃疼，可到几家医院检查的结果均为正常。我想帮孩子补补落下的功课，却发现他三天前的作业竟然没有完成。我就开始怀疑，因为在以前的教育中也发现类似的厌学案例。我没有严厉批评孩子，而是以"老师需要你这个体育班长的帮忙""同学们都很惦念你"这样的话语鼓励他重新回到学校，可是第二天他的位子依旧空空。看来对他使用鼓励的方法并没有达到预期的效果。使出浑身解数仍难以攻克这一难题，我既感到困惑，又有点失落。难道这真是一道"无解"的难题吗？如果就此放弃，那么厌学症很可能毁了这个孩子。作为班主任，肩负的责任时刻提醒我对每一个学生都要做到"不抛弃、不放弃"。

　　为了让他尽快地回到集体当中来，我利用午休的时间，饱含激情地对全班同学说："我们的一个伙伴最近身体有些不适，他在家肯定很孤独，希望大家一起来帮助他。"同时，我动员全班同学每人说一句祝福的话，并通过微信发在班级微信群里。有的同学希望他早日康复回到集体中，有的同学说要给他补课，也有的同学说要与他一起做游戏，更有一个同学说着说着，声音竟有些哽咽了。看到眼前的景象，听到发自肺腑的语言，我的眼眶有些湿润了。一句句祝福的话表达了同学们的思念之情，也融入了同学们的真挚情感。当晚，在外地出差的这名学生的妈妈特地给我打来长途电话，告诉我孩子听完同学们的语音后特别感动，想尽快回到学校。同时她也很感动，说我帮她解决了后顾之忧，感谢我的良苦用心。

　　看到学生重新回到学校，我感到很欣慰。"不抛弃、不放弃"的信念，使我更加认识到只有付出真情，才能真正打动学生。爱，使教育无痕。

多一些耐心

青岛市即墨区第二实验小学　付翠丽

2015 年，我开始任教足球班，班上有个学生叫家场——一个可爱的男孩。可是在学习方面，他给人的感觉就没那么好了：学习成绩不理想，做作业时动作很慢，老是磨磨蹭蹭，而且不肯动脑筋。家庭作业经常不做，即使做了，也是抄别的同学的，小组长每天都向我"告状"。任课老师也向我提意见了，他的作业情况依旧没有得到好转。于是，我找他谈话，希望他能遵守学校的各项规章制度，以学习为重，按时完成作业，知错就改，争取做一个人见人爱的好孩子。他口头上答应得很好，可就是"勇于认错，坚决不改"，依然我行我素，毫无长进。我的心都快冷了。多少次想想还是算了吧，或许他是根"朽木"，但又觉得身为班主任，不能因一点困难就退缩，不能因一个学习有困难的学生无法转化而影响整个班集体。我要对得起自己的良心，我要尽最大的力量去转化他！我把心一横："不转化你，誓不罢休！"

每天我都要换个话题讲给他听：讲自己小时候的事情，并始终留意自己不要留下说教的痕迹。慢慢地我发现，他和我之间消除了隔阂。终于有一天，他不愿意仅当我的听众，而是主动向我讲了很多他以前的故事。我没有问他作业的情况，但他终于向我讲出了不做作业的理由。原来他认为老师布置的作业缺乏针对性，对他来说太简单，不能激起他做作业的动力，所以就干脆敷衍了事。原来是这样，以后老师布置作业时有针对性和梯度性不就可以了吗？看来学生有时的想法是能够帮助老师提高教学质量的。我和家场同学的几十次反复沟通，不但解决了他抄袭作业的情况，而且我发现他慢慢变得乐于和班级同学沟通了，人也变得乐观了许多。在一次家长会上，他的母亲提到他的情况时非常感激我，因为她发现她的孩子懂事了……

一天，他在我的桌子上留了一张纸条，上面写道："谢谢您，老师！"走进学生心灵，了解他们，理解他们并给予他们更多的关怀，班主任的职责不就在于此吗？

成长路上，以尊重护航

青岛湘潭路小学　梁　燕

　　班主任是什么？可想而知，当这个问题抛出来之后，我们会得到很多答案。这当中，有抱怨，有肯定，种种的答案指向了一点：班主任工作是个复杂的差事。的确，从工作以来，我便坚守在班主任这个岗位上，从初出茅庐的手忙脚乱，到现在的稍有头绪，应该感谢的是一本本指点迷津的教育名著。书中的思想，指导了我的班主任工作，更让我从中学到了做一名教师的智慧。

　　我拜读过李希贵先生所著的《为了自由呼吸的教育》，这是一本毋庸置疑的好书，题目便深深地吸引了我。呼吸，这本应是人的一个动作，将其冠之于教育，可见作者已经为教育赋予了生命，仅此就可以让我们感受到作者对教育虔诚的尊重。也就是这本书、这个人，帮助我解决了班主任工作当中一个棘手的问题。

　　事情发生在我们班的一节音乐课上。因为我承担了两个班的语文教学，事发的时候，我正在隔壁班讲课。快下课的时候，我们班的舟舟跑过来告状："梁老师，王冰（化名）老师让你回班看看，天天和老师打起来了。"听到孩子这样说，我并没有马上做出反应。毕竟此时，我站在讲台上，我要为正在听我授课的这班学生负责。另外，我了解来"告状"的这个孩子，他是我们班的调皮大王，最擅长的是把事情扩大化，总是"唯恐天下不乱"。还有一点，就我对王老师的了解，她是个很喜欢学生的小姑娘，刚刚毕业不久的她课间总喜欢和孩子们说说笑笑，怎么会和一个四年级的小男孩"打起来"呢？所以，对于舟舟的"告状"，我采取了冷处理，但转念又想，现在毕竟是上课时间，舟舟没有老师的允许，怎么会随便出教室呢？更何况从舟舟的口述中，我也听到了是王老师让我回班的要求。或者，真的出了什么事。出于对班里学生的负责，我让班长把他们班的班主任请过来代理一下，我稳了稳心神，便随舟舟一起回班了。

　　当把门推开的一瞬间，我愣住了。我想，那画面、那孩子眼神里的倔强和委屈，我会记忆许久。天天已经被叫到了教室前面，因为哭得太厉害，小家伙的脸通红，脸上满是泪水，那双平日里忽闪忽闪的大眼睛，此时也是溢满了泪。而王老师此时也是怒火中烧，我一进门就怒气冲冲地把事情经过告诉了我。"天天简直就是疯了，居然说我是神经病！"王老师这句话着实吓了我一跳。什么？天天说王老师是神经病？我不太敢相信，正当我疑虑之时，天天带着哭腔咧嘴嚷道:"是你先说我神经病的!"场面混乱得很。且不管是谁先说了谁,当着全班的面,我决不允许一个学生如此"张狂"地对待老师。我瞪着天天,告诉他不许说话,先听王老师说。或者是出于对班主任的畏惧,天天不说话了,但眼睛里的愤怒,让他像极了一只准备随时作战的小公鸡。王老师继续向我陈述:音乐课上,王老师带着孩子们一起学唱歌,天天却在下面偷偷地看课外书。王老师发现了,便让天天交上来,天天不肯,王老师就责令天天的同桌把书拿上来,就在同桌拿着书往上走的时候,被天天绊了一脚,险些撞到桌角上。王老师吓了一跳,认定是天天使坏,觉得他这么小的年纪就有这样坏的心眼简直是不可理喻,于是随口说了句:"你疯啦,绊他干什么,简直是神经病。"就是这样一句话,让天天失去了理智,加之之前被老师没收课外书的不甘心,天天也气呼呼地来了句:"你才神经病呢!"于是,就有了舟舟的"告状"和我回教室看到的这一幕。

我该怎么办?一时间,我的脑袋也膨胀了,一屋子的学生看着我,年轻气盛的王老师要我这个班主任和她统一战线,而天天似乎也希望从我这里得到安抚。平心而论,这件事王老师也是有错的,错在她的口不择言,而就是这句口不择言却触碰了天天的脆弱,因为天天的妈妈曾经是一名轻度神经病患者。冷静!我知道此时此刻,我们三方都需要冷静。我告诉王老师,这件事既然发生在我的学生身上,那就由我来处理,希望能得到她的信任,王老师欣然答应。下课铃响了,我让班长带队出教室,而自己则牵着天天的手,来到了我们学校的"心雅工作室"。这是我们学校的心理小屋,布置得很温馨。我想在这里,天天的精神或者可以放松一些,而且这里相对安静,对于平复情绪会有所帮助。

下课十分钟的时间,外面吵吵闹闹,我和天天坐在小屋里,却什么也没问,只是帮他整理整理衣服,把歪了的红领巾扶正。天天没有拒绝我和他这样近距离的接触,让我觉得我们的谈话可以开始了。上课铃响了,我说:"这节是体育课,外面太阳挺大,咱们在这里聊聊吧。"天天没有回答,低着头抽泣着。没有得到回应,我便继续我的"破冰"。从进门开始,天天一直站在墙角。我从里屋拉了一把绿色的靠背椅来,拖到沙发对面。我扶着天天的肩膀,把他安置到靠背椅上,我便坐在沙发上,以一个比较低的姿态开始进一步的谈话。拉着天天的手,我问道:"和我说说,发生了什么?""你不是都知道啦?"天天依旧倔强。我笑了笑:"是的,我是知道了,但我知道的,只是事情的一部分啊,还有一部分王老师一定没有告诉我,而这些,你愿意和我说吗？"我看着天天，双手捧着他的脸，让他转向我这边，他的眼睛有一瞬间与我的目光接触，但很快又移开了。"说什么？你肯定信王老师不信我。我就认倒霉了。""那可不行。"我故意把语气说得很夸张。"倒霉的事儿可不能落到我的班里，那咱班岂不是要天天扫煤（霉）啦？"听我这么一说，天天笑了出来，但很快又憋住了。我知道，这件事要解决已经有希望了。于是，我趁热打铁："和我说说嘛。""王老师不公平！"天天大声说道。或许，这就是今天这件事的根结所在。"怎么不公平啦？"我好奇地问。"我们男生明明已经很大声了，她还说我们唱歌唱得不好，我才不唱了呢，反正唱了也不会被表扬，还不如看书呢！"天天一股脑地把肚子里的话倒给我。原来，只是因为自己的努力没有得到老师的表扬，小家伙就觉得委屈了。"那绊倒同桌是怎么回事儿？"我又问道。"老师，我真没有！"天天站了起来。"我就是收脚收得慢了点儿，他又急着向王老师'邀功'，所以才差点儿摔倒的。"天天这话我相信，根据我对天天这四年来的了解，他虽然是个性子急的孩子，但绝对不会故意去捉弄谁。一次班上的几个小男孩笑话一个女孩子剪了个男孩样的头型，天天还主动站出来帮女孩说话。这孩子骨子里有种"行侠仗义、打抱不平"的劲头，套用武侠小说的话来说，这种"下三滥"的手段他不会使。"好吧，我相信你。"我把天天按回椅子上坐好，这孩子不相信似的瞪大眼睛盯着我说："梁老师，你信啦？""是啊，难道信错啦？"我微笑着说。"不是，"天天又低下了头，"我说了好多好多遍，王老师都不相信，还说我是神经病。"说到这儿，天天的眼泪又流了下来，我知道，"神经病"这三个字又碰到了他的痛处。"天天，"我捧起他的脸，让他看到我的眼睛，随后，我一字一句地说："王老师今天不应该说你是神经病，梁老师替她向你道歉。对不起！"当我说完最后三个字时，天天一脸惊讶。我接着说："是的，对不起，孩子，老师错了。但是，王老师这么说也是无心的，是被你同桌的举动吓到了。你想想，如果你同位真的摔倒在桌角上，会怎么样？"我用力按了按天天的肩膀，他想了想说："可能会摔到头，也可能赶巧了，桌角会戳伤他的眼睛……"天天此时的说话声软了许多。"是啊，王老师也和你一样，想到了这些危险，一时情急，才说了不该说的话，你能原谅王老师吗？"天天很认真地想了想说："这个事可以原谅她，但是，王老师对男生女生不公平！"哈哈，小家伙还很看重这"公平"二字啊，好吧，我就和他说说公平。"对啊！"我也认真起来，"王老师的确不公平。你们男生的大嗓门那是出了名的，咱班上音乐课，对门的办公室都不敢开门，还不是因为咱们班那唱歌声音大啊，就像这样……"说完，我用极夸张的声音大声唱了几句，天天像看外星人一样看着我，却又不敢拦下一反常态的我。唱完后我冲天天笑笑说："怎么样，不错吧？"天天也笑了，说："太难听了，和收酒瓶子的似的。"我被天天这贴近生活的比喻逗笑了："是啊，唱歌可不是收酒瓶子，声音越大越好。你们男生啊，就是不如我们女生歌声优美，这个你说是不是啊？"天天不好意思地点点头。"所以说，王老师可是受过专业训练的，她能听出哪个歌声是优美的、用心唱的哦，也能看出哪个同学是'用心'看书的。"我又一次盯着天天的眼睛，他明白我接下来要说什么，不好意思地低下了头。"你在音乐课上看课外阅读书，是不是也是对王老师的不公平呢？""梁老师，我也错了，我是故意看书的，其实我就是气不过王老师不表扬我们男生。"多简单的"理由"，应了李希贵老师书中的一句话："教育本来挺简单，只是我们人为地把它搞复杂了。把孩子们当作活生生的人来看待，让校园里充满民主、平等，让老师、学生在校园里自由呼吸"，从而"到达心灵之花自由开放的生命田园"。

我笑了笑，把天天拉到身边来坐，随后我们又聊了一会。我没有再去深究关于"神经病"的话题，只要孩子认识到在课上看课外书和顶撞老师是不对的就可以了。毕竟，在这一事件当中，王老师的确是有错的。随后，我去找王老师做了一次深谈，我把天天家的情况告诉了王老师，她这才意识到自己的无心之失触碰了孩子的痛处。在随后的一堂音乐课上，王老师当着全班的面和天天道歉，天天也向王老师承认了错误，两人握手言和。于是，我的耳边又响起李老师书中那些让人振聋发聩的句子："当一个孩子感受到来自成人世界充分尊重的时候，也就是他的自我教育、自我完善开始的时候，也就是一个人的心智自觉开启的时候，这样的成长才是真正意义上的人的成长。"

一本好书可以改变一个人的一生，而一名老师若是读了一本好书，改变的不仅是自己的一生，更会影响到学生的成长。我庆幸，能在班主任生涯中读到《为了自由呼吸的教育》这本书，感谢李希贵老师为我引路杏坛。而我，也会借更多的教育名著武装自己，用书中智慧铺就自己的杏坛之路。

一路同行

青岛湘潭路小学 梁 燕

在教育领域中，一直盛传这样一句话："一切为了孩子，为了孩子的一切，为了一切孩子。"作为一名年轻的心理教师，我虽常把这句话挂在嘴边，却不曾究其出处。如今追本溯源，才了解到这是宋庆龄先生对少年儿童教育工作者或服务机构所提出的要求。而这当中，"一切孩子"自然也包括那些随班就读生。他们眸子不一定闪亮，面庞不一定清秀，但每个孩子的心都无比善良。由于工作的原因，我常和这些孩子走在一起。长时间的交往，让我见证了这些孩子的淳朴可爱，更愿意在他们成长的道路上与其为伍，伴其成长。

开学的时候，在接手了一个新班的同时，校长给了我一个极具挑战性的任务：和琳琳做朋友。琳琳是这个班的随读生，小时候父母的错误用药导致了她的大脑受损。如今，琳琳的接受能力比常人慢一些，眼神也不像正常孩子一样有神。平日里琳琳沉默寡言，很少与人交流，在这个班里基本上没有朋友。就是这样一个孩子，校长要我走进她的心，和她做朋友。从校长的言语中，我读到了一种责任叫作任重道远。的确，随班就读生一直不被一些人青睐，在学校生活中，他们往往孤独寂寞，没有朋友。而作为老师，我们不仅仅要使随读学生学得科学文化知识，还要关心他们的情感，使他们保持一种良好的心态，增强信心与克服困难的勇气。爱生之心，师皆有之，热爱学生是教师的天职，没有爱就没有教育。而我们的爱，更应该给那些最需要关爱的随读生们。在坚定了这一信念之后，我开始了对琳琳的"进攻"。

上课的时候，我总是创造机会让琳琳说话，问题都是极简单的。可琳琳"吝啬"得连一个字都不肯给我。"是不是改变一下你的教学方法呢？"心理老师提示我说。是啊，教学方法是教师和学生为完成教育、教学和发展任务而发生相互联系的活动手段。针对琳琳的现状，我应该更多地考虑在教学方法的选择上注重直观性，注重创设情境，寓教于乐，在教学的过程中，尽可能地让琳琳观察、操作，从而减少学习难度。经过一段时间的实践，琳琳进步了，她开始参与到课堂中，眼神中透出来的几分专注让我欣慰不已，但琳琳的心理障碍依然是摆在我面前的一个难题。

马卡连科说："人生活的目的在于不断地追求美好的未来，追求明天的快乐。"那么，对于随班就读的学生而言，或者明天的快乐可以冲淡她心中的阴霾。对琳琳而言，明天的快乐是什么？怎样才能追求到属于她的美好未来呢？此时的我们不能满足于现状，而应该让琳琳面对社会，自强自立，用自己的双手创造明天的幸福。确定方向之后，在平日的教育工作中，我便开始挖掘琳琳身上的闪光点。她热爱班集体，常常主动承担班里的卫生工作；她喜欢画画,尽管构图不够完美,但用色鲜艳明快。找到了突破口,我便调动全班同学集体向琳琳学习,在这个过程中让琳琳将自己的价值体现得淋漓尽致,一种归属感温暖了琳琳那颗曾经冰冷的心。

看着琳琳逐渐融入集体当中,一种欣慰油然而生。而此时,要做的是让"特别"的她变得不再"特别"。人总是有自尊心的,随班就读生的自尊心更为强烈,他们不想被当作异类,不想被"特别"化,有时那些关爱的眼神也会灼伤他们脆弱的心房。于是,我开始研究如何在课堂教学中协调好整体与个别的关系。随班就读教学中最难处理的就是如何在班集体中照顾到学生的差异。为了在班集体的教学中有的放矢地照顾差异,满足随读学生的特殊需求,我们必须尊重学生的个性。学生是独立的个体,是有差异的人,每个学生都有其独立的人格特点和价值。他们的差异表现在多个方面,既有认知能力的差异,又有认知方式的差异;既有多种智力差异,又有心理品质的差异等。只有承认学生的差异,善于发现差异,才能真正做到因材施教,因势利导,让每一个学生都得到良好的发展。针对琳琳的现实情况,我会将问题设计得不露声色,并将这一理念贯穿课堂始末,及时调整自己的教学环节,让我的课堂"润物无声"。

经过我长时间的努力,琳琳变了。尽管这改变在别人眼中微乎其微,而于我,在见证了琳琳一路走来的艰辛之后,深深地敬佩这个娇小可人的小姑娘。她宛如一只蜕变的蝴蝶,在黑暗中挣扎,在挣扎中破茧。尽管这蝶并不具备华丽的翅膀,但依然有享受阳光的权利。尽管上天剥夺了她的华美,但后天的努力足以让她的成长绽放光芒。她说,她喜欢彩虹,那种洗涤后的美不就是琳琳的写照吗?于她,未来的路还长得很,一路上的经历虽变幻莫测,但我会陪她一直走下去。成长路上,我们且行且珍惜。

护窝的"母鸡"

青岛西海岸新区育才小学　闫丽丽

我是一位普普通通的低年级班主任老师,总是急急地穿梭于办公室和教室之间,边上围着一群叽叽喳喳的孩子,就像一群小鸡。别人笑我像只带群的老母鸡,我也不恼:"哈哈,你们是嫉妒,这么多孩子,你们有吗?"

趴窝。低年级的孩子不管走到哪里,嘴里总是叽叽喳喳,没个停的时候。"老师，子宣拿我的橡皮不还我。""老师，我家昨晚上吃的西红柿馅的饺子。""老师，我小姑结婚，我给你糖吃。""老师，帮我打开水瓶。""老师，我的鞋带开了。""老师，我的拉链拉不上了。""老师，我要大便，没有纸。"要不就是趴在我耳朵上大声地说着"悄悄话"，偷偷地胳肢我，或拍拍我的后背，考我脑筋急转弯。我呢，则满足地看着孩子们，欣然地接受着，很享受地笑着。

护窝。孩子们总是愿意把自己受的委屈向我倾诉，我也总能给孩子一个公道，给他们以抚慰。一次，一个孩子因为在家做作业时不专心，多次做错了同一道题，小手被爸爸打得通红。早晨来到学校没放下书包就到处找自己的闫老师，一见到我，就哇哇大哭起来，向我"告状"爸爸打他。看着孩子小手，我心疼地放在嘴边吹了又吹。安慰好孩子，我打电话找到家长，先是一通好火："教育孩子不是简单地打孩子。"直数落得家长连声表示再也不对孩子动粗了。后来，家长信服地说："闫老师在孩子身上比我们还上心，孩子放在闫老师这儿，我们放心。"

理窝。每天，我早早地到校打扫卫生、排列桌椅，给孩子一个洁净的学习环境。地面上有一片小碎纸，我会弯腰捡起，放到垃圾箱里。我跟孩子们说："同学们，这是我们的家啊。金窝银窝，不如自己的草窝，我们要保持教室的卫生，保持我们的家整洁啊！"我用自己的行动感化着每个孩子，我也从更多的孩子身上看到了感化的收获：垃圾箱里的垃圾不知被谁悄悄地倒了，好多孩子争抢着擦黑板，黑板槽里的粉笔末被悄悄擦干净了。

理群。在我这儿，不允许任何一个孩子掉队。班中每个孩子的秉性、好恶，我都了如指掌；如何教育引导打理好这个群，我也成竹在胸。

轻松愉快的课堂上，我时刻关注着易走神的孩子，提醒着好做小动作的孩子，根据课堂随时调节课的进度，我不时提醒："谁把耳朵忘家里了？咱大家帮他找找！""那是谁私自放大脑玩去了？还不快追回来。""老师真喜欢你积极回答问题的样子。""你的眼睛真亮，声音真像个小小男子汉！""舰岚的坐姿真端正，就像个小军人一样。"

也有特殊的例子。博皓因性格特别执拗，经常挨爸爸的暴打。只要他不高兴，他就什么也不干。只要有人惹着他，他就会把自己在家所受的"气"全撒到别人头上，逮着谁打谁。一次，就因他的好伙伴跟他开玩笑，用文具盒轻轻打了他的屁股一下，他用铅笔把那个孩子的头戳出了血……渐渐地，很少有孩子愿意跟他玩。玩游戏时，其他孩子都不让他加入，他就捣乱、抢玩具，成了班中的"混世魔王"。我摸清孩子情况后，悄悄把他叫到身边，轻轻抚摸着他的头说:"孩子,你很聪明,老师很喜欢你。那你喜欢跟老师交朋友吗?"孩子诧异地看着我,游离的眼神中闪过一丝光芒:"真的吗?""真的。"我点点头,用肯定的眼神告诉他。"你骗人,他们都不跟我玩……"孩子的眼里闪着泪花。我借机问道:"那你说说,他们为什么不喜欢跟你玩?"他眨眨眼睛,不好意思地说:"我爱打人,可我管不住自己。""你这么快就找出原因了,真是聪明!这么聪明的孩子是不会犯同一个错误的,老师相信你会管住自己的,对吗?""对!"孩子点点头,信任地看看我。"那咱拉钩好吗?"我俩都笑了。可往往好不了几天,孩子们的"告状"就又来了:"老师,博皓又发疯了似的,在外面打人。"我就再次蹲下来引导、教育,并与家长沟通联系,共同商讨教育方法。一次次的情绪疏导,使这个孩子逐渐改变着。他开始愿意接近我,有什么新鲜事总爱跟我说,哪怕换了一双新鞋,也要让我看看,还经常邀请我去他家玩。孩子们针对他的"告状"也大大减少了。一次,我因感冒发烧、咳嗽,嗓子沙哑,在坚持上课的时候,小博皓私自走下座位,手里捧着一杯盖水:"老师,喝了水嗓子就好了!"我满意地看着他,看着他成长,看着他进步,我坚信,通过这样的教育方案,这个"问题孩子"一定会健康成长。

忙碌连起了每一天,琐事串成了每一天,而我总是像一只张开翅膀护窝的母鸡,用心地呵护着每一只茁壮成长的小鸡。

做一个护花使者

青岛西海岸新区育才小学　闫丽丽

对于小昊,任课老师没有敢"惹"的,只因他常在音乐、美术、体育、国学等课上无缘无故地哭闹、打人。谁要是说他一句,他立马大发雷霆,张口大哭,任你怎么说都不听。一次美术课上,只因一点小事,他跟同学打起来,把水杯也打破了。美术老师想上前劝解,结果他竟说美术老师也欺负他,让美术老师赔他水杯。美术老师没有办法,只好给他买了一个新的水杯才把事了结。

说实话,对于他,我也有点头疼。刚接班没多久,我就了解了他的家庭。他是个跟随母亲生活的单亲孩子,聪明、活泼,一双大眼睛特别漂亮。但他的母亲头颅曾因车祸动过手术,并患有抑郁症,没有工作,靠低保生活。她常因一点小事控制不住自己的情绪,就打得孩子脸上新疤盖旧痕。因此,我跟她多次沟通，让她不要打孩子，同时也告诉她，孩子在校也逐渐表现出爱打人的倾向，他只要心中有气，不舒服，就会迁怒于周围的同学。一次美术课上，就因为不高兴，他把桌上的美术工具抛向空中，落下的剪刀差点戳到前面的同学。他的母亲听后很愧疚，表示不再打他。但情绪上来时，她还是控制不了，只不过由打脸转到打身上。在多次沟通后，到2017年第二学期快结束时，她终于不打了。但我发现，孩子增添了新的"毛病"：他常常因同学的一句话或一个表情而跑出课堂，或拒绝吃午饭，有时甚至把饭菜倒在其他孩子身上。任凭其他孩子怎么叫他，他都不听。刚开始我去叫他，他饭也不吃，话也不说。于是，我就从他的哭开始教育："男儿有泪不轻弹。哭是无能的表现。如果哭管用的话，那咱们什么事也不干，都趴在地上哭吧！"他"扑哧"一声笑了，再跟他谈心，他才肯吐露心声愿意吃饭。有时，我让他换位思考，明白道理，导出他心中的怨气。这个孩子也能理智对待，情绪得以安抚。

渐渐地，他对我多了一份信赖。有事时，只有我问他才说。但他的情况经常反复，我也只能多开导他，让他走出心里的雾霾，但不再过多地跟他母亲沟通他这些现象。

原因起于一年级的沟通中，她知道孩子在校的一些情况后，控制不了暴打，打后又心疼、后悔。终于有一次，短信沟通时，她情绪爆发，说我是不是看到她把孩子打得遍体鳞伤就好受了，第二天（周六）她非要找我到学校办公室谈谈。我气得浑身发抖，满肚子的委屈无处诉说。多少次因为她打孩子我找过她，更多的精力给了这个孩子，还害怕别的孩子伤害他。可结果却是这样……后来，她跟我解释她控制不住自己的情绪，说了那些话，让我不要放在心上。我想想也能理解，但也清楚，不能指望她跟正常家庭一样进行家校合作。

于是，我在发现问题时，更多的是跟孩子沟通，引导他明白道理，而在他母亲那儿，就是寻找更多的优点表扬，以期他受到更少的伤害，而对于他出的难题留给自己摸索着解决。

我知道，冰冻三尺非一日之寒。要想一下子改变这样的孩子，是不可能的。我们需要如引流水一般，慢慢疏导，小心呵护，才能渐渐等到他"扎新根、抽新芽、长新叶、抽新枝、开新花、结新果"。他的花期可能会晚一些，需要耐心静候，但我愿意陪他慢慢长大，做一个护花使者。

改变着

青岛市即墨区潮海万科小学　江翠苹

2017—2018年第一学期,学校安排我接了全校人数最多、各科成绩均不理想的班级,着实让我感到压力重重。面对学校对我的信任,我只有对自己说"加油"。学期初,任课老师们经常跟我反映班里孩子们上课注意力不集中,虽然不说话,但是也不听讲。因此,我在班里就这些问题多次与孩子们沟通,并经常与任课老师们进行交流,寻找问题的根源。好的学习习惯需要长时间的坚持,结合五年级孩子的特点我实施了一些小的奖励,比如小奖章、表扬信。经过一个月的磨合和适应,慢慢地,孩子们上课有了活力,能够跟着老师们的思路进行思考。

在这里不得不说一下变化最明显的一个小女孩——如意同学。刚接这个班的时候,我就发现她是自己一个座位,并且在班级的最后面。经了解,原来大多数同学对她都有偏见,甚至任课老师也对她有偏见。但我还是坚持把她调到了第一排座位,我希望她能够认识到老师对她是充满期望的。对此,我跟她进行了长谈。也正因为这样,她和我建立了第一份信任。

可没过多久,我发现她就开始骂人、不写作业、爱做小动作等。对此,我了解了她的家庭情况,知道她从小父母离异,母亲几年前出了车祸导致双腿残疾,现在母女俩一直跟随外公外婆生活。了解到她的生活情况,我才知道一直生活在这样的环境中的她,从小没有良好的家庭氛围和教育。而她所做的一切也可能只是想引起别人对她的注意而已。

针对如意的这种情况,我经常找她谈话,学习上对她抓得更紧。慢慢地,她开始向我倾诉一些事情,而我也有针对性地和她母亲进行交流,将她在家里和学校发生的事情互相沟通。渐渐地,她开始懂得主动帮助别人,主动帮老师分担班级的事务,同学们也对她多了一份耐心,任课老师们也开始对她转变态度。这次期末考试她各科都取得了优异的成绩。

这只是班主任工作中习以为常的事,但对于孩子却能影响她一生。对于这份工作,我慢慢地发现了它的可贵之处,也体会到了为什么说教师是天底下最光辉的职业。

让学生体味成功的甜蜜

青岛市即墨区潮海万科小学　江翠苹

我们班里有这样一个学生,常因懒惰而忘了做作业。找他谈话他会答应老师当天一定完成,但到第二天检查却拿不出作业来。老师无论是哄还是"吓",他都以不变应万变。怎么办?不断的失败使我不得不重新考虑转化他的方法。

那天放学之前,我又找到了他。与往常不同的是,当他表态"今天一定完成作业"后,我没有到此为止,而是进一步问他:"你准备怎样确保作业一定完成呢?"他说:"今天一定抓紧时间做。"这方法虽毫无创意,但对他而言很实用,没想到他真能照此方法去做。我趁热打铁,对着全班同学说:"同学们,现在老师告诉大家一个好消息,今天这位同学能按时完成作业了,因为他有一个非常宝贵的经验,你们想听听他的介绍吗?"大家都说想听,于是我让他当众做了介绍。虽然这经验非常简单,可对他来说却有着非同寻常的意义,也许是因为他第一次在全班同学面前介绍经验,言语中掩饰不住内心的激动。听完他的介绍,教室里响起了热烈的掌声。听到这掌声,他脸上洋溢着笑容,我知道他体验到了完成作业的甜蜜。

放学了,我又找到了他,对他说:"以后的作业能按时完成吗?"他说:"能!"我感觉到他的语气很坚定,我相信他一定不会令我失望。以后,他果然把作业做得非常认真、整洁。我也再没有因为作业的事找过他。

这事虽然过去了,但对我的启示是很深的。它告诉我,对于那些尝够了失败的苦涩滋味的后进生来说,如果能让他们提前品尝到成功的甜蜜,那么就能有效地帮助他们树立走向成功的信念,从而激励他们不断走向成功。

静待花开

青岛市即墨区北大附属即墨实验小学　李晓宁

清晨,朗朗的读书声让我不知不觉地加快了脚步。我轻轻推开了教室的门,阳光透过明亮的玻璃照了进来。那柔和而又明亮的光线照在了文文那瘦小的脸上,文文专注地读着书上的文字,丝毫没有受到晨光的影响。看着沐浴在晨光中的文文,我忍不住想起第一次见到她的情景。

课堂上，作为新老师的我请同学们介绍一下自己。轮到文文时，只见她慢吞吞地站起来，头低着，我看不到她的表情，但是我能感觉到她很紧张。我站在讲台上耐心地等待，10秒、20秒……1分钟过去了，仍未听到她嘴里发出声响。我走下讲台，来到她身边鼓励她："不要紧张，告诉老师你的名字好吗？"她紧张地点了点头，张张嘴仍没发出一点声音。这时同学们已经不耐烦了，不知是谁说了一句："老师她叫文文……总这样，净浪费时间……"文文看着课桌仍然一声不吭。我心里充满了诧异，这到底是个怎样的女孩？我灵机一动，看着她说："文文真是人如其名，这么文静，你一定会成为一名品学兼优的好学生的。"

从那以后，我开始观察她，发现这个孩子在所有的课上从不开口说一句话。课间，文文也总静静地一个人待在位上看书、画画。看着这样的文文，我心想：对于文文，我需要静静地等待属于她的花期。

一天下午，轮到了文文那一组做值日。其他的同学打扫完都走了，只留下了文文自己在整理着不整齐的桌椅。我看着如此孤独的文文，心里禁不住酸酸的。我推门进去，她抬头看看我继续整理桌椅。我没有吵她，默默地帮她整理着桌子。"老师，"一个细小的声音打破了教室的安静。我抬起头看到文文欲言又止的样子，我鼓励她："有什么事，看老师能否帮到你？"她犹豫后终于对我小声说："我想参加您的儿童画社团，可以吗？"我听后心中一阵惊喜，终于有孩子喜欢的事了，我一定要抓住这个机会给孩子自信。我告诉她："明天把你的画带来一幅我看看。"她开心地说："好的。"第二天，我收到了她的作品，虽然画面有些单调，但是可以看出她的细心。从那以后，每周的社团活动她都积极地参加。为了锻炼她，我请她帮忙收作品。

艺术节开始了，我选了文文代表学校参加比赛。功夫不负有心人，文文拿到了第一名的好成绩。我将这份荣誉第一时间在班级里进行宣布。班级里响起经久不息的掌声，伴随着同学们的祝贺声，我第一次看到笑得那么大声的文文。我连忙拿出手机，为她拍下一个大大的特写，那笑容灿烂如花朵。

小菲和润泽

青岛市即墨区北大附属即墨实验小学　李晓宁

小菲和润泽从入学那天起就在各科学习中扮演着第一、第二的角色。如果班级有一个一百分，那一定是他们两人之一！所以同学们渐渐地对他们很佩服。同时他们也成了老师的小帮手、班干部。我也觉得他们是我得力的小助手，经常表扬他们。

日子一长，我发现课间的时候，小菲的周围总是围着一堆女生，而润泽的身旁是一伙男生。课堂上女生和男生也总是发生一些争执。我隐隐地感觉班级里出现了男女生不团结的分裂局面。我找他们谈过话，可是他们在我这里说一套，回去仍然老一套。怎么办呢？无意间我看了一位名班主任的带班故事，我遇到了和她一样的情况，于是我也借用了她的方法。

一天下午，我将小菲和润泽带到操场的入口处，用准备好的厚厚的毛巾蒙上了小菲和润泽的眼睛。我请体育老师帮忙在足球场上设置了很多的障碍，将他们两个的书包分别放在操场的篮球架和足球架的旁边。然后，我将他们两个人的手拉起握在一起，告诉他们书包的位置，但没有具体地告诉他们谁的书包。接着我告诉他们说："你们俩不是以为自己是最棒的吗？现在你们可以把拉着的手松开，但是不允许摘掉蒙着眼睛的毛巾。自己摸索着找到书包，背上书包你就可以摘掉毛巾了。当然你俩也可以认输，回去给同学们讲，你们是怎么害怕挑战，主动做逃兵的。"他俩听了愣在了原地。我说："你们可以去找自己的书包了。我要回去上课了。"说完我头也不回地走了，留体育老师在操场的大树后面关注着他们两个人。我快步来到了学校的监控室，关注着他们两个人的一举一动。

他俩听见我的脚步声消失了，就立刻松开了手，各自摸索着寻找书包。过了几分钟，我看着小菲磕在了鞍马上，可能不知道是什么大叫了一声，润泽赶紧转过头问小菲。小菲显然是吓了一跳，蹲在地上哭了起来。润泽循着声音摸索着来到小菲身边，拉起了哭泣的小菲。接下来两个孩子的手再也没有松开过。虽然润泽磕倒把小菲也拽倒了，但两个孩子都没有放弃，小菲也没有再哭泣。终于，他们来到了篮球架旁边找到了小菲的书包。润泽摸索着帮小菲背上书包。但是小菲没有走，而是摘下毛巾后，让润泽在原地等她。摘下毛巾的小菲很快找到了润泽的书包，帮他背上书包摘下毛巾。这时，体育老师已经来到了他们身边，我也快步来到了操场。

我问小菲，自己磕了一下就哭了，可是和润泽一起磕倒在地为什么没有哭啊？小菲说："我自己很害怕，有润泽在就不怕了。"我告诉孩子，在黑暗中相互扶持、相互关心是战胜困难的力量，朋友才是人生最大的财富！看到两个孩子还拉在一起的小手。我笑了，孩子们也笑了！

润物无声的转变

青岛市即墨区德馨小学　孙　岩

我相信这样一句话:给孩子一个微笑,他会给你一个明媚的春天。它时刻提醒我,要爱学生,因为只有在爱的雨露下成长起来的孩子才是健康的。

记得 2016 年,我担任了 4 年级 1 班的语文老师,东东是这个群体中最突出的一位。第一次接触,他就给我留下了这样的印象:聪明,脑子活,反应快。随着时间的推移,我发现,他虽然上课发言积极,思维敏捷,但他的行为习惯却常令我担忧:争强好胜,对自己过分自信,常惹是生非。当与伙伴发生口角时,他总是据理力争,从不肯吃亏,宽容在他的眼中是懦弱的表现。有时,他违反了班规,我找他谈话,他总是满脸不服气。所谓"歪理十八条",他是条条有理,总觉得他有点"不听话"。因此,当东东出现在我眼前的时候,我总是静静地观察他的一言一行,看到他那天真无邪充满稚气的脸,我想起了于漪老师的一句话:"热爱学生是老师的天职,是做好教育工作的基础。"我暗暗下决心,用自己的爱去感染他,使他健康地成长。

有一天下午,教室里只剩下我和他。

我亲切地询问:"为什么总不接受老师对你的批评,总爱跟我对着干呢?"

"你为什么总是指责我呢?"还是以他一贯的强硬作风回答我。

听了他的话,我回忆起以前对他的态度,一下子感到我平时对他的指责太多,或许已伤了他的自尊心。教育家爱默生曾说过:"教育成功的秘密在于尊重学生。"的确,我以往对他的教育方法也欠妥。我沉默了一下,对他说:"老师以前对你的态度有时是不好,只看到你的不足,常当着大家的面批评你,老师向你道歉。"听了我的话,他脸涨得通红,有点激动地说:"至少我不是个坏孩子。"

"那好,我们就来个君子协定,我们互相尊重,你有事我不在同学面前说,咱们私下解决,可你也要做到在同学面前不顶撞我。"

东东一声不吭,但我依然可以从他的眼中看到"不信任"三个字,真是个个性极强的孩子。

回家的路上,我在想:师生关系是亲密的。不管是老师的举手投足、音容笑貌,还是情韵气度,都应体现对学生的尊重和信赖。只有做到态度和蔼,语言亲切,神态热情,才能做学生的良师益友,学生才能亲其师,信其道,而学其理。我了解到他十分爱看书,就让他当了我们班的图书管理员。他非常热爱自己的工作,把图书整理得井井有条,并且能很好地处理一些同学们借书、还书时发生的冲突。他上课发言积极,有一定的口头表达能力,于是每堂课我都不忘让他发言,并给予鼓励。当他得到了他十分渴望得到的小红旗时,我看到他满脸笑容,十分自豪的样子,我也感到欣慰了。平时,我爱帮他整整衣服,理理书包,嘘寒问暖,谈谈家常,交流想法。一个月过去了,我发现他做事更认真了,看到他的点滴进步,我由衷地感到高兴……

　　一天中午,孩子们忙着在操场上玩耍,办公室里静悄悄的。"有人打起来了!"班干部们着急的话语打破了这一阵平静。我急忙从 2 班走到 1 班。两个孩子虽然眼中还有泪,可怒气明显已退了很多,都安静地坐在位置上。最让我吃惊的是,东东气喘吁吁地坐在他俩中间,这一幕真的让我很失望,难道又是他在挑唆他俩?真是江山易改,本性难移。"他俩已经没事了。老师,一点小事。"这话居然是从他口中说出来的,我呆住了。"老师,你可别表扬我,这是我该做的。"我清晰地看到他的眼神已经改变。原来,他看到两名同学在为一点小事吵架,就毫不犹豫地上去进行一番劝说,并帮他俩想了个好办法……不知怎的,我注视了他很久很久,一种崭新的情感在我们之间滋长。

　　快到元旦的一天早上,当我来到教室门口,发现东东正等在门口。他高兴地向我问好,然后,悄悄地递给我一张贺卡,压低了嗓门说:"这是我亲手做的,送给您,老师。"我看了看他的神态,那目光是真诚的、发自内心的。我端详着这张凝聚着爱心的贺卡,心中涌起一股暖流。

　　陶行知先生说:"不要你的金,不要你的银,只要你的心。"当我满怀爱心去对待学生时,我已在爱中获得了爱。那爱甜甜的,沁人心脾,回味无穷。

激励的效应

青岛市即墨区德馨小学　孙　岩

　　记得那是 2007 年,班上有个学生叫小伟,胖乎乎的,是个挺可爱的男孩。可是他上课时注意力老是不能集中,做作业时动作很慢,而且不肯动脑筋,回家作业经常不做。

　　为了转化小伟同学,我采取了以下措施。我先让他认识到自己的错误,树立做个好孩子的思想。"你想改正错误吗？想做一个讨人喜欢的孩子吗？你要怎样做才好呢？""我今后一定要遵守纪律,认真完成作业。""那你可要说到做到哟！""好！"后来,他无论是在纪律上,还是在学习上,都有了明显的进步。当他有一点进步时,我就及时给予表扬,使他时时感到老师在关心他。他也逐渐明白了做人的道理,明确了学习目的,端正了学习态度。

为了提高他的学习成绩,除了在思想上教育他,感化他,我特意安排一个责任心强、学习成绩好、乐于助人、耐心细致的女同学跟他同桌,目的是发挥同伴的力量。事前,我先跟这个女同学进行了一番谈话:"为了班集体,不要歧视他,要尽你自己最大的努力,耐心地帮助他,督促他进步。"女同学满口答应,并充分利用课余时间或课堂时间帮助他。有时,女同学也会显得不耐烦,说小伟不太听话,不太乐学……此时,我就跟女同学说:"要有耐心,慢慢来。"后来,小伟同学取得进步时,除了表扬他,我还鼓励他们说,这也离不开同学们的帮助。在同学们的帮助和他自己的努力下,他各方面都取得了不小进步。他学习上更努力了,纪律上更自觉了,学习积极性提高了,成绩也有了很大的进步。为此,我感到由衷的高兴。

通过这个教育故事我深刻地认识到了怎样做一个好的班主任。

一、以人为本,爱心感化

我们教育学生,首先要与学生之间建立一座心灵相通的爱心桥梁。这样老师才会产生热爱之情。"爱是教育好学生的前提。"对于小伟这样的孩子,要敞开心扉,以关爱之心来触动他的心弦。动之以情,晓之以理,用师爱去温暖他,用情去感化他,用理去说服他,从而促使他主动地认识并改正错误。

二、同伴相助,友情感化

同学的帮助对他来说是必不可少的,同学的力量有时胜过老师的力量。同学之间一旦建立起友谊的桥梁,他们之间就会无话不说。他会感受到同学对他的信任,感受到同学是自己的益友,他会感受到同学给自己带来的快乐,在快乐中学习、生活,在学习、生活中感受到无穷的快乐！同学的教育、感染,促进了同学间的情感交流,这样在转化学困生工作中就能起到较好的作用。

三、因材施教,循循善诱

常言道,一把钥匙开一把锁。每位学生的实际情况是不同的,必然要求班主任深入了解弄清学生的行为、习惯、爱好及其落后的原因,从而确定行之有效的对策,因材施教,正确引导。因此,在小伟这个事情上,我就以爱心为媒,搭建师生心灵相通的桥梁,充分发挥学生的力量,安排一个责任心强、学习成绩好、乐于助人的同学跟小伟同桌,给予学习和思想上的帮助,从而唤起他的自信心、进取心,使之改正缺点,然后引导并激励他努力学习,从而成为一个好学生。

作为教育工作者,班主任应以赏识的心态对待每一个学生,善于发现他们的闪光点。也正是由于有了老师对小伟的信任、尊重、理解、激励、宽容和提醒,才使他找回了自信。

多点耐心

青岛市即墨区通济八里庄小学　李永磊

生活中,我们忙忙碌碌,仿佛一节课连着一节课,一个活动接着一个活动,一件事赶着一件事。后进生总是被我们拖得"体无完肤",所呈现出来的问题多如牛毛。老师焦头烂额,孩子们恶性循环。

其实,我常常想,生活节奏固然很快,但这群不一样的孩子无论是行为习惯还是学习习惯本来就"技不如人",那为什么不慢下来呢?为什么不多点耐心,多点宽容,多点亲近,多给孩子减少一些压力呢?

我们班上有一个小男孩叫小宇,2013 年我刚接这个班时他已是个三年级的学生了。听前任老师说他父母经商,老来得子,娇生惯养。家长溺爱得真可以说是捧在手里怕掉了,含在嘴里怕化了。小宇一年级起就没写过家庭作业,成绩一直是个位数。

于是,我总是有意无意地观察他,课堂上坐姿还算端正,两只小眼睛不时地瞅着老师,好像听得很认真。课间和同学们也能迅速打成一片,玩在一起,有说有笑。一次课间,我在教室守班,发现他在打扫自己的地面卫生,就走过去蹲在地上和他聊了起来,问了问他的家庭、父母工作、他的爱好等等,他都说得比较完整,意思表达也很清楚。多正常的孩子啊!但真正小测验结束看到成绩时我还是很吃惊。歪歪扭扭的字迹中透出多年的"懒惰",答案中那么多的谐音字映出他天生的聪慧。这样下去,太可惜了!我决定和他父母好好谈谈。

那一天一个半小时电话交流,我以我的亲身经历谈起,告诉他父亲,我女儿一年级时成绩也不好，但我没有放弃，因为我知道孩子智力正常。经过努力，孩子从四年级起一直是班级第一名。而小宇从平常看来不但不笨还很聪明，肯定能学好。况且目前这个水平将来怎么在社会上立足、怎么生存、怎么继承家里的生意呢？我建议他让小宇从写好每一课生字、读好每一篇课文开始，一步一步赶，不要着急，平时加强对孩子学习及生活的关注，增强孩子的信心。

学生天职就是学习，小宇落下的知识太多，要赶上其他孩子也很不容易，但我已经给他定下了小目标：就先从写作业开始吧。我始终认为，要让孩子爱上学习，就要让孩子先爱上他的老师。从此，我只要在教室就和他聊天，从他感兴趣的动画片、喜欢的零食、路上的见闻聊到拿手的电子游戏……慢慢地，小宇不再腼腆，见到我能主动和我攀谈起来，看样子小家伙喜欢上我了。

小宇平时比较自卑，在学校从没单独做过一件事情，更没当着全班同学的面回答过问题。我把班里的小杂活（给班里的钟表换电池、往黑板上贴过关表、给同学们涂星星、加分等）让他一个人干，一干完就当着全班同学表扬他"干得挺仔细""真没想到，你还是个细心的人啊"……课堂上简单的问题让他来回答，并鼓励他"说得真好，要是会写就更棒了""你是怎么想出来的？考虑得真周到"……看着他抿着嘴微笑的样子，我心里暗自欢喜。

对于小宇，我总是给他单独布置作业——每天写好课文生字，并且帮他组好词，打电话让家长协助耐心检查并加以鼓励。第一天完成作业的时候，作业组长是惊讶地跑向我汇报，也竟然让全班同学都发出"啊"的呼声。我随即对全班孩子说："要是小宇能连续5天完成，那就能当本周的'进步之星'啦。"适应了一段时间后，慢慢地又加上课文朗读，一开始较难的字我帮他注好音，要求能读下来就行，然后逐渐增加难度。

第一个学期，小宇成绩并没有太大的起色，他父母也有点小失望，电话沟通时经常说："算了吧，他不是那块学习的料。老师您别费心了。"我却信誓旦旦地说："相信我，再坚持一个学期看看，一定会好起来的！"第二个学期，在我和孩子的坚持、家长的共同努力下，小宇成绩稍微进步了，虽然错别字很多，但已能考四五十分了。有了这次较大幅度的进步，孩子更加自信了，在接下来的两年时间里，他都能坚持天天写完只有写字和读书的作业，成绩也能及格了。虽然时间有点长，但从小宇父亲堆满笑容的脸上，从不停地重复"谢谢李老师，谢谢……"的简单话语中，让我感受到了少有的成就感。

在这个快节奏的社会,人们总是急于求成。在平时的教学生活中,我们总是少了些从容,多了些急躁。其实,多点耐心,静待花开,又何尝不可?

爱

青岛市即墨区通济八里庄小学　李永磊

我是一名普通的班主任。在平凡的工作岗位上,我无私奉献,用爱心赢得了孩子的喜爱,用诚心赢得了家长的认可。回想我所做的一切,并没有什么特别之处。家长的信任与支持是我工作的动力,孩子的点滴变化激发着我的工作热情。在管理班级的过程中,我常常能享受到教育给我带来的快乐。

说实话,接受4年级2班,我还是有一些思想负担。班上离异家庭的孩子多,又特别调皮,管理起来有一些难度。

刚开学,嘉嘉的特殊表现就引起了我的关注。

嘉嘉异常调皮,平时上课总是心不在焉,不时发出一些声响,但还算说得过去。一天,我正在上课,大家认真地听着。忽然,从后排的座位上传出一个男生发出的怪声,引得不少同学掉头张望。我循声望去,只见嘉嘉趴在桌子上,眯着眼睛,嘴里不时哼哼着。我以为他不爱听课,只是无意发出的声音。于是,我没有理会他,而是继续上课。

没想到,在课堂上,嘉嘉发出的怪声一次比一次响,干扰其他同学听讲了。我一下课就把他叫过来,孩子们也围了上来,只见他一瘸一拐的,龇着牙,偶尔跳几下。我疑惑地轻声问道:"孩子,你哪儿不舒服?"

嘉嘉有些委屈地看着我,慢吞吞地说:"我真倒霉,本来感冒了,今早晨下楼梯一下迈了两层,又崴脚了。嗓子不舒服,这两天都要挂吊瓶,脚又疼,我……"孩子们七嘴八舌地说:"是,他感冒好几天了。""他上厕所跳着下楼梯。"我仔细地看了看他,满脸通红,嘴巴干得裂了口子,渗出了一丝丝血,嘴唇起的皮倔强地蜷缩着。嘉嘉捂着嘴不时咳嗽着,一只脚着地,另一只脚轻轻地靠在一起。我赶紧从随身小包里拿出润唇膏,给他涂上。我轻轻地涂着,他低着头,眼圈红红的,噙满了泪水。我以为他很不舒服,就摸了摸他的头,他头埋得更深了。

放学的队伍都站好了,他着急地跳着往队伍中走,他刚一走就"哎呦"崴了一下,看样子很疼。我赶紧给他妈妈打了一个电话,让她来接他去医院。

几个孩子友好地扶着嘉嘉，嘉嘉不好意思地笑了。嘉嘉被别人扶着，自己跳着走路还是追不上大部队啊。嘉嘉的腿颤抖着，皱着眉，嘴里倒吸着冷气。我走到他身边，笑着说："来，我背你。"他往后跳了跳，连连摆手："不用不用，我能行，我能行……""别跟我客气，你走不了，我也回不了家呀。"这小子看起来瘦瘦的，还挺沉，我咬牙背他下了四楼。嘉嘉在我背上小声抽泣着，我宽慰他："很疼是吧？一会儿上医院让医生看看就不疼啦。"

嘉嘉第二天没来上课，他妈妈发短信说，有点严重，要多休息几天。几天过去了，嘉嘉康复了，他好像突然长大了，沉稳了，见到我格外乖巧了，主动帮我拿作业，帮我打扫讲桌。他努力克制自己，课间不打闹了，连在课堂上的表现也越来越好了……同事们说："李老师，你用了什么招，把嘉嘉降服啦？"

一次，我布置了一篇作文《我的老师》，嘉嘉这样说："爸爸妈妈离婚了，我和年幼的弟弟跟着妈妈过，弟弟才一岁半，妈妈很忙，没时间照顾我。嘴巴裂口了，李老师轻轻地给我涂润唇膏，香香的，柔柔的，像小时候妈妈一样。脚崴了，是李老师轻声地问候我，是她背我下楼，就像好久以前妈妈背我一样……"没想到，一句亲切的问候，一个小小的举动，竟会给孩子带来这么大的改变。

看到嘉嘉，我更有信心带好班级了。

指　责

青岛市即墨区通济八里庄小学　李永磊

单元测试之后我抓紧时间批卷，就在快要批完的时候，在最后一张试卷的右下角，我看到一行字："你的水平太差了！"我一看试卷上的姓名，气不打一处来。想想上学期，为了家庭作业的事，我几乎每天苦口婆心地教导他，和家长沟通，派优秀学生和他同桌，给他补课……难道这一切都是白费？他怎么可以如此对我！回顾20年来的工作，虽然不算很完美，但我一直深受学生爱戴。这究竟是为什么？

第二天一大早，我便找来了这位同学，在办公室问他为什么写那么一句话，很长时间他没说一个字。我告诉他："作为老师，我的工作只有一个目的，那就是保证自己的学生能够最大限度地发展。在这方面，老师没有任何私心,没有任何偏见。也许我的教育思想、教育方法有不够完美的地方,但老师的一颗心怎能被你如此伤害?"我没让他向我承认错误,只叫他好好想一想,如果有必要,向我说说这样做的原因。

过了几天,他给我写来了一封信,信中这样说:"老师,我错了,那次我只是一时糊涂,说了错话。其实我是很尊敬您的,您给我补课,检查我作业,经常和我爸我妈微信联系,沟通我的学习情况,我知道您很关心我,您比我爸爸妈妈都好。我做了错事,爸爸就知道打我,妈妈从来不管我的学习,可您总是耐心地帮助我。上学期期末考试我不及格,假期中我认真预习了这册书,这一单元我做了许多练习,我想我肯定能考及格。可是那天下午,我的试卷答得很不好,前面基础知识还可以,可是由于太怕出错,检查了好几遍才往下写。最后一个作文题,时间来不及了,我只开了个头。我知道这次我肯定又考不好了,因此就写了那句话。老师,我真的不是故意的,我不想离开您,不想倒数。您原谅我吧!我一定会按您的要求去做,我不会辜负您的!"看完信,我被他的真诚所感动,也为自己的失误而内疚。从开学到现在,我一直用心帮助他。他的作业,我减了分量,有针对性地给他布置作业,每次他都做得很认真,练习作业他常常拿给我看,班上另外几名后进生也常常跟他一起到我办公室来,邀请我跟他们一起聊天。我对他和班级的变化感到高兴。

苏联教育家苏霍姆林斯基说过:"教育技巧的全部奥秘就在于如何爱护儿童。"没有爱就没有教育,尊重他们,相信他们,发扬和巩固他们点点滴滴的优点,使他们融合在集体中,集体的荣誉、集体的舆论、集体的温暖,成为教育他们的十分重要的条件和力量,辅之以家庭、社会的作用,持之以恒,必然收到良好的教育效果。

用爱来感化孩子

莱西市月湖小学　杨　艳

很多人问我为什么要当一名教师,我每次的答案都是:"教育是一首诗,诗的名字叫《热爱》。"我想当一名教师,想用尽一生去写好教育这首诗。同时,我也拥有了两种身份,我既是孩子们的数学老师,也是他们的班主任。作为一名有双重身份的教师,既要管理好班级,又要努力教学,虽然每天的工作都焦头烂额,但是更多的却是令人感动的时刻。这其中的故事,让我来讲给大家听。

2017—2018年第一学期,我满怀着期待走进了校园。我期待着刚接手的孩子们坐在明亮的教室里跟我在知识的海洋中遨游,我想象中的他们是那么乖巧可人。可金秋九月正式开学的时候,却给了我迎头一击,刚从幼儿园升入小学的他们对自己小学生的身份还不敏感。报到那天好几个孩子号啕大哭,其中一个叫大鹏的孩子哭得特别凶。他根本不想上学,十分抵触老师,一直不停地重复自己是蜘蛛侠,是拥有超能力的,他有特制的橡胶皮衣,要穿上它去拯救世界。我尝试用各种方法与他交流,我假装自己也是蜘蛛侠,假装自己是需要帮助的地球人等等。可这样的方式并没有起作用,他非常不愿意与我交流,还说为了证明他真的是蜘蛛侠可以给我表演一个二楼跳伞。我吓坏了。

为了保证他的安全,我和副班主任不得不花费大量的精力来盯着他。正式开始上课以后,他总是下位表演"飞檐走壁",不停地在地上爬来爬去,不听老师管教,大发脾气,有时候甚至扔东西,让课程根本没有办法进行下去。其他孩子们也特别喜欢看热闹,整个班级每天都是乱糟糟的。我的自我效能感一下子降到最低,我甚至开始怀疑自己的能力。

晚上我经常夜不能寐,我知道如果不处理好大鹏同学的事情,这个班级是没法管理的。所以我不断地去找他的家长进行沟通,去跟老教师学习教育他的方法。我仔细观察他的一些具体行为,查阅大量的资料,发现他做出的这些行为有很多是故意想要引起别人对他的关注。他其实对陌生的环境、陌生的老师是有恐惧心的,他不知道自己要来做什么,内心是极度没有安全感的。再加上家里老人太过娇纵,让他为所欲为,来了学校要学习那么多的规矩,他感到非常不舒服,但又不会表达,所以选择了这样的方式来向老师发泄他的不满。找到了突破口,我松了一口气。我和他的妈妈深谈了一次,他妈妈也明白了自己教育方式的不恰当,决定与我双管齐下好好教育他。我想了许多方法,最终决定以情感人,从情感上去解决他的这些问题。

当他因为不能拿路队旗而大发脾气的时候,我会对他说要懂得分享;当他因为我没给贴小红花而大哭的时候,我会告诉他什么是公平;当他因为答不出题而烦躁又大发脾气的时候,我会对他讲什么是耐心;当他对我和他的家长出言不逊的时候,我会告诉他什么叫尊重。一开始的时候,不论我讲什么道理他都听不进去,又哭又闹,没有办法接受别人的批评,但是我不会为了让他安静而安抚他。我会让他知道做错了事就应该去改正,没有人会因为他的哭闹而妥协。同时，我也细心观察，如果他有了一点进步，我就会及时表扬。每隔几天我就会叫他去办公室深谈一次，他本身就是一个热爱读书的孩子，所以理解和语言表达能力都非常好，我相信我说的每一句话他都能听懂。一段时间后，我发现每当我跟他耐心讲完道理，他的眼睛里总有泪光在闪烁。同时，我发现他在班里有了极大的进步，他愿意分享出路队旗了，他主动与我交流了，答不出题的时候不再烦躁了，得不到小红花也不再崩溃大哭了，上课能右手压左手坐好了，他已经开始有了正确的是非观了……他的点滴进步尽收我的眼里，让我感到十分欣慰。

有一天，他突然拿出两小包藕粉送给我说："老师，这几天您嗓子哑得厉害，喝点藕粉润润嗓子吧！"这是怎样的一种欣喜！他一定是感受到了我对他的爱，所以才回馈以爱。他的成长不仅是习惯上的，更是心灵上的。我更加相信了老师对孩子的每一分付出都是有回报的。这也让我知道孩子是发展中的人，他们一些行为的背后都有其根源。当孩子出现问题的时候，我们老师不能给他贴上一个"坏孩子"的标签，而是应该通过慢慢的引导与家长的配合把孩子引上正确的道路。孩子都是有情感的，他们的心最为纯净透明。当我们用真挚的眼神与他对视，当我们掏出真心与他对话，当我们用自己的爱将他包围，孩子都能感受得到。

现在的大鹏同学上课能够认真听讲，下课经常会抱着我说喜欢我。我们班级也已经步入正轨了，不似开学时的凌乱，我也不似开学时的急躁和慌乱。在班里我会经常对孩子进行情感教育，有时候结合班会告诉他们该如何做一个诚信的人；有时候会收集一个个感人的小故事讲给他们听，教他们懂得该如何去感恩；有时候会给他们播放一些山区孩子上课的视频，教他们懂得什么是珍惜。渐渐地，孩子们懂事了，他们会主动留下帮我们收拾卫生；他们会在一些节日送给我亲手做的贺卡；他们会听出来我的嗓子哑了，提醒我多喝水。有一个孩子甚至把她最宝贵的"钻石"送给了我，因为觉得我太辛苦。我的孩子们已经开始懂得了如何去分享、去感恩、去承担。

和孩子们相处的点点滴滴都令我非常感动，这不仅仅是孩子的成长，更是我的成长。看着孩子们纯真的眼神，看着孩子们善良的举动，看着孩子们简单的快乐，也洗涤了我的内心，让我不再像刚开学时那样焦虑，让我体味到了师生之间那份真挚而又特殊的爱。我仿佛与他们有了心电感应，我能够感受到他们的感动，能够感受到他们的收获，也能够感受到他们的美好。我在他们的幼小心灵里种下希望,他们也在我的心里留下光芒。

我的成长源于孩子,源于大家的帮助,也源于自己的努力。我会努力让孩子拥有面对一丛野菊花怦然心动的情感能力,让孩子站在巨人的肩膀上与云朵相会。路漫漫其修远兮,吾将上下而求索。相信自己一定会乘风破浪,直挂云帆济沧海!

做生活小能手

莱西市月湖小学　杨　艳

我班有个学生叫岳岳,家里人都特别惯着他。他行为习惯不好,包括上课不好好听讲,小动作多,话多,生活的自理能力特别差。给我印象最深的是,有一次上完体育课回来,他的鞋带开了,我对他说:"岳岳,你的鞋带开了,赶快把鞋带系好,要不会出危险的。"让我没想到的是,他把脚伸过来,毫不客气地说:"老师,你给我系吧!我不会。"

这时有几个孩子围过来,七嘴八舌地说:"你这么大了,怎么连系鞋带这么简单的事都不会?"岳岳理直气壮地说:"不会就不会,不用你们管!妈妈从来不让我自己系鞋带。"我在旁边观察着孩子们。我把岳岳叫过来,一边给他系鞋带一边跟他说:"幼儿园是不是有专门的练习系鞋带的课?现在你都上小学了,怎么没有学会呢?"他说:"我不用学,我妈妈说她什么事都能帮我做。"

听到这里,我觉得主要问题出在家长的身上,于是通过电话联系了孩子的家长,把孩子在学校的表现告诉家长,这时家长才认识到自己以及孩子身上存在的问题。最后我们达成一致,孩子该自己完成的事尽量让孩子完成,家长的作用就是告诉孩子做事的方法,起到示范的作用。生活的过程也是学习的过程,该孩子自己做的就让他自己完成。而我在学校要做的是首先树立典型,让孩子看看他周围的同学都是自己的事情自己做,然后就是让他做一些力所能及的事,比如擦黑板,摆桌子,去办公室帮老师拿水杯、搬作业本。

最后,我还开了一个"我是生活小能手"的班会。在班会课上,我让孩子们列举了平常生活中哪些事我们自己能做,自己都做过哪些事,今后自己应该怎么做。这一系列问题讨论完后,我特别地表扬了岳岳,让孩子们说说这一段时间岳岳为班级、为同学们、为老师都做了哪些事。孩子们列举完后把掌声送给了他。

经过这一系列的活动及家长的配合,孩子的自理能力进步很大,发自内心地愿意自己的事自己做,而且还特别愿意帮助别人做力所能及的事。

孩子缺乏自理能力这一问题已经摆在家长和我们教师面前了。对于孩子的教育应该从小开始,不论是家长还是教师都应该把孩子当成独立的人来看待,相信孩子能行,一定能行。放手,让我们的孩子自己走,孩子即使不能一下子走好,但是经过跌倒、爬起之后,我们的孩子会走得更稳健。

让爱流淌

青岛市即墨区第二实验小学　付翠丽

小学班主任工作是一项很繁杂的工作,每个班主任都有过酸甜苦辣。特别是小学低年级的班主任,既是老师,又是保姆,要带好一班的孩子,教育好一班人,确实不容易。我觉得要自己充满爱心,关心和爱护学生,并严格地要求和教育学生,爱中有严,严中有爱,爱严结合,细致入微。教育不能没有爱,就像池塘不能没有水一样,没有爱就没有教育。

我班有个女同学叫然然,大大的眼睛,忽闪忽闪的,很漂亮,但上课时眼睛没神,无精打采,不爱回答问题,作业速度慢,还经常不做,即使做了,也不完整,自卑感强,回避与老师、同学相处。通过家访得知,然然父母因感情不和而分手了,父亲整天喝酒不管孩子,孩子由母亲抚养。家里生活条件拮据,母亲将全部的希望都寄托在孩子身上,开始对孩子还是很有信心。但孩子上学后接受知识慢,考试成绩经常不理想,母亲有点恨铁不成钢,便采取粗暴的教育方式,打骂成了家常便饭。时间长了孩子对母亲有了一种惧怕心理,不敢和母亲说话。长期这样,然然自卑心理特别重,不愿意与同学交流。根据她的情况,我决定从孩子、家长、学校三方面入手,争取家长配合及同学的理解、关心与帮助。为帮她树立自信,课堂上指导学生读课文,我请她来读。她大大的眼睛怯生生地看着我,我给予她鼓励的眼神,她竟读得字正腔圆,真情流露。我带头为她鼓掌,以后我经常叫她读课文,给她展示自己的机会。从她的脸上,我看到了从未有过的喜悦和自信的笑容。

除了在学习上帮助然然树立自信,在生活中我也一直关注她,为她买学习用品等。要让孩子树立自信,家长的配合是不可少的。我经常与家长沟通,建议家长对孩子多鼓励少批评,多关心少打骂,从生活中关心孩子,做孩子的朋友。

经过一段时间的辅导,然然开朗多了。她找回了自信,上课能坚持听讲,很少愁容满面了,学习进步明显。家长也反映她能及时完成作业,回家经常声情并茂地读课文,进步很快。

通过然然,我真切地感受到,我们要给孩子足够的关心和爱心,正确引导、对待每个孩子,走进孩子的心里,让他们感受到班级这个大家庭的温暖。

让爱流淌,我们会收获很多。

给学生一缕赞许的阳光

青岛西海岸新区育才小学　闫丽丽

"老师,小卉语文课上总是拿我的东西,然后一看到我要,马上放到同位的桌上了。""老师,小卉用指甲掐我。""老师,小卉打我。"……一进教室,"告状"声传进耳朵,目标全都指向小卉。

到复习阶段了,我除了课上领着孩子查缺补漏、照顾学困生外,一有空就想从几个学困生中找到打通他们"任督二脉"的突破口,可小卉偏偏在这重要环节上开始出场,扰乱我的计划。那些天还挺好,怎么越到别人忙的时候她也跟着"忙"啊?

我叫她到跟前,轻声问她:"你打人了没有?"她嬉笑着说:"我只是这样轻轻地摸她。"她说着,就用手在我的胳膊上比画。"你轻轻地这样摸,怎么会有指甲印?"我的语气有些严厉。她一看,笑脸立马耷拉了下来,不再说话。"如果别人这样动你,你愿意吗?"我问道。"不愿意。"她答道。"那应该怎么办?""对不起!"

看着她的低沉,我内心有种说不出的滋味。我知道,她控制不住自己。但究竟是什么原因让她这几天这样反复呢?当我看到她安静地趴在桌子上,复习题已不见踪影,让她做,她半点都不想动时,我明白了,一定是家长在家里急功近利,逼反了。

课下,我跟她的爸爸沟通时了解了她的情况。家长见快考试了,在家急着给她补课,每天都逼得哇哇大哭。这几天晚上,一让她学习就开始哭,但最终迫于家长的威严而不得不做。正是由于这些,她白天到校,就把自己的情绪发泄到同学身上，也想引起老师的注意。

知道原因后，我和小卉的爸爸进行了分析，并提出了我的建议：可以用别的方式引导孩子学习，以一种愉快的方式介入；多发现她的一些优点，哪怕一点点，就使劲表扬，必要时，需要她向着哪个方向发展，就表扬她哪个方面；即使她没做，也要在想要引导她做的情况下表扬。这样，她就知道怎样做会被重视、被表扬，这些方面就会有改善。

就在第二天，她竟然主动抱着垃圾桶往外走。快一年了，她从来没有自己倒过垃圾，都是在同伴的帮助下她才知道这份义务，今天却独自主动履行义务。我高兴地叫住她："小卉今天竟主动倒垃圾了。真了不起！来，我给你拍个照片。"听到表扬，她腼腆地笑着，耐心地等我拍照。结果连拍两张都不是很清晰，我再重新调距离，尽管时间稍有点长，但我发现她还是保持着腼腆的微笑。当我拍完了，示意她走时，她才高兴地抱着垃圾桶走了。

之后，我把照片发给了她爸爸，并让家长回家再表扬。她在家有什么好的表现，家长也发照片给我，我也进行表扬。后边的复习阶段，她的情绪比较稳定，心情好时，复习题竟然出乎意料做对一些。

由此，我发现，每一个学生不论其个性品质、成绩如何，都渴望得到教师的重视、肯定和鼓励。因此，生活中，我们应给予孩子多一些鼓励，决不能简单地批评责备，更不能把他们说得一无是处；应真诚地对待学生，撒一缕赞许的阳光，或许会收到意想不到的效果。

播下爱的种子

青岛市即墨区潮海万科小学　江翠苹

有人说教师的职业就是一种良心的职业，教师是人类灵魂的工程师，是燃烧自己照亮别人的蜡烛，是甘为人梯默默耕耘。2011年，带着几分懵懂，我踏上了教师岗位。回想过去的每一天，我成长了许多，也深深感觉到什么叫作边走边强大。一路上，有一群天真无邪、渴求知识、有着五彩斑斓般梦想的孩子们，我的生活多了许多色彩。爱的种子从我踏上这一岗位的第一天起就开始萌芽，爱的花朵慢慢开始绽放。

每每走进课堂，孩子们一双双天真无邪的眼睛告诉我，爱就是毫不保留、互相信任。上学期的一节体育课，其他孩子都活蹦乱跳地玩耍，可有一个孩子自己在角落里。我便走过去拉起她的手。经过耐心交流，我了解到她是因为来到陌生的环境，很不适应，没勇气和其他孩子玩耍。我笑着鼓励她主动去找小伙伴们玩耍。终于她笑了，她的笑温暖了我的手，也温暖了我的心。当孩子身体不舒服时，我会及时来到他们身边，询问病情，轻轻地抚摸他们，让他们不再无助；当孩子因为问题困惑不解时，我会给他们一个小小的提示，鼓励他们"你是最棒的"，直到他们舒展眉头。这一切的举动，不是因为我要从孩子那里索取什么，而是因为我是他们的老师，这是我的责任。

几年的教学生活也让我对"一切为了学生，为了学生一切，为了一切学生"有了更深的理解。我们要爱所有的学生。我们面对的教育对象，是一个个不同的独特个体。他们家境有贫富之分，习惯有好坏之分，能力有强弱之分，成绩有优劣之分。

这不，二年级有个学生叫小强，从小父母离异，爸爸再婚，自己主要由爷爷奶奶抚养。从一年级入学开始，我就注意到这个学生，他是一个非常调皮、爱扰乱纪律的学生。刚开始时不管我怎么引导，他就是我行我素。但我从没放弃过用爱去温暖他。在一次数学课上，我给学生布置了练习，并像往常一样指导他们。当我走到小强跟前时，他说："妈妈，这道题怎么做？"突然间，我感受到了他对我的信任，我也希望我真的能给他妈妈一样的温暖。经过一年多的相处，他的数学成绩进步很大，这也是给我的最好的礼物。四年级还有一个叫小瑞的学生，我从三年级开始教她英语。刚开始她连一个简单的单词都没勇气读出来，她害怕其他同学笑她读错了。我就利用课下时间耐心地教她，渐渐地，她喜欢上了学英语。当我看到她在课堂上自信地读书时，心里有种说不出的幸福感。学生的健康成长、顺利成才，给了我最大的喜悦；家长的信任与支持给了我最大的欣慰。这一切的一切，都是构成我成长的元素，是我为人师的快乐源泉，从而更坚定了我一辈子做老师的信念。

初为人师时，我心中充满了憧憬。都说教师是太阳底下最光辉的职业，我从小就对这个职业充满了敬畏之情。当我还是一名学生的时候，每当自己用洪亮的嗓子喊出"老师"两个字时，我的内心都是无比敬畏的，觉得老师就像我的第二父母一样，传授我知识、技能与许许多多做人的道理，让我受益匪浅。经过几年的教学，孩子们教会了我作为一名人民教师"爱"的含义。我们的事业是爱的事业，我们的教育就应该像春风那样徐徐吹开学生的心扉，就应该像春雨那样"随风潜入夜，润物细无声"。

师生情

青岛市即墨区潮海万科小学　江翠苹

　　教师，一个伟大而又神圣的职业，一个令我怦然心动的职业，它带给我的是时时的感动。

　　虽然自己踏上工作岗位时间只有六年，但是所收获到的却不比任何人少。多少次当学生身体状况不佳时，我都会把他们送到诊所，这在我身边已经是再平常不过的事了。不管是雨天还是雪天，我都像父母那样疼爱着孩子们。多少次当学生生病住院时，我都会去看望他们，给他们带去全班的问候，为他们补习功课。我就像亲人那样时刻挂念着自己的学生。

　　让我记忆深刻的是有一个四年级的学生因为一次意外事故住院了，班主任陈老师一听到这个消息，就想赶紧去医院看看她的学生到底怎样了。为了赶时间，在上课时，有一个学生做错了一道题，她一时着急拽了他一下，结果那个学生哭了。可当时车已经到了，陈老师急忙布置完作业坐车去了医院。到了第二天，陈老师把前一天她拽哭的那个学生叫到了身边向他道歉。我还记得她那深沉的语气："老师昨天做错了，对不起！因为我太急，怕耽误坐车的时间，所以没有顾及你的感受，请你原谅！"这一位五十多岁的老教师让我感受到教师与学生之间是没有距离没有差距的。老师的道歉会让学生们感受到老师对他们的尊重。

　　教师，是一个让我有欢笑、有泪水又充满感动的职业，我爱这个职业，爱我的孩子们，和他们在一起的每一分每一秒都让我的内心无比温暖。

　　可就在今天，我的心情比较沉重。上午天气非常好，第三节是体育课，我领着学生们和别的班一起上体育课。一开始学生们非常高兴，可就在玩拔河比赛的时候，两个班却在输赢这个问题上发生了矛盾，还差一点打了起来。当时的我有点不知所措，最后把两个班的学生带回了各自的教室。六年级的学生已经处在了叛逆期。虽然我很生气，但还是抑制住了向学生们发火的冲动，而他们心里却害怕老师会狠狠骂他们。我只对他们说了两个字："趴下。"然后给他们放了点舒缓的音乐，使他们慢慢地平静下来。有个别学生竟哭了起来，对我说："老师，谢谢您！老师，我们知道错了，您对我们太好了。"接着全班都哭了起来，并向我承认错误，当时我就感到这才是我要的结果。

　　可能这就是六年级的思想，就需要和低年级的教育方式区别对待。这让我觉得他们是那么懂得老师的用心,那么懂事。更让我感动的是下课几分钟后,他们把我叫到了教室门前,用手捂着我的眼睛,当推开教室门的一刹那,我听到的是他们发自内心的话:"老师,谢谢您!老师,对不起!"声音是那么具有穿透力,感觉一直在我耳边回响。满满的一黑板写的全是感谢和祝福的话。一时间发生在电视上的情节竟然发生在了自己的身上。

教育家陶行知说:"爱,是教育教学工作的出发点。"这句话光知道那就成了一句空话,要真正地落实到实践中才是我们应该做的,但这需要每个老师的真心付出。小学生其实就像一棵棵的小树苗,需要我们老师以爱去灌溉,他们才能茁壮成长。

学生们给我的感动是我最大的收获,这使我更加爱上了教师这个职业。他们给我的感动是我永恒的记忆,这些感动的时刻让我留了下来,每当我看到一张张的照片时都会有很多感慨。为什么我的这个做法会让他们有如此多的感悟,我觉得这是需要我们去思考的。

由于自己的年龄关系,与学生们与其说是师生关系,倒不如说是姐姐与弟弟、妹妹的关系,我很珍惜这种关系。眼看六年级离毕业的时间越来越近,自己就会有点忍不住留恋。多想跟他们多待些日子,多想再给他们多上几节课,多想多一点快乐、多一些感动。

有些时候,学生犯了错我也很生气,却能给他们时间让他们自己想清楚。不经意间就会看到学生给我写的道歉信,信上的话语是那么诚恳,我觉得这种方式就很不错。

平淡中的感动时时刻刻激励着我,也正是这种感动才培养了我,塑造了我,使我不断地进步、成长。爱是广博的,也是无私的。和孩子们之间点点滴滴的爱,让我珍藏,也让我留恋。

爱是可以表达的,爱也是可以放在心里的,而我觉得老师和学生之间的爱必须时刻表达出来,要让学生时刻感受到老师的爱。爱是给予,不是索取,爱是付出不求回报。严是一种爱,宽也是另一种爱。高尔基说:"谁不爱孩子,孩子就不爱他;谁爱孩子,谁就教育了孩子。"而教育了孩子什么?我觉得是教育了孩子怎么用心去爱别人。老师是学生时刻模仿的对象。老师的一举一动都会在学生的心里留下一定的影响。因此,让我们用爱来教育孩子,也让每个孩子成为有爱的人。

第二节 教育随笔

蚂蚁的幸福

青岛市即墨区长江路小学 张 红

开学啦！学生们一个不落地都回来了。看着满满当当的教室，我很幸福。

第二天下午第二节是信息技术课，第三节铃响后我来到教室，同学们已经从机房回来了，有的在说话，有的在喝水，很自然的状态。本月当值的体育委员孙德走了过来："张老师，我们那么安静地走回来了，本来想要给您个惊喜，可您没在教室。""是吗？"我开心地笑了，笑得那么大声，那么灿烂，那么夸张，好像比收到惊喜还高兴。孩子们终于长大了！

上个学期，每到大家喜欢的信息技术课，同学们都抑制不住自己的兴奋，去时，又说又笑，得使劲整顿才能安静下来，有时还得使出"撒手锏"——"再说就不去上了！"回来时，高兴劲没过，也不用顾忌老师的"威胁"了，还多了一份轻松，更加热闹非凡。等在教室里的我坐都坐不住。有时怕他们出声，就去迎着他们，再安静地带回来。慢慢地，我迎得越来越近，从微机室到综合楼门口，再在二楼、三楼楼梯口，最后守在教室里。有一天，我心情极好，不想和他们生气，就笑着说："说实话，我很失望。我还以为你们能给我个惊喜呢！当我正在低头批作业，猛一抬头：'吓我一跳，我的学生什么时候回来了！'那该多好！"

开学后，忙着收假期作业评选优秀，都忘了"惊喜"一事了。第二周周三下午第二节课没下，我就早早地在教室里候着。不一会儿，轻轻的脚步声响起来了。我故意不抬头，继续批我的作业，一个又一个的"惊喜"悄悄地从我眼前闪过。我分明看到每张小脸都洋溢着自豪、自信，此时此刻，我幸福极了！这就是我的幸福，一只蚂蚁的幸福，尽管在他人看来可能微不足道。

谈话代替说教

青岛市即墨区第二实验小学 付翠丽

瀚斐是班里品学兼优的好孩子，对自己的要求很严格，做事总是一丝不苟。可是，最近不知为什么，她总是神情恍惚，一副闷闷不乐的样子。和她谈过几次,想问问原因,她摇头不语,仿佛心里压着一块大石头。直到接到她妈妈打来的电话,才明白整个事情的原委。

原来,在一次科学的测试即将结束时,老师要班里的孩子检查。她以为要交卷,就向后转过头去,结果被任课老师发现,误认为她想偷看。孩子很伤心,回家以后,她害怕同学和老师以后会看不起自己,不停地向妈妈解释。妈妈帮她想了个好办法,让她第二天以再次重默的方式,向老师证明自己。经过和老师的沟通,事情总算化解。但是,这件事的阴影还在影响孩子的心灵。

这两天,孩子的身上起了一些小红点。虽然妈妈带她去医院看后,医生告诉她只是一般的皮肤过敏,但是,她还在担心同学知道以为是传染病会不跟自己玩。所以,虽然天气有些热,但她总穿长袖长裤。听完孩子妈妈的话,我明白了。我答应了妈妈的请求,一起帮助孩子解开心里的疙瘩。

第二天,我和她谈心时讲了下面这个故事:一个被劈去了一片的圆想要找回一个完整的自己,到处寻找自己的碎片。由于它是不完整的,滚动得非常慢,从而领略了沿途美丽的鲜花,它和虫子们聊天,它充分地感受到阳光的温暖。它找到许多不同的碎片,但它们都不是它失去的原来的那一块,于是它坚持着找寻……直到有一天,它实现了自己的心愿。然而,作为一个完整无缺的圆,它滚动得太快了,错过了花开时节,忽略了虫子。当它意识到这一切时,它毅然舍弃了历尽千辛万苦才找到的碎片。也许正是失去,才令我们完整。一个完美的人,他永远无法体会有所追求、有所希冀的感觉,他永远无法体会爱他的人带给他某些他一直求而不得的东西的喜悦。这次的误会可能使你受了委屈,但是,它让你学会如何在经历了最坏的遭遇后却成功地抵御了这种冲击。

我们的交谈,使孩子的心豁然开朗。是呀,当我们接受人的不完美时,当我们能为生命的继续运转而心存感激时,我们就能成就完整。

优点代替缺点

青岛市即墨区第二实验小学 付翠丽

小员是班上最需要帮助的学生。虽然不像有的男孩那样调皮捣乱,但是他对学习没有兴趣,成绩很糟,而且脾气固执,经常与同学闹意见,老师和同学怎么批评帮助也不顶用。于是我决定换一种方式作为切入点。

一天课间，我见他在低头写作业，便走过去和他搭讪。当我微笑着问他喜不喜欢上我的课时，他猛地抬起头，怔了一下，随即点了点头。我拿起了他的作业本，那本子上虽然有些错别字，但我对小员说："你的字很端正，把这几个错别字改正了，就是一份很好的作业了。"他听后赶紧拿起橡皮擦了起来……第二天上课时，我请小员回答一个问题，小员回答正确了。我立即鼓励道："相信你一定会有进步的。"谁知，这竟唤起了小员极大的学习热情，以后的几天里，他上课总是坐得端端正正，目不转睛地盯着我讲课，神情是那么专注。我不失时机地在班上当着全体同学的面给予他表扬和鼓励，果然他的成绩在一段时间内有了很大的提高。

我认为，学生最关心的是老师对他的看法如何，最大的愿望是得到老师的关心和喜爱。当我们面对学生时，尤其是那些似乎充满缺点的学生时，如果能尽量发现他们的优点，然后真诚地、慷慨地去赞赏他们，就会激发他们内心深处的希望和信心，鼓励他们奋发向上。作为人类灵魂的工程师，我们正在塑造着国家的今天和明天，我们肩负着神圣的使命。如果没有超乎寻常的细心、耐心和恒心贯彻整个教育工作的始终，那么，我们是拿不到打开学生情感闸门的金钥匙的。让我们为了孩子的健康成长一起努力吧！

偶借"他山之石"

青岛西海岸新区育才小学　闫丽丽

"妈妈，我们班有完成作业的了？""我们班又有谁完成作业了？"……这是两个多周以来，儿子听到微信响声后问得最多的话。伴着这份急切，我的内心藏着几分喜悦，又含着一丝忧虑。我为他高涨的学习热情而喜，为他能否继续坚持而忧。这忧虑也默默拷问着班里的那几个孩子……我的思绪不禁穿越到一周前。

小雅，一个聪明却不勤奋的孩子。从大单元过关后，她的作业开始反弹回开学初，先丢三落四地做，后来干脆题不做，错不改，上交作业连影子见不到。批评教育与家长的督促如失灵的刹车，无济于事。小峰，一个喜欢与拖拉玩耍的孩子，作业常常磨蹭到晚上 10 点左右，拖得家长叫苦连天，而作业的书写质量和正确率还得大打折扣。小宇，常与劳动打成一片而逃避作业，作业常常以找不到或忘在家里为由堂而皇之地想交差。就这样，每天，因为作业的问题,我跟一些孩子"斗智斗勇",有时也会被气得火冒三丈,真有放弃他们的想法,任其"自由发展"。可静下心来一想,这样,孩子的一生岂不毁在我手里?于心何忍!可是,怎样才能奏效?我在矛盾中徘徊不前。

正当我一筹莫展时,儿子班"作业接龙"的办法让我眼前一亮:孩子在写完作业后,家长负责在班级微信群中接龙声明孩子已经完成作业。这样既便于老师掌握孩子作业完成情况,又利于督促孩子完成作业。继而我又顾虑重重:自制力不是很强的中年级孩子能坚持多久?质和量能否并存?如何让孩子做作业的激情不断,我又能全面监控三科作业的完成情况?……我陷入了深思。这时,我突然发现在儿子完作业时,我在一边也心急如焚。那么,由此类推,其他家长也会有同样的心理,而在众目睽睽之下,哪个孩子又会自甘落后呢?我何不借力用力呢?但我知道,只单纯照搬,孩子的动力是不大的,最终结果只能是家长一鞭子赶着走。于是我决定启动红星榜。如果孩子在晚上八点以前把三科的作业完成,就可以加一颗红星,但有一科没完成,就要加倍扣星;如果作业保质保量完成且全对,就再加一颗红星。信息发出后,我在忐忑而焦急中等待结果。

第二天下午,刚放学没多久,微信响了。点开微信群的同时,我惊呆了,班级群中赫然写着"1. 小雅已完成作业"。我有些怀疑地眨了眨眼,对!没看错。就是那个让我头疼的孩子第一个完成了作业。而且接下来的几天,她都能及时完成作业。其他几个作业"老大难"的孩子也能及时且比较认真地完成作业了。

这个办法实施一周多以来,孩子们形成一股比学赶帮的风气。有些孩子甚至猜测着老师可能布置的作业,见缝插针,提前操作。我不再为作业而烦恼,家长的欣喜反馈也让我看到了希望。

这时,我才真正领略到"办法总比困难多"的喜悦。虽然教育不是万能的,但教育没有固定的模式,只有不断学习,解决问题的办法才能与日俱增,成功的体验才能层出不穷。他山之石,可以攻玉。

收获在关注之中

青岛西海岸新区育才小学　闫丽丽

"老师好!"一个熟悉的声音传来,站在讲台边上的我皱了皱眉,不用看就知道是班里的淘气包小言。教了半年多，一次次地教育谈话，他在行为上有了一些改善，但总管不住自己。刚谈完话，一转身，马上忘到九霄云外了。上课坐无坐相，站无站样，甚至还公然捣乱别的课堂；早上来了，拿起抹布，把黑板擦干净了，仍不厌其烦地擦，只为逃避早读；课间出去迟迟不愿进教室，只为在外边多玩一会；放学后，迟迟不肯出教室，只等我送路队时他能得空在桌子上窜来窜去……任课老师们都拿他没办法。

"老师好！"见我走了神，他又故意走到我面前，嬉皮笑脸地问了一句。我面无表情地回了一句："你好！"可当目光扫过他的小脸，一丝痛在心底隐隐闪过。"这个孩子怎么了？为什么不想上进，以至于那么多老师都不喜欢他呢？"一连串的问题和一种责任感促使我寻找答案。我记起了苏霍姆林斯基的话："不能让儿童那种成为一个好人的愿望的火花熄灭。"我清楚，如果继续这样不管不问，他就会自暴自弃，成为"人见人恶"的后进生。我忙把他叫住："小言，过来！"他一脸茫然地走过来。我弯了弯腰，正好平视着他，"你这几天表现怎么样？"他习惯性地龇了龇牙，垂下了眼皮。"那你想不想改变自己，让老师和同学都刮目相看？"他抬眼看看我，露出了难为情的样子，仍然没有回答。"你到底想不想？"我紧追着问。见我紧追不舍，他眼睛看向另一边，一扭身子，小声说道："改不了了。""怎么改不了？"他再次看看我，停了片刻，短叹一声："唉，没法说。"我意识到他跟以往态度的不同，追问："怎么没法说？你是怕做好了也没人相信你？"他点了点头。我见时机成熟，接着道："只要你改掉自己的'坏毛病'，老师一定会给你树立威信。就看你想不想改掉你的'坏毛病'！"他抬起的眼睛里带有一丝疑惑，更多的是一种喜悦："真的？""当然！那咱拉钩！"我向他伸出了右手，他也伸出了右手。"拉钩上吊，一百年不许变。"最后拇指相碰时，我分明感觉到一种自信交替传递。"下一步可要看你的了！"我叮嘱道。他一本正经地点点头。"咱们先从早读开始吧！"我悄声跟他说。

他兴奋地回到座位上，有史以来，大声地跟读着英语，书也端得端端正正。我悄然拍下了这一幕。家长微信群里除了这张照片，还多了这样一条信息："特别表扬：小言、小翔读书认真！"一上课，我就把这一消息告诉全班，再次表扬他。只见他的小脸上洋溢着兴奋，一节课表现得特别棒。课间，我又一次单独表扬了他，他的高兴显而易见。我趁热打铁："表现这么好，不如你负责监督课间纪律吧？""好的。""要想管好别人，首先得管好自己哦。""知道了。"他笑道。

整整一天,他都表现得特别好。任课老师也反映他表现很好!一周下来,他虽稍有变化,但我一小声提醒,他马上坐好。当这一周结束,同学们选本周文明标兵时,他竟以 22 票位居第三。我第一时间短信告知家长,家长也很高兴。自此,他下课有空就到我面前,除了汇报"工作"外,还常常问这问那。我除了对他及时地评价外,更多了一份真诚的引导。

最让我感动的是,上周一班会课最后几分钟,他趴在桌子上睡着了。"这小家伙,中午准没睡觉,现在打盹了。"我悄悄走到他身边,当手碰到他的额头时,滚烫的感觉让我意识到他发烧了。我用手试了试他的手,干热而无一丝湿润。我轻轻晃了晃他:"小言,你是不是发烧?哪里不舒服?"他睁开蒙眬的眼睛:"我这几天就发烧,每天都在打吊瓶。我今天就是感觉头发晕。说话声音大了,头就晕。"这是我认识的曾经的小言吗?课间他仍然在履行职责啊!他可是发着烧啊,而粗心的我竟一点儿都没发现……

感动、自责、心疼交织在一起……我为自己点燃了学生内心的动力而兴奋,尽管后面可能会"旧病复发",但至少他已经在沿着预期的轨道前行。德国哲学家雅思贝尔斯说:"教育就是一棵树摇动另一棵树,一朵云推动另一朵云,一个灵魂召唤另一个灵魂。"我相信:只要对"顽皮生"多一分倾心,多一分关注,就会多一分收获。

真正的教育是自我教育

青岛西海岸新区育才小学 闫丽丽

当世间浸润于五月的花海时,焦躁的暖风让学生的心也随之"飞扬"。几名后进生的"活跃",让另外几个孩子也开始"蠢蠢欲动"。很快,"捷报"频传。

"老师,小宇上课总是回头跟我同位说话,搅得我静不心下来听讲。""老师,小昕领着几个同学在教室里拿着笤帚打闹,卫生委员去制止,小江还打卫生委员,就是不急着下来上操。""老师,小昕上课总是和同位说话,要么就做小动作。""老师,小郡又光知道拖地却不愿意早读,而且常常把擦黑板的抹布藏起来。"……满耳朵的"负能量"让我对这几个纪律后进生格外关注。尤其是小昕,在我的课堂上竟然偷偷地和同位说话,在其他老师的课堂上可想而知；课间操，他总是打着擦黑板的幌子拖拉到体育老师整队才下去；无论眼保健操还是课间操，他总是我行我素；"所长"的职责已有名无实，反而成了他路上玩耍的借口；改错一不会就开始耍赖拖延时间……虽然对他的反弹早有心理准备，但当这一切再次和盘托出时，我还是有些不愿接受。一次次的批评教育不断地挑战着我的忍耐度，黑星的递增似乎对他作用不大。他的玩世不恭，让我陷入了和他"斗智斗勇"中。

或许，他对前期的表扬鼓励已处于满足状态；或许，孩子的反弹有一定的规律；或许，孩子的教育需要不断地更新……

此时，著名教育家李镇西在《爱心与教育》中提到的"把教育主动权交给学生"的观点给了我启发：引导学生自我教育，也包括利用学生集体的健康舆论对集体中某个或某些后进生施以积极的影响。在这种情况下，教师要善于巧妙地把自己对学生的表扬或批评转化为集体舆论的褒贬，让集体的每一个成员（不只是后进生）都意识到：自己有了进步，是全班的光荣；自己犯了错误，是全班的"耻辱"。

是啊，"真正的教育是自我教育"。可如何让这些后进生把我们教师的良苦用心转化成"自我教育"呢？既要做到不让错误带偏轨道，又要做到不让表扬冲昏头脑，只靠我自己的力量是不行的。我决定启动新的方案。

首先，我利用周三的品德课，进行了一次别开生面的主题教育：全班同学分别给小昕、小郡、小宇、小江找优点。当一条条优点列举出来，当他们的优点被认可，发自内心的感动洋溢在一张张笑脸上。我把优点分别列举在四人的家校联系本上，给他们设定帮助人，每天观察记录他们的优点呈现出哪些，并根据出现的不足提出改进方向。每天由后进生带回家，由家长过目了解情况，帮助教育。

其次，我重新修订班规，制定奖惩细则，同时把全班分成四个小队，每队民主推选队长，并命好自己队的名字。为了公平，我把四个后进生编入了每个小队，共同约定：队荣我荣，队耻我耻。一个月后，得分最高的小队胜出，队员每人加 10 颗红星；谁的黑星最多，将自动列为本月的纪律后进生。

没想到，这让几个后进生收敛了好多。反弹最厉害的小昕尽管有时还想故技重施，但一想到"惩罚"，还是能乖乖"就范"，尽管有些不情愿。有时，实在控制不住，犯了错，也会在后面的奖励中"将功补过"。

几个周下来，理论付诸实践后证明，把教育的主动权交给后进生，让他们在自我教育中接受集体的监督,既给后进生一把放大镜,让他们在肯定中前行,又给予他们一定的压力,使他们不至于偏离轨道。这再一次证明了苏霍姆林斯基"真正的教育是自我教育"的正确性。

爱的力量

青岛市即墨区潮海万科小学　江翠苹

静下心来想想,我教的第一批学生竟然已是三年前的事了,时间就像一条河源源不断地流着,却怎么也抓不住。如果你非要抓住它,那只能是停留在当下好好工作。三年前,也就是 2011 年的夏天,我怀揣着对教育事业的憧憬走进了店集马坪小学。这里的一切都是那么新鲜,尤其是我以后所要面对的教育对象——学生。那时的我 21 岁,对于这种转变,自己没有做好充分的心理准备。一下子接了四个班,更是忙得一团糟。当时的四个班囊括了低、中、高年级,对于低年级的学生自己还是教得比较得心应手,但是对于高年级我却没有足够的经验,以至于在和高年级学生的相处中出了很多的状况。有一个阶段,我很是烦躁:不知道该怎么解决,课堂该怎么样维持……这一系列的问题让我对于自己当时的选择产生了怀疑。

还记得当时同时教着五、六年级,一次领着他们拔河的过程中两个班出现了分歧,更因为我差一点打了起来。我当时真恨自己为什么要领着他们拔河,但是静下心来还是觉得问题不在学生而在我,但当时的初衷只是想和同学们的关系更加亲密,像朋友一样。通过学校老师们的耐心分析,我才明白原来和学生交朋友并不是简单的事情,而应该先要了解学生的心理,关心学生的生理,知道他们在想什么,需要什么,或者说身体有什么不舒服的,对他们经常嘘寒问暖。这样学生才能对老师无所畏惧,肯和老师亲近,否则就不想听老师的课,教学效果就不会很好。其次是善于听取学生的意见,在倾听中了解学生的需求,掌握学生的心理变化,做到心中有数,因材施教。最后是要能为学生及时排忧解难。这样才是跟学生交朋友的方式,而不是和学生过于亲近,没大没小,要把握住度。经过一段时间的调整,确实有了一些改变,我和学生们在共同成长中。跟这个毕业班的学生只相处了一年他们就升初中了,每次有机会见到他们还是会感觉那么亲切,因为那是属于我和他们的第一年。

随着时间的脚步我又送走了第二个、第三个毕业班，每到他们毕业前的一段时间都是很难受的。到现在我也教了三百多个学生了，和每一批学生可以说都既是师生又是姐姐与弟弟妹妹的关系。因此，有的学生会给我送玉米、地瓜、蔬菜等，学生的小小心意，表达的感情却是很深的。当别的老师用羡慕的眼光看我时，我内心都会感到无比开心。最让我感动的是在我过生日的时候，学生们在家合作包饺子，从和面、拌馅、擀皮、包，到最后的煮，都是学生们自己完成的。短短一中午时间，他们却做了一件让我很难想象的事情。当他们端着热气腾腾的饺子过来给我吃的时候，我的眼泪直在眼眶里打转。那时的他们，已不是小学六年级的样子，而是变成了我的好朋友、好弟弟妹妹。当时的心情真的是无法用言语来表达，他们给我的感动是我最大的收获，更是我永恒的记忆。这使我更加爱上了教师这个职业，平淡中的感动却时时刻刻激励着我。也正是这种感动才培养了我，塑造了我，使我不断地进步成长。

随着经验的积累以及我的付出，还有孩子们的给力，这两年的教学成绩一直很好。今年暑假的期末检测我所教的三个班更是得了三个第一，实现了"三连冠"，好成绩的背后是我和孩子们共同的努力。当别的老师在睡午觉时，我在给学生听写、检查；别的老师听写一次，我会听写到孩子们全写会了为止。我一直对孩子们说："老师不会放弃你们当中的任何一个。"本着这样的信念，对于每个班的后进生我不会不管，不会把他们忘记。我对于学习上的严谨，使学生们养成了越来越自觉的学习习惯。孩子们会主动地听写、背诵，这使我对他们更加有信心。有些老师会问我为什么教得这么好，对于这个问题我认为付出才有收获。当然，孩子们的解释更准确。前一阶段五年级的孩子说："老师，我们喜不喜欢学一门功课跟我们喜不喜欢这门功课的老师有关，喜欢老师就喜欢学他教的这门课，因为我们喜欢您所以就喜欢学英语。"简单的几句话使我对于孩子们的认识又一次加深了。

虽然我现在是一个班的班主任，但是对于其他的两个班，我还是会一如既往地教书育人，一如既往地用我的爱去灌溉他们。因为我爱这个职业，爱我的孩子们，和他们在一起的每一分每一秒都让我的内心充满爱。和孩子们之间的点点滴滴的爱，让我珍藏，也让我留恋。

发现每一个孩子的闪光点

青岛市即墨区潮海万科小学 江翠苹

一天的语文课上，当我讲到"我相信我们每个同学身上都有闪亮的光点"时，一名学生竟然情不自禁地脱口而出："老师，我身上有闪光点吗？"我听了这声幼稚的发问，心里感到一颤，循声望去，哦，原来是涵涵同学。这时他的眼神充满期盼，脸上露出疑惑。望着他一脸的纯真，我马上说："涵涵同学，你身上怎么会没有闪亮之处呢？你热爱体育，是一名运动健将。"当我表扬他时，不少学生马上举手反对，纷纷指责他不遵守纪律，还列举了许多事例说明。但我依然为他据理力争：学校运动会上1500米比赛，本来都没有人愿意参加，但是涵涵代表我们班参加了比赛，并取得了第一名的好成绩；虽然涵涵有时候会犯错，不遵守纪律，但只要诚心改过，依然值得大家的信赖。学生们被我的话打动了，没有再站起来反驳。这时的涵涵低下了头，似乎在反思，似乎在为以前所做的事感到惭愧。

下课回到办公室，我也在反思：涵涵是一个学习成绩比较差的孩子，分数经常在及格边缘，有时一不小心会滑向不及格。我知道他经常受到同学的嘲笑，因此他的心理是自卑的。我由此想到，一个总是低着头、弯着腰走路的孩子，他的骨骼必然会变得弯曲；同样，一个自卑的孩子，在人前人后抬不起头来，他的心灵也必然会出现不同程度的扭曲。孩子，需要昂起头来走路，需要昂起头来做人！后来，我找他谈了话，要让他学会面对现实、接纳自己，并善于扬长避短，发挥自身优势，找到属于自己的快乐。涵涵同学在2018年的高考中被山东师范大学体育学院（免费师范生）录取，我为他感到高兴。

小 佳

青岛市即墨区北大附属即墨实验小学 李晓宁

刚接手这个班的时候，小佳给我留下了深刻的印象，不是因为他学习好，而是因为他各方面都很积极。有一些问题你一想到，他马上就安排人干了，于是我就让他当了班干部。一开始一个月，同学们反映都很好，一个月之后，问题来了：随便吆喝别的同学，对于一些总是想"告状"的同学态度也很不好；学习上，总是走神，积极性不高。观察了一段时间之后，我找他进行了一次谈话。通过谈话我发现，原来小佳现在对于做事和学习提不起兴趣是因为他的爸爸。他每天回家疲于应付爸爸对他的题海战术。小佳的爸爸为小佳买了许多练习题。

小佳回家要先做完作业，再做爸爸布置的练习题，只要他做错题，就会被罚一直做同类型的题。我就问小佳："你如果表现好全做对了，爸爸会表扬你吧。"小佳低着头说："没有，全做对了爸爸看时间不到，就再布置一些。"我听了之后，明白了小佳学习懈怠的原因。

接着我联系了小佳的爸爸，请他来到学校将小佳的变化告诉了他。他奇怪地说："老师，我对小佳很用心，每天陪着他写作业，还给他买了好几套练习题。"我看着一脸着急的爸爸说："我与小佳谈过了，您给他准备的那些练习题让他很疲倦。而且您对于小佳的做题只有惩罚，没有激励，不论做得对与错，反正都要那么长时间，小佳怎么会认真做题呢？请您换位思考一下，如果您工作了一天，回到家里还有一大堆工作等着您，您的心情会怎样？如果我们的工作只有惩罚没有奖励，怎么会有积极性？只会产生叛逆情绪。"他思考了一会儿，感觉确实是这样。于是我给他一些建议，如果小佳表现好，很快做完了，就可以做他感兴趣的事，不妨试试。一段时间之后他爸爸高兴地对我说效果显著。

在没有成为教师之前，我认为一名好教师就是教学能手，就能培养出品学兼优的学生，但自从真正成为一名教师以后，我渐渐明白一名好教师不能仅仅是教学能手，还应当把学生真正地放在心上，多去关注他们，同时也要关注家长的教育，要让学校的教育和家庭的教育形成合力。只有这样，我们的孩子才能够健康快乐地成长。

别的老师都有，就你没有！

青岛市即墨区德馨小学　孙　岩

当班主任的近 20 年中，我永远记得那个瞬间。

20 岁的我，刚走上工作岗位，就在一所农村小学当了一年级小孩子的班主任。

一年级的小孩子，想想就知道：上课随便说话、随意转头、下位走动，作业想不交就可以随时找不到，一天里也不知道有多少小报告等着和我说。可想而知,面对这些突如其来的"狂轰滥炸",当时在学校里学的那点当老师的基本常识远远不能帮助我解决燃眉之急。最后我只能采取我能想到的最好办法——"高压政策":什么时候都摆着一副凶巴巴的样子,瞪大双眼,不断扫视,好像猫看老鼠。

一段时间后,小孩子们确实"老实"了不少,我还有点暗暗得意:你们这些小鬼头,再厉害还能翻出我的五指山?

可就在那天……

那天中午,我正往教室赶,前面走着我班里的两个学生。我正准备上前提醒他们不能并排走的时候,听见他俩在发牢骚:"……就是,就是,别的老师都有,就孙老师没有,真是的!"我一听,好呀!居然在背后说我!"站住!你们两个在说什么?"他俩一看,顿时吓在那里了,不知要说什么才好。"不说?好!走,上教室去说!"我气冲冲地走在前面,进了教室。孩子们一看见我来了,马上意识到情况不妙,纷纷安静坐好了。

"说,刚才你们两个究竟在说什么?"我站在讲台上,掐着腰问。

"没……没说什么。"

"别以为我没听到!现在对着全班同学说,到底什么东西,别的老师都有,就我没有!"

两人抬头看了我一眼,小声说了一句:"笑……"

"什么?笑?"刚说完,轮到我顿住了,突然间,以往的教育镜头像放电影一样,迅速从我脑海闪过,他们说的是实话。想到这里,我的脸一下子红了,红到了脖子根……

一年级嘛,本身就是初生牛犊不怕虎的年纪。他们那些调皮捣蛋的行为,其实正是他们天真无邪的表现。怎样让他们从"无拘无束"平稳过渡到"自觉自律",我应该用心去学习,用爱去包容,用微笑去拉近,用行为去引导。

当然,那个让我脸红的瞬间后,我真的改变了许多。往后的这么多年的教学生活中,我始终带着学生帮我找回来的最重要的东西——微笑。微笑着面对和他们在一起的每个瞬间,微笑着理解他们的每一次犯错,微笑着和他们进行每一次谈话,微笑着欣赏他们的每一次成长。不光和学生们这样,对同事,对家长,甚至对路上遇到的陌生人,我都时刻记得微笑。

事实也证明,微笑带给我很多——收获了学生的爱,收获了家长的信任,收获了朋友的关心,收获了家庭的幸福……所以,"微笑是世界上最美的语言"。今天,你笑了吗?

情绪调控很重要

青岛市即墨区德馨小学　孙　岩

今天有点感冒,浑身难受,可是真是奇怪,到了教室,感觉轻多了。所以老话说:闲出来些病。虽然,我的感冒是真的。

今天反思了自己的教育,做了一次像北风一样的老师。昨天下午接到了学校下发的纪律通报:班里有两个学生在课间跑了,立刻火上头顶。等他们两个回来后,我很严厉地批评了他们,并且让他们重新走了几遍。大概这么热的天,学生感觉到冷了吧,因为他们有一个像北风一样的老师。看眼前是被冷着了,现在我知道这只是眼前而已。

要做个像太阳一样的老师,用正能量、用光和热感化学生,让他们从内心觉着"我要做好"。

如果再遇到这种事,我会怎么做?坐下来,弯下腰,拉起他们的小手,告诉他这样是不对的。孩子毕竟是孩子,他们的年龄特点就是好动,喜欢抬脚就跑,所以不可能一次就好。

走进去,就会有你的一席之地

青岛市即墨区通济八里庄小学　李永磊

教师,不仅要传授知识,更要培养学生正确的人生观、独立的人格和健康的心理,因为这将伴随他一生。

记得那是2013年,我刚接五年级这个班的时候就听说,我班有一个"老大难";他平时上课不举手回答老师提出的任何问题,课下也不做作业,更不要说其他课外活动了。但他有一个特长——能跑,在我班乃至全校都比较有名。他叫林林,对于林林的传说可以说是太离奇了。为此,我在教育教学过程中总是特别注意他,故意地亲近他,找他谈心。

一天,我把他叫到办公室,我说:"林林,为什么上课的时候你不举手回答老师提出的问题呢?"他抬头,张开小嘴,看了看我,仍低下了头。我知道他想说,但不敢说。"没事,老师想帮助你。"他微微抬起头,小声说:"老师,我从来没回答过。幼儿园的时候,老师就说我笨。"我听后很难过,为我们的老师难过,但我拉着他的手,笑着说:"不,你不笨。上个学期,你还代表我们学校参加镇运动会呢。笨孩子能跑这么快吗?"他眼里闪着光芒,歪着头说:"老师,我能跑,能赛过我家的小牛!可我学习不行,我……不会说话。""不,你说得多好呀!林林,你和妈妈赶过年集吗?集市上的人那么多,人山人海,你害怕吗?对,你没有。只要你走进去,集市上就会有你一席之地,你就会成为他们中的一员,你也会满载而归,不是吗?……"最后,林林抬起头,拉着我的手,用小指和我拉钩,说以后只要他会的问题,他一定举手。第二天,我趁热打铁出了一个简单的问题,只见他战战兢兢地举起了手。我大声喊起了他的名字,他轻声地说出了答案,我很高兴,悄悄向他伸出了大拇指,班长带头鼓起了掌。那天,他笑了,笑得格外灿烂。渐渐地,他在课堂上回答问题也多了,课间,也愿意和同学一块玩了。

如今,他已经是职业学校的一名学生,和我成了无话不说的好朋友。

照 相

青岛市即墨区通济八里庄小学 李永磊

参加工作 20 多年了,我一直以为自己是一个心思细腻的老师,是一个爱孩子的班主任,但一想起那件事我就有些惭愧。

我校有一条不成文的规定,重要活动的时候都要求穿校服,但前几天活动较多,天气又热,需要经常换洗,导致孩子的校服经常穿不齐。好在都在自己班里举行,我也没追究。

这一天学校举行家乡特产介绍的班会活动,孩子们兴趣盎然,带来了许多有特色的物品,站在讲台上好似要把自己所知道的全倒出来。大家听得津津有味,掌声阵阵。活动接近尾声,级部主任推门走了进来,对活动的开展非常满意,笑着对我说:"不错,不错,活动照片别忘发给我。"孩子们开始自发举荐优秀的同伴,被举荐的孩子非常多。照相了,我这才发现全班只有四五个孩子穿了校服,只有一个在被举荐的名单当中,这个孩子平时不起眼。也巧,其他几个孩子都没穿校服,而且都和他身材差不多。于是我让他把衣服脱下来,给其他几个孩子穿上轮换着摆拍。照相过程非常有趣,孩子们欢声笑语。我还把照片在电子白板上放大,给孩子们欣赏……

我正准备收拾教室准备下课,班长跑过来小声对我说:"老师,您是不是忘了让王林照相?"我立刻向王林的座位望去,只见王林趴在桌子上,用小手指不停地扣着桌子。哦,我竟然忘记了这个在班级中一直默默无闻、听话乖巧、声音细小的孩子。我马上对全班孩子说:"现在,老师刚刚收拾好场地,欢迎本次活动最优秀的王林同学上场。"掌声中,红着眼睛的王林脸上洋溢着幸福的笑容……

也许对别人来说这是一件小事,但我却认为这是一次教育事故。我深深地自责,这么多年的教学生涯,我到底犯了多少这样的错,忽略了多少孩子,伤了多少孩子的心。大部分教师,特别是班主任,一直关注成绩优秀的孩子和调皮捣蛋的开朗学生。但我觉得更应该关注那些"不起眼"的孩子,他们更需要我们的关心。"不起眼"的孩子看上去有些娇弱,性格内向、胆小、自卑,有时又觉得他们很懂事,遇到什么事不争也不抢,让我们这些老师很省心。这样的孩子往往被教师忽视。这些孩子如果得到了锻炼的机会,不但会获得成功的喜悦,看到自己的存在,同时也会建立自信心。我们要关注每一个孩子,做教育的有心人。

爱工作,爱工作中带给你快乐的孩子

莱西市月湖小学 杨 艳

"捧着一颗心来,不带半根草去。"从 2007 年我踏上三尺讲台的第一天起,这句话就成了我工作的座右铭。

作为一名教师,为人师表、教书育人是我的职责。在业务上,我努力钻研教材,认真备课,虚心跟老教师请教。

在传授知识的同时,我也不忘建立良好的师生关系。在我看来,良好的师生关系是教好学的基础。只有亲近孩子,研究孩子,才能展现自我,树立威望。谁爱孩子,孩子就会爱他。只有善于接近孩子,体贴和关爱孩子,和他们进行亲密的思想交流,才能让他们真正感受到老师对他的"亲"和"爱"。因此,多年来,我总是在工作中不断思索,在思索中不断提高自己。虽然工作的繁忙有时会影响我的情绪,自己甚至忘记了微笑,但通过不断反思与同伴互助,我很快意识到自己应该怎样做。所以,我在处理问题时多融入了些宽容、理解,多讲了些艺术性。我也终于发现,只有我带着一颗真诚的心去走近孩子,关心孩子,才会被他们所接受。

去年刚接手了一年级三班。孩子们从幼儿园刚到小学,习惯方面都不是特别好。所以我跟我班的副班主任对孩子的要求都比较严厉。有些胆小的孩子就比较害怕我们两个。王越是一个很单纯的小男孩,家长很宠溺,孩子胆子也小。但是,他上课的时候小动作特别多,听讲纪律不好,所以我对他特别严格。他也特别害怕我,因为害怕就不愿意学习数学。有一次孩子感冒了,因为赶时间,他妈妈把他带到学校,让我下课的时候给孩子把药吃上。下课后,我把他叫过来吃药,他怎么都不肯吃,同学们都笑话他。这时,我把他叫了出去,问他为什么不吃药,他因为害怕自己小声在那嘟囔。这时我蹲下来,摸着他的小脸说:"感冒了要吃药,才能好得快,对不对? 你跟老师说,你为什么不想吃呢?"孩子看着我微笑的脸,放松了一些,说:"老师,在家吃药妈妈都是使劲握着我的手我才吃药,这样药就不苦了。"我笑着说:"那今天我当你妈妈,握着你的手,你能把药吃了吗?"孩子坚定地点点头,愉快地把药吃了。

晚上,孩子的妈妈打电话过来说:"老师,孩子今天特别高兴,他说老师今天特别好,老师也像妈妈那样握着他的手,帮他把药吃了,原来老师也很喜欢他,从明天开始他要好好听老师讲课,再也不惹老师生气了。"听了孩子妈妈的转告,我也是很开心。

在今后的教学中我会不断更新、充实自己的知识,做一个学生喜欢的老师是我不断努力的动力。

利用优点 增强信心

莱西市月湖小学 杨 艳

人非圣贤,孰能无过,每个人都会犯错,更何况单纯的孩子呢。班级里有一个小男孩叫小然,一开始上学就很惹眼,衣服很脏,鼻孔里永远有流不完的鼻涕,还喜欢打架。有一次一群孩子把他拖到教室讲台,让他站着不让他回位。我刚进教室,学生就七嘴八舌地"告状":他没带学生证给我们扣分了,还跟别的班同学打架,被政教处警告了。

看着可怜的孩子，我想让他回位，但是孩子身上真的是存在问题。在开学之初，我就了解了孩子家庭情况：孩子的妈妈出车祸高位截瘫，生活困难，孩子的爸爸打零工，脾气不好，孩子不听话就打，家务活从来不干，都是高位截瘫的妈妈在家干着零碎的家务活。所以孩子的衣服经常很脏，小脸也经常不洗，小手黑乎乎的。想到这里正好上课铃响了，我争取同学们的同意让小然先回去，我打算下课后好好跟他谈谈。

于漪老师说过一句话："热爱学生是老师的天职，是做好教育工作的基础。"我暗暗下决心，要用自己的爱去感染他，使他健康地成长。

下课后，我把他叫到办公室，给他搬好凳子让他坐好，还把我自己的零食拿了出来。他一看我没有批评他的意思，还给他零食，用不理解的眼神看着我，等我先跟他说话。我微笑了一下，对他说："你家的情况我都知道，你爸爸妈妈都很不容易，你要在学校好好表现，让你爸爸妈妈放心，看到你的进步爸爸妈妈才能高兴呀。老师也希望看到你的进步，而不希望你每次都给我们班扣分。"小然点了点头。

小然有一个特点——口头表达能力很好。我决定利用他这个优点，多提问他增加他的自信心，在同学们中间给他树立威信。于是每堂课我都不忘让他发言，并给予鼓励。当他得到了他十分渴望的小标志时，我看到他满脸笑容、十分自豪的样子，我也感到欣慰了。平时，我经常帮他整理整理衣服，抬掇抬掇书包，天气变化时嘘寒问暖，跟他聊聊他的爸爸妈妈。

作为教育工作者，班主任应以赏识的眼光和心态看待每一个孩子，善于发现他们的闪光点。也正由于有了老师对小然的信任、尊重、宽容和关爱，才使他找回了自信。

老师的信任和鼓励

青岛市即墨区第二实验小学　付翠丽

上课铃响了，教室里特别安静，我习惯性地把教室扫视了一圈后，笑了笑，说："同学们，今天老师要奖励给这周进步最大的同学一个'大拇指'。"我停顿了一下，激动地大声宣布："王——睿——！"从同学们的眼神和小声的嘀咕中，我看出了他们心中的疑惑。于是，我把王睿这一周以来的表现讲给大家听，请同学们用掌声向王睿表示祝贺。我带头鼓起了掌，随即，教室里响起热烈的掌声。

要知道，这个"大拇指"对于王睿来说可是"放卫星"的大事了。一年级刚上学时，我就感到王睿是个自制力相当差的孩子，课堂上随便说话，没有坐住的时候。在接下来的几周中，我也真正领教了。每一科老师上完课都会告诉我王睿上课的顽劣表现。

此刻，我望了一眼王睿，平时很能说的他，这时就像旗杆似的，坐得笔直，脸上有些疑惑与不解。然而，我还是从他的眼神中捕捉到了兴奋与激动，这一切来得太快了，他还没有从刚才的那一刹那中回过神来……

上一周，在班会上，我表扬一周来表现好的孩子，并为他们发了"大拇指"，让全班同学向他们学习。我还把王睿叫到眼前，告诉他老师相信他可以改掉坏习惯，也能做好。他没有说什么，眼睛睁得很大，眼神好特别。我蓦然发现一种从心底流淌的渴望，他的整个表情变得木然，我的心为之一颤。

课后，王睿走到我面前，郑重地问我："老师，我表现得好，真的可以给我一个'大拇指'吗？"看着他那渴盼的眼神，我笑了，拉着他的手说："是的，你愿意努力吗？"他挣脱我的手，满意地走了。

这一个周，他像变了一个人，自觉地遵守纪律，上课认真听讲，老师们都问我使了什么魔法。一份来自老师的信任和鼓励对学生来说是多么重要！

十年之约

青岛湘潭路小学　梁　燕

亲爱的师父：

我在给您写信。

尽管，此时此刻，您正在我隔壁的办公室，为即将录制参评的区班会课奋笔疾书，我却依然用这样的方式，回忆着我们十年来的一路走过。

十年前的教师节，我们认识不到两周的时间。学校组织了拜师活动，于是，我投入您的"门派"，成了您名正言顺的徒弟。犹记得校长拉着我们俩的手，语重心长地和我说："王迎春老师可是咱学校的多面手，跟着王老师一定好好学啊！"从此，在教育这条路上，我认定了您。

我不知道在这里用上"缘分"这个词是否合适，或者它不足以担起我们之间的情谊。十年间，大事小情，您都用自己的行动教育着我，告诉我什么才是为人师的正道：忘不了，为了督促我认真有效地手写备课，您放弃了电子备课的机会，与我一同研磨授课的每一个细节；忘不了，您指导我批改作业，连一个对勾的打法都严格要求，对作文的批改更是一丝不苟；忘不了，为了教我在六一会演时精益求精，您下班后带着我跑遍整个市场，收集环保时装秀的素材，夕阳西下，您戴着老花镜给孩子们缝制时装秀的衣服；忘不了，为了帮我缓解准备公研课的压力，您周末约我爬山放松……十年前，您说："姑娘，你还年轻，好好干，做个好老师。"我默默记下，把它当作您与我的第一个约定，而这个约定，已到十年之限。

师父，我不是您最得意的弟子，但我做到了与您的约定。我自认不是一名出类拔萃的优秀教师，但我成了与您约定的好老师。十年间，我认真对待每一节课，因为我们约定，40分钟的课堂不必秒秒精彩，但要分分有效；十年间，我要求自己打好每一个对勾，因为我们约定，这是对学生负责，也是对自己负责；十年间，我精心筹备每一个活动，因为我们约定，活动不为奖状，为的是孩子的快乐成长。

一约十年。我们师徒二人一同奋斗在教育第一线，一起上下班，甚至是一起被调到同一所学校。每每疲惫时，我会在与您擦肩而过的走廊上看您的背影激励自己向前。每每打退堂鼓时，我会在与您共同打拼的回忆里积蓄坚持的力量。十年，我信守承诺，无怨无悔。

亲爱的师父，下一个十年，您说您已"告老还乡"，您说我还成长在路上。不如，我们再做约定，下一个十年的今天，我将手捧鲜花，给您讲我在这个十年里的成长。

您一辈子的徒弟　梁燕
2017年教师节前

正视生命方崇敬

青岛湘潭路小学　梁　燕

《生存与责任》是本学期我校启动编制的一本新的校本教材。在区领导的指导之下，我们重新梳理了小学阶段与生存、责任相关的内容。在与同事们一同编制教材的过程中，我获得了重新审视生命的机会。作为教育工作者的我们，又该怎样向孩子们阐释生命的含义呢？这便是我参与这项有意义的工作的感悟。

对于我们这些 80 后的父母而言,或许都经历过祖辈的离世。对于生死这些问题,小一点的时候,父母会拿一些善意的谎言搪塞我们,比如"你是垃圾桶里捡的",比如"爷爷到天上去了"。而今,我们也为人父母了,先进的教育理念会指引我们给孩子讲一些科学的生死观,讲生相对容易些,而如何让孩子正确地接受亲人的死亡,这似乎是个难以解决的问题。

在 2016 年第 10 期的《父母课堂》上,有一篇名为《爷爷去哪儿》的文章,文中作者对爷爷离世的处理,给了我很大的启发:孩子的爷爷病危,弥留之际想见孙子最后一面。作为妈妈,作者并没有美化老人的死去,因为那样会让涉世未深的孩子觉得死是一件美好的事情,从而轻视死亡。作者先是将爷爷目前的情况一五一十地向三年级的儿子说明,比如爷爷身上插满了管子;爷爷可能说不清楚话;爷爷十分憔悴……而后告诉孩子:"我们去医院,是看爷爷最后一面,也是让爷爷看你最后一面,你要去吗?"智慧的妈妈把直面生死的选择权交给了孩子。而此时的孩子比我们想象的要懂事得多。他选择与爷爷做生死离别。有了之前妈妈的铺垫,孩子来到医院之后,欣然接受了躺在病床上的爷爷的现状。尽管没有话语,但祖孙二人双手握在一起的时候,对生命的崇敬深深植根于孩子的心中。

我崇拜这位妈妈。她的大智慧让我折服。这同时也引起了同是教师和妈妈的我的反思:对于生命的教育,我们是不是太过草率了?曾几何时,出于对孩子幼小心灵的保护,每每不愉快的事实发生,我们会尽量美化,为的是让孩子更容易接受。记得班里的一个孩子请了 7 天的长假,回来后问他干什么去了,他面带微笑地告诉我:"我们送爷爷做神仙去了。""那你以后还能看到爷爷吗?"我问。"能啊!"孩子的语气中并没有任何伤感,"我可以在梦里见到他呀。"

那时的我不知该不该用真相打破孩子的梦。而今想来,正是因为这样善意的隐瞒,才造成了如今有些孩子动不动就以死威胁不肯就范的家长,动不动就拿生命开玩笑。毕竟在他们的思想中,死亡不是生命的终止,而是去天堂、变成星星等美好的转变。如此一来,又有什么可怕呢?当不明确生命的真正意义时,生死亦如鸿毛一般。

我庆幸能在闲暇之余阅读到这样一篇极好的文章,它不仅对如何教育孩子有了指引,也给我上了郑重的一课:正视生命,需要从家长的思想出发,进而带动孩子对生命肃然起敬,一味地美化死亡,不仅会误导孩子,更是对生命的蔑视。

做个幽默的班主任

青岛湘潭路小学　梁　燕

亲爱的班主任们,您有多久没笑过啦?若不是在《教育文摘》上看到这篇题为《班主任要有笑的能力》的文章,我也不会有此一问。这一问不仅是问别人,更是问问内心的那个自己。

从教十年,九年的班主任工作让我渐渐有了两张面孔。曾经和同事开玩笑说,我们这些班主任若是做了演员,都是影帝影后的苗子。站在教室门口,前一秒和门外的同事笑逐颜开地家长里短,后一秒上课铃响,立即严肃地走进课堂,为的是给孩子来个"表情下马威"。

在《班主任要有笑的能力》一文中,作者先是以魏书生先生的教学经历为引子,让我们领教了幽默的力量,随后又将自己的教学经验拿来与我们分享。在读罢这篇文章几天后的一次课堂上,我便用从此文中所学的知识找回了会笑的我。

在离我们学校不远处是一个幼儿园,每天上午第二节课的时候,幼儿园的小朋友要出来做操。播放的音乐欢快极了,这当然要比我讲课的声音更能吸引孩子们的注意力。以往,为了和幼儿园的歌曲争夺学生的耳朵,我都会要求学生们门窗紧闭。可天气渐渐热了起来,关窗已经行不通了。上课时,我只有提高嗓门,并不时提醒那些走神的孩子们。这一天语文课,我要求孩子们在小组内阅读《槐乡五月》的相关段落,幼儿园的歌声如期而至。孩子们起初不以为然,渐渐地,我隐隐听到班级里有哼唱歌曲的声音。为了让"证据确凿",我拿着语文书在教室里寻找"嫌疑人",很快便锁定了目标——小伟,我们班合唱队的"小百灵"。这还了得!这是把我的语文课当音乐课来上了啊!我班主任的权威何在!心中的怒火一下子便燃了起来。我拿着语文书快步走回讲台。一低头,看到了讲桌上的《教育文摘》,前几日读过的这篇文章一个激灵地闪现在我眼前。"不行。"我对自己说,"硬碰硬的方法在这个时候是不合时宜的。我何不也学着魏老师的样子,也来幽上一默呢?"于是,我深吸一口气,缓和一下自己的情绪,随即清了清嗓子说:"同学们先不要读了。"孩子们一愣,我连忙说:"在刚才的阅读时间里,我们班的有些同学被文章中槐乡的美景深深打动,忍不住唱起了歌来,老师觉得这个创意不错啊。"说罢我看向小伟,此时的他脸通红,不好意思地低下了头。"唱歌不是个坏事情,电视上不都说了嘛,想唱就唱,唱得响亮!"孩子们哈哈大笑起来,小伟了笑着挠了挠头。"不过,"我话锋一转,"老师还是希望你们能懂得什么时间做什么事的道理,好吗?"孩子们心领神会,各自端起课本大声朗读起来。就这样,没有批评,没有指责,没有难堪,课堂阅读又顺利地开展下去了。

其实,很多时候,是我们自己让微笑闭关,何不打开心扉,让微笑重返脸庞,也重返我们的课堂呢?

借奖状

青岛西海岸新区育才小学 闫丽丽

返校的半天中,孩子们如即将离巢远飞的小鸟,欢快地叽叽喳喳。直到说要发奖状了,孩子们才眼巴巴地望着那一摞大红的奖状,期待着花落自家。

最激动人心的时刻到了。当我宣布颁奖仪式开始时,孩子们的欢笑声戛然而止,腰板挺得笔直,眼睛齐刷刷地望向我,唯恐我漏下任何一个。

"我宣布,颁奖仪式现在开始!"我的声音虽然不大,但孩子们特别听话,腰板又往上一挺。连平日里的调皮大王都安安静静地等着我发奖状。

"被评为优秀班干部的是……""被评为三好学生的是……""雅慧少年有……"当孩子们高高兴兴地捧着奖状回到座位时,叽叽喳喳的炫耀声再一次打破了教室里的安静。我很理解他们的心情,彼此想看看周围的同学发了什么奖状,是否与自己的一样,是否与自己的一样多(有的发了好几张)。

当我的目光瞥见靠墙的小佳轩时,他的反常引起了我的注意。发奖状前还在旁若无人地笑着、闹着,这一会儿工夫,怎么像泄了气的皮球?下巴卡在课桌上,眼皮耷拉着,呆坐在那儿,奖状也不知道哪儿去了。

平日里,调皮的他看起来很不在乎成绩,但我在与家长沟通中得知,他很要好,总想超过别人。听说丁齐5分钟做了230道口算,他每天回家练口算,一定要超过丁齐。妈妈许诺他,如果期末考好了,拿到三好学生奖状,就给他买他早看好的玩具。可事与愿违,他因为数错了数,连着错了四个空。虽然有进步,但他在班级中各方面的表现还不能够达到三好学生的标准。所以,我给他设置了进步之星的奖状。看来,他很失望。

我的心一紧,很矛盾:给他,还是不给他三好学生的奖状?说实话,家长的做法我并不赞同。但对于一个一年级的孩子来说,小学的第一次奖状在他心目中是多么重要!更何况,我正好还有张多余的奖状。我一时犹豫不决:给他吧,其他孩子怎么想?刚刚还有孩子"告状",说他把纸扔到了同位的桌子底下;不给他吧,看着他失落的样子,我于心何忍。

眼看就要放学了,孩子们都把东西准备好了,随时准备着出教室。突然,我记起了多年前曾经借分给一个孩子的故事。分可以借,奖状为何不可以借呢?我欣喜着。

"佳轩,你留下!"我叫住了还是一脸沮丧的他。等其他孩子站到教室外等待放学时,我走到他跟前:"看到别人都发了好几个奖状,馋吗?"他摇摇头,但眼里的失望出卖了他的内心。"你认为自己能达到三好学生的标准吗?"他再一次摇头,但眼泪已在眼里打转,愣是没掉下来。"老师曾经说过,三好,就是要德、智、体全面发展,你达到了吗?刚才还往同位那儿扔纸了,做得好吗?学习养成认真检查的习惯了吗?体能比别人更好吗?"一连串的问话,让他连连摇头,眼泪终于夺眶而出,不断抽泣着,但倔强的他就是不肯多说一句话。见他已经认识到位,我话锋一转:"明年能加油把自己的缺点改正,争取做个三好学生吗?"他使劲地点着头。我拍拍他的肩膀,"这就对了!这样吧,我先借给你一个三好学生奖状,等明年你可得加油干,各方面表现好。否则的话,我可要收回来了。"终于,他的小脸"阴转晴",高兴地说了声"谢谢老师!"

望着他高兴地离开教室的背影,我也释怀了。我想,给予孩子一个动力,对于孩子的成长应该是有利的。

做一个幸福的教师

青岛市即墨区潮海万科小学 江翠苹

假如生活再给我一次选择的机会,我仍然会选择教师这一职业。因为我深深地感受到,教师的物质生活也许相对清贫,但精神生活却无比充实。几年的工作经历使我深深地懂得,教育是爱的事业。我们学校有一位临退休的老教师,本应是儿孙满堂享受天伦之乐的年纪,然而,就在 2017 年,他唯一的儿子却因为癌症不幸去世。但就在事情发生后的一个星期他回到了学校。头发花白、苍老了许多的他事后跟我说:"我回到学校,每天看到这些可爱的孩子们心里就仿佛又看到了希望。"这就是我们乡村老教师崇高的品格和无上的师德。

"起始于辛劳,收结于平淡。"这是我们教育工作者的人生写照。但是,我们既然选择了这个职业,就会无怨无悔。当清晨走进校园,面对一个个标准的队礼,一声声清脆的"老师早";当走进圣洁的课堂,看到一双双渴求甘霖的明眸,一颗颗等待塑造的无邪的心灵;当课间跟孩子们泡在一起,看到一个个生龙活虎的身影,一张张天真烂漫的笑脸,我又是那么激动,那么满足。

清晨走进教室,听到琅琅的读书声你应该高兴;看到顽劣异常的学生也认识到要好好读书时,你应该高兴;看到学生在随笔中对你的一句称赞,你应该高兴…… 每当看到那渴求的目光、专注的面容,不由得让人身心激动。我们的奉献虽不见什么轰轰烈烈的壮举,却是用平凡与崇高的师德之光照亮了一片清纯的天地。幸福、快乐都是一种很自我的感觉。也许在常人眼里看来很寻常的小事,在易感动的人看来就是一种幸福,从中可以品出快乐的滋味。烦恼是他人给的,快乐是要靠自己找的。既然如此,我们何不转换心态,以积极的态度接受这份工作,做一个幸福的教师呢?

善待学生错误,师生共同成长

青岛市即墨区潮海万科小学　江翠苹

"师者,所以传道、受业、解惑也。"教师不但要传授给学生文化知识,还应该教给他们做人的道理。当小学生在人生的道路上有了"惑",有了认识及行为的偏差时,正确引导他们走出迷惘是教师的责任和义务。

一、犯错误是正常的

我们要善于挖掘学生的潜能。每个学生身上都有闪光的地方。有的学生学习第一,有的学生创造力惊人,有的学生口才一流,有的学生舞蹈天赋极强……调皮捣蛋怪招频出的孩子，也许是最具有潜能的孩子，我们应该帮助其开发潜能。对待犯错误的学生，有些教师不去仔细分析问题出现的原因，而是劈头盖脸一顿训斥之后草草了事。学生不仅没能深刻地认识到错误的原因，甚至还可能产生逆反心理。

由于每个人知识、阅历的局限性，他们在认识周围事物时难免出现短视，产生行为偏差。这是不足为奇的，所以应该允许学生犯错误。

二、能容错是一种胸襟

有的教师面对学生所犯错误甚至暴跳如雷，一气之下会说出有损教师形象的话，做出令人遗憾的事，这只能说明这样的教师应该加强个人修养。如果教师对待学生像对待自己的孩子一样，他们就会懂得：面对孩子的错误，讽刺、训斥、责骂等只能使学生产生反感，形成逆反心理，或是自暴自弃，甚至产生其他不良后果。而那种发自内心、溢于言表的慈母般博大无私的爱，才是最有感召力的，才能最终帮助学生认识并改正错误。

善待学生要用人格去感化，但不是对学生放任自流。学生虽小，不太懂事，但你对他的关心他是知道的。即使学生再不自觉，甚至顽皮，你也应该以教育为主。跟他讲透道理，关心到位，让他感觉胜过他父母的关心，这样的学生大多数会被感化。如果你不分青红皂白上去就是一顿教训，别看他当时不作声，其实他骨子里根本不服。

三、纠错是一门艺术，需要耐心

学生犯了错误，既不能听之任之，也不能一棍子打死，而应当理智耐心地注意方法，分析处理。纠错的方法有很多，如当面指正、个别谈话、冷冻法、暗示法、感化法。也许这些方法不能立即奏效，但不能急于一蹴而就。不管哪种方法，都应注意以鼓励为主，通过教育，把孩子引向健康成长的方向。

四、错误是一笔财富

人总是在不断地改正自己错误的过程中逐渐走向成熟，走向自我完善。小学生由于对客观世界的认识有限而导致行为偏差在所难免，问题是我们如何对待他。医生治病需要对症下药。找到原因，是治好病的前提。学生犯了错误，正是把"症状"暴露出来，教师循此才能找到学生犯错误的"症结"所在。因此，对于学生的错误应当重视。只要教师不厌其烦地帮助他们，不断地改正他们在成长道路上所犯的一个个错误，并逐渐地使他们的错误减少到最低，教育的目的就达到了。

老师对学生的关心和爱护，是开启学生心灵的钥匙，是促使学生积极向上的动力。陶行知先生有句名言："没有爱，就没有教育。"身为教师，不仅要教好书，还要育好人，用高度的责任感和无私忘我的爱，为社会培养更多更好的人才。

播下爱的种子

青岛市即墨区通济八里庄小学　李永磊

前几天看过这样一个故事。苏霍姆林斯基曾是乌克兰一所乡村中学的校长。在帕夫雷什这所中学校园的花房里，开出了一朵硕大的玫瑰花，全校师生都非常惊讶，每天都有许多同学来看。这天早晨，苏霍姆林斯基在校园里散步，看到一个4岁的女孩在花房里摘下了那朵玫瑰花，抓在手中，从容地往外走。苏霍姆林斯基很想知道这个小女孩为什么摘花。他弯下腰，亲切地问："孩子，你摘这朵花送给谁？能告诉我吗？"小女孩害羞地说："奶奶病得很重，我告诉她学校里有这样一朵大玫瑰花，奶奶有点不相信，我现在摘下来送给她看，看过我就把花送回来。"听了孩子天真的回答，苏霍姆林斯基的心颤动了。他挽着小女孩，在花房里又摘下了两朵大玫瑰花，对孩子说："这一朵是奖给你的，你是一个懂得爱的孩子。这一朵是送给妈妈的，感谢她养育了你这样好的孩子。"

这个故事深深震撼了我。作为一个小学教育工作者，我面对每个家庭的"小皇帝"，面对重智力开发轻道德品质教育的家长，怎样才能在学生幼小的心灵里播下爱的种子呢？我认为在教学实践中，应培养学生从一点一滴、每件小事做起。早晨起床向父母问好，来到学校同学互相问好，晚睡时向父母道晚安。让礼貌语言成为学生的习惯，融入生活。家长带领学生去郊游时，让其感受田野的清新，学会保护环境、热爱自然。让学生亲自喂养小动物，学会细致入微地照顾弱小生命，写观察日记，写作文，以此来培养学生的爱心，让他们学会爱父母，爱同学，爱集体，爱祖国。这样我们的孩子才会为人们做更多事，为祖国作贡献。

只要心中存有苏霍姆林斯基那种善良、朴实的教师情怀，相信总有一天我们也会爱满校园！愿孩子心中的这朵玫瑰永不凋谢。

教师要有一颗宽容的心

青岛市即墨区通济八里庄小学　李永磊

宽容教育是一种充满人情味、充满生命力的教育方法，它是教师打开学生内心世界的"通行证"。优秀的教师都善于以自己的宽容走近学生，走进学生的内心，变成学生心目中可亲可敬可以推心置腹的人，从而顺利达到教育学生的目的。

小学生由于年龄特点，情绪不稳定，注意时效短，难免会犯这样或那样的错误，这是一种很正常的现象。但是，个别班主任往往在学生犯了错误以后火冒三丈，大发脾气，对学生进行侮辱、臭骂。有一次，我检查一位学生的作业，他在书包里翻来翻去怎么也找不到，急得他满头大汗……我刚接这个班，对孩子还不太熟悉。平时这个孩子表现挺不错，老实乖巧，我也很喜欢他。我拿出纸巾，正准备帮他把头上的汗擦去，可意想不到的事情发生了：这位同学用手抱住了自己的头……当时，我感到很纳闷，学生为什么会有这样的举动，难道是我让这位同学感到胆怯吗？我边给他擦汗，边说："哟，还没找到，就想投降啊，慢慢找，别着急。"他笑了，全班的孩子都笑了。最后，放松的孩子找到了夹在书里的作业本。事后，我经过多方面了解，才明白了原因。原来，以前的班主任只要谁犯了错误，不管情节是否严重，都要进行严厉的惩罚，从不给学生辩白的机会。这样导致他在犯了小错误后，老师只要手一抬，就会本能地抱住头。我想：在他犯了第一次小错误之后，那位班主任如果能够宽容他，那么这位同学是绝不会有这些举动的。

以前我也常常不能容忍学生犯错误。学生一旦犯错，我宁可小题大做，猛药强攻。这种武断的认识使我们今天的教育缺少大气，缺少宽容和爱心，因而也缺少人性，缺少教育本应当具有的艺术魅力。教师对犯错的学生是要做工作的，问题是我们在做工作的时候，是否注意维护了学生的尊严。你越是维护学生的尊严，学生就越视你为知己，你的教育就越有效。

苏霍姆林斯基说过："教育是人与人心灵的最微妙的相互接触。"试想一下，如果教师没有一颗宽容的心对待学生，而是厉声斥责，或变相予以惩罚的话，教育的效果可能会适得其反，南辕北辙。建立和谐、融洽的师生关系和亲密、真挚的师生感情，才能为教育教学活动的顺利开展创造良好条件，才能优化教学过程，提高教育教学质量。

学会控制自己的情绪

莱西市月湖小学 杨 艳

有这样一项调查,有90%多的教师说爱学生,而学生反馈的信息是只有10%的学生承认教师爱他们。为什么会出现这么大的反差呢?原因就是我们有的老师不是真正地理解学生,没有把自己置身于学生之中,而是认为学生每天长着挨批的脑袋,犯了错误大呼小叫,不容辩解。那么,当遇到偶然事件时,应该如何控制自己的情绪呢?

首先,面对学生的错误,有必要先冷静三分钟,一定要学会控制好自己的情绪。当然,人非圣贤,孰能无过。教师有时也难免犯下一些小错误,应勇于面对,放下教师的架子,真诚地向孩子道歉。这不但不会失去教师的威信,反而会让孩子更尊敬你、信任你!

其次,要学会跟学生换位思考。"好的关系胜过很多教育"这一句名言是很有道理的。教师在面对学生的错误行为而可能产生不良情绪时,不可一时激愤把师生关系搞僵,否则对以后的教学没有好处。主观上要有"学生是孩子"的心理暗示,想一想学生毕竟年龄小,各方面的思想不成熟,有时做事太主观,太情绪化,需要我们引导。教师千万不要和学生太较真,要动之以情,晓之以理,以宽容的心来包容学生的犯错。当然,不能把教师对学生的关心和爱护仅仅理解为以慈祥的、关注的态度对待他们,甚至于理解为姑息迁就、懦弱,应当合理地严格要求学生。

最后,以适宜的方式缓解情绪。当强烈的情绪包围着我们时,我们也要寻找合适的宣泄方式。如果我们将自己强烈的情绪体验写下来,你会发现,在写的过程中自己会慢慢地恢复平静。同时,进行体育运动和向亲人、朋友倾诉也是宣泄不良情绪的有效途径。

教师并非圣贤,和常人一样也具有七情六欲,也会受外界事物的影响而引发各种情绪。所以,情绪的自我调节和控制是教师的基本素养。在教育教学中,教师要通过智慧来调控情绪,放大情绪的积极作用,转化情绪的负面作用,做情绪的主人。

小 峰

青岛市即墨区北大附属即墨实验小学　李晓宁

一直都想写写小峰,给自己找了很多的借口始终没有下笔。这次接到了工作室的任务,第一个想到的便是小峰。

记忆中的小峰黑黑的、瘦瘦的,感觉一阵大风吹来,他会随风而去的样子。

刚见到小峰的时候,是开学第一天。他来晚了,站在门外没敢进教室。爸爸在他的后面催促他赶快进教室。我听到声音从教室出来,看到了小峰和他的爸爸。小峰的爸爸是个五十多岁的庄稼汉子,看起来更像是他的爷爷,而且走起路来有点瘸,说话也不是很清楚。

看到他的爸爸,我不免对小峰多了几分同情。我温柔地拉起了小峰的手,进了教室。

接下来的几天,小峰的表现令我头疼。小峰课堂上听讲很不专心,经常搞一些小动作。虽然经常提醒,但让他端端正正地坐着听一节课很难。我发现他很容易受到外界事物的干扰。上课听讲时,外面发生的事,很快吸引了他的注意力。他对于学校的各项纪律不以为然,常犯错误。他经常与别的同学打架,班上很多同学被他打过。当你问他为什么打别人,他一脸茫然,使劲摇头回答"不为什么"。对于老师的批评教育他表面能接受,但屡教不改。

直到有一节课,我们学习《第一次抱母亲》这一课,我让同学们来谈论一下自己的母亲。同学们都踊跃地高举起自己的小手,想在这一刻与大家分享一下母亲对自己的关爱。我也毫不吝啬时间,因为这节课我并不单单想要带给孩子们一篇有关母亲的文章的写作手法,更想让孩子们去感受和交流母亲在他们内心的点点滴滴,让孩子们对自己的母亲多一分敬意。轮到萱萱发言时,她站起来用手指了指她的后排。我顺着她的手指的方向看去,小峰的座位怎么没有人,刚刚上课时明明看到他摆弄尺子来着。正纳闷的时候,萱萱突然指着小峰的桌子底下说:"老师,小峰在这里哭呢。"我的心一紧,连忙走到了小峰的桌前。只见小峰双手交叉抱着,将头埋在双腿间,蜷缩着蹲在桌子底下,不时地发出吸鼻子的声音。看到这样的小峰,我的眼睛湿润了。这么调皮的小峰谈到母亲竟让他伤心成这个样子,看来小峰肯定是缺失母爱的孩子。我蹲下来,用手摸了摸小峰的头发。"来,小峰,小男子汉,站起来好吗?"小峰低着头慢慢地站了起来。我没有问小峰任何问题,只是走上前抱了抱他。这一节课孩子们听得特别认真,可能小峰的这一举动让孩子们真切地感受到母亲在自己心里的分量。

课下我听说小峰的母亲一年前去世了。他还是个孩子,怎么能承受了失去母亲这样的事实呢!小峰的心得多疼啊!于是,我知道了他课堂上的不专心和犯错误后一脸茫然的原因了。我想我得给这个孩子更多的关爱。

于是,他成了我的另一个"课代表"。早晨,在办公室的一角,我为他准备好洗漱用具,督促他养成良好的生活习惯;课间,他要到我的办公桌前将昨天学过的各科知识点一一和我交流。小峰的事很快传遍了我们办公室。办公室的管华老师为小峰找来了爱心组织,帮小峰解决了吃饭问题和学校的日常开销。

现在的小峰,课堂上能听到他专注的读书声,操场上回荡着他开心的笑声。看到转变中的小峰,我常在想,我们有时候真的需要俯下身来,才能听到孩子内心的声音,引导他们健康成长。

表扬,驱动孩子内驱力的一剂良药

青岛西海岸新区育才小学　闫丽丽

爱美之心,人皆有之。同样,爱好之心,人皆有之。对于小学的孩子,他们更期待得到老师、同学、家长的关注。而一句恰如其分的表扬,则可以达到事半功倍的效果。就像有人说的,如果把小学班主任比喻成一位善于料理各种食材的大厨,那么,精巧的表扬就是小学班主任的一道家常菜。

常跟低年级孩子打交道的我明显地感受到表扬的魅力。它,拉近了老师与孩子的距离,让师生关系更加和谐。下面我就表扬技巧谈一下自己的观点。

一、表扬要具体

刚刚执教的那几年,不会表扬孩子,经常说的一句话就是:"你真棒!"刚开始还可以,受到表扬的孩子美滋滋的。可是,时间一长,孩子们对这句话已经有了"抵抗力",不再感兴趣。后来在听课过程中,注意听别人的表扬,才发现,那些优秀的教师在表扬时是有方向的。"你说得真完整!""你有一双会发现的眼睛！""她不但说出了结果,还解说了过程。""你有一双灵巧的小手！"……表扬的话语虽然不多,但效果是不同的:既让受表扬的孩子清楚自己为什么被表扬,又给其他的孩子指明了努力的方向。这样表扬才能达到预期的目标。我班的孩子小卉,多动使她难于在座位上老老实实地坐好。当她能够安安静静坐着时,我马上进行表扬:"同学们今天表现得真好,认认真真地听讲。看,小卉都在安安静静地听讲。把掌声送给她。"掌声响起时,她高兴地笑笑,坐得更端正。这样正面的引导,让她清楚自己应该怎样做。家长反馈,她说今天老师表扬她了,因为坐好了。表扬,对一个特殊的孩子起作用,那对于正常孩子的作用就不言而喻了。

二、表扬要及时

低年级的孩子非常想得到老师的关注。一句话、一个眼神、一个大拇指、一颗小小的红星,都对他们起着重要的作用。所以,当孩子的行为值得表扬时,我们应该立即给予表扬,否则孩子会因失望而失去动力,甚至会不再信任老师。为了让孩子养成爱劳动的习惯,每一届孩子在家做家务的照片发给我后,我都会给他们加上两颗红星。一次因为事比较多,小翔的妈妈把孩子做家务的照片发给我后,我只是记录了下来,第二天没来得及加红星。一天后,我与他妈妈通话中得知他回家老大不高兴,说他做了家务怎么不加红星。我才意识到及时表扬的重要性。后来,有此类事情发生时,我都会先跟孩子们解释原因,等有时间就补加,防止影响孩子内心动力。

三、表扬的点要贴切

表扬,并不是说孩子喜欢听什么话就说什么话。那样,只会给孩子养成骄纵的"恶习",而与我们的教育初衷背道而驰。所以,善于发现孩子的闪光点也是我们需要做的。对于那些很淘气的孩子,有时为了让他们朝着好的方向发展,我在极力发现他们的闪光点,然后给予表扬,同样会收到意想不到的效果。比如,班里有一个坐不住的孩子,当我在表扬坐得端正的孩子时,他马上跟着坐好,这时我也会来一句表扬:"君君坐得跟小军人一样,腰板真直！"他就知道自己这样做才会受到表扬,就会努力使自己坐好。当他稍一放松,一个眼神或一句悄悄话都会让他回归"正轨"。长期下去,他的习惯会逐渐养成。因此,我们应该慷慨地给予孩子表扬,这样才能增强孩子的自信心,塑造良好行为。当然,切记不要不切实际地表扬。那样,无论孩子自己,还是其他孩子,都不会服气。

可以说，表扬可以驱动孩子内心的动力，让他们主动前进。当然，表扬也不是万能的。一味地表扬，可能会让一部分孩子浮躁，抗挫能力弱。它需要与批评有效结合，才能焕发出最美的光彩。

谈谈表扬的艺术

青岛市即墨区通济八里庄小学　李永磊

表扬，是我们教师常用的教育教学手段，就是对学生多加鼓励，使他们在情绪上得到满足，学习心境保持"愉悦"，从而使他们的感觉、知觉、记忆、思维都处于良好的活动状态。表扬赏识已经被越来越多的教师所接受和喜欢，且大家都一致认为好孩子是"夸"出来的。"良言一句三冬暖，恶语伤人六月寒。"小学阶段孩子们的荣誉感尤为强烈。一次褒奖往往能点燃其智慧的火花，激发其进取的信心。表扬是教育好学生的一种重要方法，它是对学生良好行为表现的肯定。表扬奖励使学生明白自己的优点和长处，并使自己的优点和长处得以巩固和发扬。只有运用得当，表扬才能取得理想的效果。

我致力于做孩子喜欢的教师。作为班主任，因为工作原因，我经常长时间和孩子们待在一起，经常和孩子们聊天、交流，发现不同层次的孩子都有被表扬的意愿。我自认为比较善于运用表扬这种手段。我认为教师应尽量正面强化学生的优点，要以正面教育为主，即多教育学生要做什么、为什么做、怎么做；要充分肯定学生长处及优点，要培养学生的上进心、自信心。要相信学生，哪怕是后进的、犯过错误的学生，在他们身上也潜伏着不同程度的上进心，关键在于我们发现、培养、支持和鼓励。要做到这一点，我们就必须深入学生之中，去熟悉、去观察，及时发现学生每一微小的进步，恰当地给予肯定和鼓励。这样就可以使学生保持积极的心态，使他们从小的进步、小的成绩开始，树立起大目标。

表扬必须公正合理，实事求是。如果表扬得不准确，学生就会产生疑问，起不到激励作用；如果表扬错了，学生会把错的当成对的，从而产生很严重的副作用。心不在焉，敷衍了事，学生往往会感到你是在骗他。教师对学生每一点进步所给予的发自内心的表扬，都会使学生受到真心和亲情的感染，并能够树立起"今后我要做得更好"的决心和信心。

要选择适当时机进行表扬。在学生表现出良好行为、取得一定进步时，应马上给予表扬,及时强化。这样不仅能坚定学生做出正确行动的信念,维护本人的积极性,还能教育其他学生,促使其产生积极向上的心理倾向。如果教师对班级中的好人好事迟迟不做出反应,先进者就会产生低落的情绪。事过境迁,没了当时的氛围,学生或许早已忘得一干二净。你若再去表扬,不仅会降低表扬的作用,可能还会令学生感到莫名其妙和无所适从,学生中就难以产生一种积极向上的氛围。

赞扬行动和品性而非本人。赞扬学生,怎样才能做到既有效力,又不养成骄傲自满的情绪呢?这就要赞扬他所做的事和他的品性而不要扩大到他这个人。学生经过努力,成绩提高了,就应该赞扬他经过努力而成绩提高了这件事。因为赞扬他努力,让他知道受到赞扬的真正原因,他就会继续发扬光大。就像某个同学成绩优秀,我们应该表扬他的勤奋刻苦、方法得当,而不宜赞扬他聪明,否则就可能导致他产生沾沾自喜、骄傲自满的情绪。

我在教学生活中,也许是教学任务比较繁重,所以,集中于学习方面的表扬较多,或便于班级管理的嘉奖较多。表扬大多停留在学生习以为常的优点上。表扬的形式需不断更新,花样不断翻新,以激发孩子的积极性。

我想,教育是一门艺术,深入教育技巧的这些微妙的领域之中去,会使我们享受到创造的幸福。

“太阳”老师

青岛市即墨区德馨小学　孙　岩

今天做了“太阳”老师,感觉很不错。把这个放在自己儿子身上,感觉也不错。

儿子字写得不太好,以前我用简单粗暴的方法,心里想:“对待别人的孩子不能打,不能骂,对待你可不用管那么多。”结果一年下来,儿子的字还是原样,甚至更差了。那时心里直埋怨孩子怎么会连个字都写不好。后来也看了一些书,听了一些报告,有句话记得很牢:“你想让孩子朝哪方面发展,你就使劲表扬他哪方面行了。”一开始我还对此表示怀疑。有一次他又写字,我就心血来潮地指着其中一个字说:“啊!这个字写得真漂亮,大小合适,横平竖直。其他字也这样就好了。”说完后也没在意就走了。过了不一会儿,儿子就拿着本子过来了说:“妈妈,你看看我这几个字写得好不好?”现在我还记得，写得真的挺好，我当时就很激动。激动过后我就想起了这句话："你想让孩子朝哪方面发展，你就使劲表扬他哪方面行了。"试试吧！

班级管理也是如此。面对各种各样学生的突发问题，我们容易失去理智，充当"北风"老师。殊不知，你越是冷，越是可劲吹，孩子越是隔你远，甚至把自己包裹起来。所以班主任不妨当当"太阳"老师，用自己的温暖打开孩子们的怀抱。

没有爱就没有教育

青岛市即墨区第二实验小学　付翠丽

2006—2007年的第一学期，我接了一个一年级班。班里有个小姑娘叫小婕，长得胖乎乎的，一双忽闪忽闪的大眼睛，特别可爱，但这个孩子的眼里总是被一层忧郁笼罩着。一天，正在上课的我忽然听见教室的某个地方传来了嘤嘤的哭泣声。循声望去，我看见小婕正趴在桌子上哭，就快步走到她的桌子旁，关切地问："小婕，你怎么了？哪儿不舒服？"听了我的话，她抬起头，眼里噙着泪水，小声地说："付……老……师，我……肚子疼……"我一看，小婕的脸发白，小手捂着自己的小肚子，一脸痛苦的表情。我心疼地对她说："听老人说，小孩肚子疼，就给他揉一百下，肚子马上就不疼了。""真的吗？"小婕半信半疑地看着我。"要不咱俩试试？""嗯。"她轻轻地点了点头。

我把她抱到我的腿上，用手轻轻地给她揉着，我说："你来数数好不好？""好。1、2、3……"她数到100的时候，我也给她揉了100下。我笑着问她："还疼吗？""不疼了。"她开心地从我腿上滑了下去，用她的小手拉着我的手说："付老师，你真像我的妈妈！"我抚摸着她的头笑了，她也笑了……

那年的国庆节前夕，中午放学时，我领着路队往校门口走，隐隐约约又听到了一阵哭声。我转头一看，又是小婕，她被班级队伍落下了。我仔细一看，她脚上穿的一双小黑皮鞋的鞋带断了，她一走一拖，所以走得很慢。我以为她是急哭了，连忙拉起她的小手，笑着说："鞋带断了没关系，一会儿出了校门，妈妈来接着你的时候，直接让她带你去缝一缝就行了，小姑娘哭鼻子就不漂亮了哦。"说着，我给她擦了擦脸上的泪。她泣不成声地说："今天，我……我……妈妈……结婚，这是她……新给我买的皮鞋，如果让她看见……我穿破了，她会生气……"我心里一下子明白了为什么小婕平时那么忧郁，原来她没有爸爸，今天是她妈妈再婚的日子啊。一股怜爱之情油然而生。我蹲下身子，从包里拿出一个塑料袋，让她把脚放进去，然后把塑料袋系在她的脚脖子上，转过身子温柔地说："没事，付老师背你去缝鞋，保证它跟新的一样，妈妈肯定不会批评你。"她趴在我的后背上，小声地"嗯"了一声，破涕为笑了。我带她到学校对面的修鞋摊缝好了鞋，一共花了5角钱。下午，她用小手攥着温热的1元钱递给我，高兴地说："付老师，妈妈真的没有批评我，她让我把修鞋钱给您。"我握住她的小手笑着说："你不是说付老师像你的妈妈吗？你回家把钱给妈妈，告诉她这双鞋付老师给你修。"从此，小婕和我更亲近了，人也比以前开朗了。

有一次，学生给我带了几个苹果。要放学时，我悄悄地叫住了小婕，趴在她耳朵上小声地说："小婕，付老师给你一个苹果，你拿回家吃好不好？""好！"我分明看到她小脸上洋溢的幸福。她把苹果放进书包，欢快地走了。晚上，她妈妈打来了电话，说放学时看见孩子一蹦三尺高地向她跑去，一路都在说着付老师如何喜欢她，她有多么爱付老师，我的心里瞬间被爱包围了……

爱，像空气，每天都在我们身边，我们的生活不能缺少它，它的意义已经融入生命，成了生活中不可分割的一部分。因为老师的爱，小婕的脸上有了灿烂的笑容；因为老师的爱，小婕的心里充满了阳光。她变了，再也不是从前那个忧郁的小姑娘了。2018年的暑假，高考结束的小婕被山东大学录取。她来我家看望我，细数我的爱对她性格和心理的影响。还有一些在我看来更微不足道的小事，孩子却一直记在心里，对我充满了感恩。

没有爱就没有教育。爱是一种感受，是一种信仰，是一种追求……我无法用准确的文字形容爱的定义，但是我知道，拥有爱的人，付出爱的心，人生必定是充实而无憾的。

细微之处显身手

青岛西海岸新区育才小学　闫丽丽

时间在忙碌中悄然而逝，半个学期的教学工作随着大单元过关的结束而落下帷幕，随之而来的是反思带来的系列困惑。

踏上教学工作岗位已经 20 余载,我很清楚,教学工作一分耕耘一分收获。除了平日的认真备课、上课、批改之外,学生方面很多是我们所不能把握的。可令我不解的是:有些题反复讲,反复练习思路,一换数,又不会做了,问题出在哪里?是我的方法不合适还是学生没有理解,没有认真听?我知道,班里很多孩子年龄上稍小一些,但也不至于跟前几届学生差很多啊……

正当我困惑不解时,一次偶然的机会解开了我心中的疙瘩。那是一节体育课,我让孩子们分散跳绳练习时,有个孩子拿着改错过来让我看。题目是这样的:"一根木头要锯成 8 段,每锯一次需要 6 分钟,锯完这根木头需要多少分钟?"这样的题,我讲过好多遍,而且为了让孩子容易理解,我都是采用画图的方法,让学生理解锯成 8 段需要锯几次。这也是思考的关键点。而这个孩子的答案是 48,很明显,她把 8 段当成 8 次了。再看看她画的图,则是把锯的次数当成段数。于是,我问她:"你这是锯了几次?""8 次。""你数数。"她愕然,不敢动了。很显然,她被问蒙圈了。

我拿过笔,在纸上画了一条线段:"这是几条线段?"孩子弱弱地回答:"8 条。"我无语,接着在线段上切了一刀(竖着画了一条线):"这是几条?"孩子不再说话。我明白了,她对于我问的问题根本不理解。正当我不知该怎样教时,一个孩子拿着一段树枝玩耍的镜头映入眼帘。我灵机一动,跟围着看热闹的几个孩子说:"谁给我找根树枝?"几个孩子很快从操场边上找到了一根小树枝。

我拿过树枝,问:"这是几根树枝?"那个孩子说:"1 根。"我用手一掰,树枝一分为二,"现在呢?""2 根。"我问:"几段?""2 段。""我掰了几次?""1 次。"于是我继续掰,孩子们在一边数着段数"3、4、5、6、7、8。""想一想,我掰了几次,这树枝就成了 8 段了?"那个孩子不假思索地说:"8 次。"另一个孩子说:"7 次。"一看还是不理解,我就把掰开的树枝摆在地上,让那个孩子数数我掰了几次。这一次,她明白了:"7 次。"看着她恍然大悟的样子,我也顿悟了。这么多年来,总有一部分孩子对于画图不理解,原来问题出在这里。这细微处的发现让我如获至宝:孩子屡次出错是有原因的,只有找到她的"症结"所在,才能突破难点。

参与了才有效

青岛西海岸新区育才小学　闫丽丽

开学两个周了,有些孩子仍然我行我素。小轩上课不是画画就是玩,从来不听;晓航总是"两耳不闻窗外事",一心只干"自己事"。虽说刚入学的孩子应该学习兴趣浓厚,但因我行我素的大有人在,课堂参与度并不太高。如何调动孩子的积极性,成了我的心事。

昨天,送孩子放学时,家长的谈话给了我灵感:小轩集体荣誉感特强。在幼儿园时,为了不给班级拖后腿,他利用别人玩的时间学跳绳,放学时,袖口因擦汗而湿透。我被孩子的认真与强烈的集体荣誉感感动的同时,想到了提升学生参与度的方法。

今天,一上课,我就以男女生比赛的形式调动孩子参与的积极性。"看看咱们男生还是女生集体荣誉感强。表现好的个人加星,集体也加星,最后谁赢了,全体成员都加相应的星星。"刚开始有的孩子似乎还不在乎,但一看到我动真格的,随时把男女生的得分、扣分记录在黑板上,就开始争先恐后地举手回答问题,小眼睛始终盯着我,唯恐我判他表现不好。连小轩都坐得端端正正,争着抢着回答问题;晓航也唯恐落下;小军基更没得说,眼睛炯炯有神。全班孩子的积极性完全被调动起来了。当男生仅仅以1分领先于女生时,每个孩子给自己鼓起了掌。下课后,孩子们围在红星榜前数着、比着……

这次普通的课堂竞赛,不但让我找到了提升课堂参与度的方法,而且更重要的是让我打通了培养孩子集体荣誉感的渠道。

表扬电话

青岛市即墨区德馨小学　孙　岩

很多学生家长一听到老师打来的电话,心里便会"咯噔"一下:孩子在校又惹祸了!因为老师给学生家长的电话一般是"告状"电话。

老师给学生家长打"告状"电话,目的是想和家长一起教育学生。这看起来合情合理,甚至被认为是有责任心或对学生负责的表现,但其结果又如何呢?往往是收效甚微,甚至适得其反。因为通过电话,学生家长很难详细了解实际情况,一听到老师因孩子有错而找到自己头上,自然会又急又恼,对孩子的教育就很难掌握好分寸,有的甚至会棍棒相加。因为现在的孩子的逆反心理特别重,所以,电话打得越多,学生就越不听老师的话,总和老师对着干,变得越来越难教育。基于以上认识,在多年的班主任工作中,我从不给家长打"告状"电话,而是打了很多表扬电话。当学生(特别是后进生)取得一点成绩时,就给家长打一个表扬电话。小宗同学今天早读很认真,小李同学主动帮助同学收拾橱柜,小宝同学今天午睡很安静……我越想让学生往哪个方向进步,就越抓住他在那个方面上的点滴闪光,打电话或者语音微信给家长。可以肯定,这些表扬电话一定会通过家长被学生知道。实践证明,给家长打表扬电话,会对学生产生意想不到的效果,有时简直就像一剂灵丹妙药。

小棒真棒

青岛市即墨区北大附属即墨实验小学　李晓宁

热爱学生、诲人不倦是教师的基本道德,这要求教师能够爱岗敬业,全身心地投入到教书育人当中。

2011 年,是我走上教师岗位的第二年,接了个新班,小棒是让我印象最深刻的一个孩子。开学第一天,我就在教室门口焦急地等待已经迟到的几个学生。当他们满头大汗地跑到我面前时,我悬着的心终于落地了。他们依次坐好后,我发现还有一个座位是空的。刚想给家长打电话,一声"报告"让我放下了手机。我走到他面前问了他的名字。"小棒!"他回答得很干脆。但我完全没有听进去他的回答,目光停留在他的脸上,这是一张小花猫似的脸。我忍不住地问他:"你早晨起来没有洗脸吗?"他立刻低下了头,我突然觉得自己伤害了他的自尊。接下来我没再多问,悄悄地将他带到办公室,给他打来水,要求他洗干净再进教室。第一次见面,小棒让我觉得他是个爱睡懒觉的孩子,以至于早晨起来晚了连洗脸都来不及了。

可是,第二天的小棒依然如此,还是一张小花猫似的脸就来到了教室。我有些生气,将他叫到办公室谈话。一番谈话下来,原因真的就如同我想的那样,早晨起来太晚了,以至于没有时间洗漱了。我跟小棒谈了讲卫生对于一个人的重要性。小棒保证了以后早晨起来一定要洗漱。第三天的小棒真的干干净净地来到了学校。可是这张干净的脸只维持了一周,又恢复了原来的样子。当然，这样一张小花猫似的脸让小棒在班里没有什么朋友，大家都觉得小棒很脏，不愿意跟他玩。小棒也总是独来独往。我看到小棒这样有些担心他，于是我决定去小棒家家访。

来到小棒家之后，我看到的是一栋普通瓦房，瓦房的前后都有一个院子。一进前院，扑鼻的臭味让我忍不住后退了几步。小棒的爸爸一瘸一拐连忙出门来迎接我。看到这样的情景我有些揪心，但还是微笑着跟小棒的爸爸打招呼。说明来意后，小棒的爸爸领着我来到后院，后院里养了一院子的羊，而小棒正忙着在给羊挤奶。原来小棒的爸爸妈妈在他二年级的时候遭遇了车祸，妈妈去世，爸爸成了残疾。这样的家庭变故，也让小棒不得不改变。每天放学回家，当其他孩子在家长的陪伴下忙着写作业时，小棒却在羊圈里挤羊奶，打扫羊圈，等爸爸将新鲜的羊奶送完回家，他还要帮爸爸做饭。所有的事做完后小棒才开始写作业，这时经常已经夜里十点了。爸爸说有很多次看见小棒写着作业就睡着了，他不忍心叫醒他，就直接把他抱到床上去睡觉。到了早上小棒发现作业没完成，就开始抱怨爸爸。听了小棒爸爸这些话，我开始心疼小棒，同时也更加喜欢小棒了。我在心里想："这样努力懂事的小棒，我一定要让他在学校里更开心，更优秀。"于是，我在办公室为小棒准备了一整套洗漱用品，同时也准备了一些小零食。我想，小棒肯定也没有时间去买零食。一段时间的接触后，小棒跟我聊天的话题也渐渐多了起来。课堂上，我把更多的目光投给了小棒，小棒也没有辜负我的期望，越来越自信开朗。在学校的故事比赛中，他获得了一等奖的好成绩，为班级争了光。同学们看到了小棒的改变后，也开始主动找小棒玩游戏。好几次，我从办公室的窗口看到了小棒开心的笑脸，我心里默默地说："小棒真棒！"

作为班主任老师，我们必须有一颗爱心。只有热爱学生、设身处地地理解学生，帮助学生，才会从各方面了解清楚学生的情况，才能使学生积极、主动地去接受教育。孩子的进步和转变也让我从中体会到一种特殊的幸福。

冷一冷，也是好办法

青岛市即墨区北大附属即墨实验小学　李晓宁

"小时候我以为你很美丽，领着一群小鸟飞来飞去……长大后我就成了你，才知道那间教室，放飞的是希望，守巢的总是你……"今年我守的是一群刚刚进入小学的一年级新生。面对这些天真可爱的小脸蛋,我就在心里对自己说:"一定要多一点耐心、童心、爱心。"他们就是我的孩子,我就是"家长"。也许是有了这样的想法,我时刻关心着他们在学校的各个方面,甚至他们离开学校后回到家的表现我都关注着。

　　小宇是个比较聪明大方,但也比较自我、爱耍小性子的孩子。一年级大多数的孩子表现欲比较强,课堂上他们回答问题时,那迫不及待的小表情让我很高兴,同时也比较苦恼。小宇就是表现欲特别强的孩子,我每次在课堂上提出问题时,总是能看到他高举的小手。面对这样的孩子,我们通常会尽量满足他回答问题的欲望,但小宇让我苦恼的是当他举手你没有叫到他时,他会很不高兴,继而趴在桌子上大哭,影响了自己和其他同学接下来的听课。于是,小宇成了这学期第一个我课下谈话的对象。谈话中我首先让小宇去数了一下我们班一共有几套桌椅,让他知道和他在一起学习的还有很多同学,课堂是大家的,要有集体意识。小宇似乎懂了,接下来的两天没有出现课堂上哭闹现象。但时间一长,小宇的"老毛病"又犯了,我发现课堂上的小宇越发兴奋了,而且课堂纪律也变得越来越差。我想,他的表现是不是由于我对他的课堂情绪过于关注和保护有关呢?于是,我想冷处理一下小宇的课堂情绪。第二天的课堂上,我提问时有意没有叫小宇起来回答问题。小宇依然不高兴地趴在桌子上哭了起来,我像没看见一样继续讲课,而且有意把游戏环节提前了,大家的游戏热情也没有让小宇停止哭泣。下课铃声响了,看到其他孩子像小鸟似的围在我身边问东问西,我忍不住看向小宇,以往这种情况他可是最欢快的那一个啊!小宇啊小宇,总有一天你会知道老师的用心的。接下来几天,课堂上我没有一次叫到小宇,小宇也从开始的哭泣不满变成不高兴地噘嘴,再到他的眼睛开始关注别人回答问题,有时也跟随其他同学为发言的同学鼓掌。看到鼓掌的小宇,虽然铃声已经响起,我还是叫了小宇的名字。他愣了一下,站起来回答了和刚才同学一样的问题,得到了全班同学的掌声。下课后,我再次将小宇叫到了办公室,告诉他这几天老师课堂上对他冷淡的原因,小宇听了,忍不住说:"老师,我以为您不喜欢我了呢!"我摸着小宇的头说:"傻孩子,老师不是说过吗?在学校我就是你的妈妈,哪有妈妈不爱自己的小宝贝的?只不过有时候小宝贝犯错了,妈妈得想办法让小宝贝明白并改正,成为更棒的宝贝!"小宇点点头说:"老师,您放心,我一定会做好的。"

做护花春泥　培杏坛馨香

青岛湘潭路小学　梁　燕

　　龚自珍在《己亥杂诗》中有两句诗写得好:"落红不是无情物,化作春泥更护花。"自从走上了班主任的工作岗位以后,我便完成了由汲取知识后的"落红"向护花的"春泥"的转变,将学校习得的知识转化为营养给予我的学生,呵护着每一个孩子健康快乐地成长。我可以问心无愧地说,在这一方杏坛之上,我用真心哺育了一片桃李,用爱为孩子们撑起了一片蓝天。

一、心手相连,让"爱"常伴左右

　　"班主任",顾名思义,你所要主持的是一个班的工作,而这个班的主要组成部分是一群天真可爱的孩子。他们从家庭来到这个新的集体,有太多的相同和不同:他们同样干净、同样天真,但是由于来自不同的家庭,所以,在他们身上,就会有这样那样千奇百怪的小问题。通过自学儿童心理学的相关知识,我知道了一点:孩子的年龄特点使他们不自觉地在游戏中流露出本性。于是,每个课间,我都会和孩子一起度过这十分钟的快乐时光,请他们教我玩游戏,和他们一起打鸭子,在和孩子玩的过程中发现孩子的小性格,针对孩子不同的性格解决在其身上存在的问题。在我接班的第二年,班上有个叫安琪的女孩子引起了我的注意。短短半个月的时间,她的成绩骤降,几次谈话她总是冷冷地对我。直到有一天晚上,安琪的妈妈焦急地告诉我安琪还没有回家,放下电话后我马上打车赶到安琪家和她的妈妈一起寻找起来。终于,晚上九点多,我们在她家附近的小花园找到了她,安琪拒绝妈妈的安抚,一下子扎进我的怀里。我把她带到一个相对暖和的楼道里,搓着她的手听她讲这些日子的委屈。一番长谈之后,我和安琪成了无话不说的朋友。我了解了在安琪的生活中哪些地方是不能触碰的软肋,在日后的教学中尽量避免并帮助安琪树立自信,同时,通过与安琪妈妈的沟通,帮助安琪构建起一个安全的成长空间。如今,安琪已经升入初中,这两年我总是能收到她寄来的祝福卡,字里行间流淌的,是属于我们的"爱的秘密"。有了安琪的事例在先,在以后的教学中,我更加注重对学生的心理引导。如今的孩子独生子女居多,他们受尽万千宠爱,在学校中多少会显得骄横一些。为了更好地引导孩子,我考取了全国三级心理咨询师资格证,以便更好地开展班主任工作,用爱的名义,常伴孩子左右。

二、家校合作，让"情"感动你我

　　班主任工作离不开家长的支持，尤其在举办相关的活动时，家长是否配合甚至会影响到事情的成败。班主任和家长之间的关系，也是班主任工作中的一个难点。多年的班主任工作，我接触了上百名家长。我深深地感受到，每一位家长对班主任都充满了尊重、信任和感激。的确，当家长把孩子托付到你的手上时，交出去的是一家人的希望。我们做班主任的又怎么能辜负这满含深情的嘱托呢！于是，每当孩子们在学校中出现问题，我总是第一时间联系家长，了解孩子家中最近是否有什么变故影响到孩子。起先，家长们会因为我是班主任有所顾忌，当他们渐渐明白我所做的一切都是为了让孩子能够有一个和谐健康的成长环境时，开始对我畅所欲言。而我也会用自己所学到的心理学知识，帮助家长们分析现状，希望家长们能找到问题的症结所在并及时调整。日子一长，家长们便愿意和我交流，会主动告诉我孩子在家里的一些表现，而我也会结合孩子的表现在学校对孩子进行引导，通过家校合作，为孩子构建积极向上的成长空间。在我做班主任的这些年，每年的元旦我都会给家长送出一张贺卡，贺卡的内容由自己亲自来写。字迹虽不是飘逸洒脱，却凝聚了我对家长们的感谢，家长们也感受到了我的真诚。因此，每次学校举行活动，我总能得到家长的大力支持。"六一"儿童节，我们需要为孩子们制作一些体现低碳环保理念的衣服，家长们就主动承担下来。起初我担心会给家长们增加负担，或者家长们因为工作太忙而应付了事，没想到当一件件环保小衣服拿到学校来时，受到了老师们的一致好评。当老师们知道这些衣服是家长们自己做的时，大家更是感慨我和家长们的关系处得好。只有我自己知道，我和家长们之间的情谊，是来自彼此的真诚。

　　班主任工作是一部书，我会如饥似渴地阅读这部让我受益终生的书。我愿做苏轼笔下穿林的行者，在杏坛中吟啸徐行，用真心爱心培杏坛馨香一片。

护犊有理，班级有爱

青岛湘潭路小学　梁　燕

　　亲爱的班主任老师，不知道你有没有这样的经历：自己班的学生，作为班主任，咱们怎么管、怎么说都没关系，但是在别人提到自己的班级时，若言语中有贬低之意,一定会据理力争。或者你会认为,我这是"护犊子"的表现,或者,有这样的成分在当中,而直到那天早晨,我才对这种所谓的"护犊子"有了全新的解释。

有人说,现在的孩子越来越不好教了,我承认有一些道理。尽管我所在的学校外来务工子女较多,但处在现在这个衣食无忧的时代,谁家的孩子不是"公主、少爷"呢?每次放学时间,总会发现,自己拿书包的孩子少之又少,不管是爷爷、奶奶,还是爸爸、妈妈,见到孩子的第一件事,一定是接过书包背在自己肩上。尽管学校三番五次地强调,已经将孩子的书包"减负"到只剩下语文、数学书,尽管老师三令五申地强调,要自己的事情自己做,但是,统一放学的时间,命令会被溺爱的洪流冲击得荡然无存。

在一年级的接送区,有个小小的身影会引起家长们的注意,那便是我们班的小雅,她的弟弟也在我们学校的一年级。所以,每天放学,她总是第一个跑出教室的门,急匆匆地去等着弟弟放学。偶尔聊天,小雅会告诉我,她每天早晨都会送弟弟上学,爸妈在市场卖菜,照顾弟弟的责任就给了她。我由衷地感觉到这孩子的不易,所以,只要是我来上下午的最后一节课,就从不拖堂。我要给小雅充足的时间等弟弟,而不是让她忐忑地担心弟弟是不是已经走了。

故事发生在那天早自习,已经过去十分钟了,小雅的座位上只有书包,却不见人。问了班长,班长告诉我,小雅被弟弟班的班主任叫走了。我先是一愣,强调了早读的纪律后,便往小雅弟弟班走去。远远地,我看到一高一矮两个孩子站在教室门口,小雅弟弟的班主任刘老师表情严肃地说着什么,而小雅软弱地抽泣着,我赶忙加快了脚步。刘老师看我走来,似乎找到了同盟:"梁老师,你来得正好,我正准备带着他们去找你。""哦。"我走到近前,先把小雅拉到我身边。"你们班小雅快把她弟弟惯坏了。"我低头看了看小雅,孩子的脸上挂着泪水,低头不语,而她的弟弟怯怯地看着姐姐,什么也不说。"一年级上了一学期了,还非要姐姐给送进教室,要不就不上学,你说,是不是一身的'臭毛病'?就是让他姐姐给惯得。"刘老师愤愤不平地说,又一次瞪了小雅一眼。"这俩人,不都是孩子吗?"我说,"刘老师,你可能不知道他们家的情况。""哦,"刘老师的情绪缓和了一些,"你这么一说我倒想起来了,这学期的一对一家访,我的确还没走到他们家。"我微微一笑,把刘老师拉到一旁,"小雅不容易,我不是护短,这孩子,顶上半个妈妈了。""哦?"

刘老师疑惑地看着我，随后，我把小雅日常照顾弟弟替父母分忧，如何在完成自己的学业之后又辅导弟弟的功课向刘老师一一道来。刘老师不时看向小雅，又频频点头。我想，她明白了这对姐弟间的情感，那不是娇惯，是一种安全感。之后，刘老师没有再说什么，只是把弟弟叫回班级，而我，牵着小雅的手，慢慢地往教室走。

一路上，小雅努力地擦干脸上的泪痕，她不想让同学们看到自己流泪的样子，我忽然心疼起这个姑娘。快到教室了，小雅忽然站住，把小手从我的手里抽出去，小声说道："梁老师，谢谢您。""谢我什么？"我努力让现场的气氛不要太尴尬。小雅想了想，认真地说："谢谢您懂我。"说完，就径直跑回班，留我一人陷入深深的思考之中。

我明白了，为什么班主任不太愿意让别人对自己班的孩子指手画脚，因为，只有班主任才最懂自己班的孩子！试问，哪一个班主任不是对自己班的孩子了如指掌呢？我们学校的小王老师有一本生日日历，上面记录了班级每个孩子的生日，她会在孩子的生日当天，为孩子做一个小小的蛋糕，而孩子的生日甚至连孩子的父母都会忘记。小韩老师今年刚接一年级，每天都会给孩子做不同的姓名贴，为的是让孩子对第二天的学校生活充满期待。小栾老师把那个流着鼻涕的女孩带回自己家，外人都想不通，因为没有人知道，那几天孩子的妈妈手术，全家人都在医院忙前忙后，家里无人照顾她。这样的事，相信每个班主任心中都藏了不少吧。正是因为这份了解，这份细致入微，才会有所谓"护犊子"的表现，或者，我们应该把这种行为称为"师爱"。那么，亲爱的班主任，你愿不愿意加入以爱为名的"护犊大军"中来呢？

班主任的幸福

青岛市即墨区通济八里庄小学 李永磊

白驹过隙，弹指间，我已在班主任的岗位上工作了20多年。我真正地在现实的直接接触中体味了教师这一职业。身为班主任，我们比旁人更能体会到这一职业的各种滋味，有苦有辣，有酸有甜，更多的还是付出后的甘甜与幸福。高尔基说："谁爱孩子，孩子就爱谁，只有爱孩子的人才会教育孩子。"

一、会爱的智慧

我从小喜欢当"无所不能,无所不知"的老师。记得小时候的一首童谣——"幼儿园像我家,老师爱我,我爱她,我说老师像妈妈,老师夸我好娃娃",短短的几句童言稚语却蕴含了深厚的师生情。工作后,我打心眼里喜欢我的学生,在我的抽屉里,总是常备润唇膏、卫生纸、香皂、护手霜、皮筋儿、梳子等。当学生遇到困难受到委屈时,总爱向我倾诉,对我充满信任与友好。当他们快乐时,手舞足蹈,好像一群小鸟叽叽喳喳地围绕在我身旁,眉宇间飞扬的神采感染并传递给我,我同他们一起说笑。只要你是真心地和他们在一起,你就会忘了自己的年龄,忘了自己的身份。孩子给你的是再也找不回来的童年。请学生帮忙做事时,我总会笑着对他们说"谢谢"。每天清晨孩子们向我问好,我总会向他们点头示意。我愿意像李凤遐老师那样"选我所爱,爱我所选"。

怎样对待后进生是每个班主任都要面对的问题,处理好了可以使班级工作顺利开展,取得很好的效果,处理不好只能使问题复杂化,更难以解决,甚至正常的班级工作也不能顺利进行。因为我每次接的班额都比较大,后进生也相对多一些,转化工作也比较困难。我始终坚信每一个孩子都有一颗向上的心,我们班主任尤其要给后进生以更多的体贴、关怀和帮助。只有把满腔的热情倾注到学生心坎上,使其感到老师的爱心和善意,才会引起师生双方内心的共振和共鸣。当他们犯了错误时,要心平气和,以诚相待,切忌动辄粗暴地训斥、讽刺、挖苦,甚至是体罚。要知道,班主任哪怕是一丁点儿不经意的讽刺、嘲笑乃至冷漠,都会严重伤害学生的心灵,泯灭学生积极进取的火花,甚至造成严重的教育失误。我总是努力做到学生犯了错误不急躁,问题严重不嫌弃,屡教不改不灰心。只要有耐心,进行正确的教育引导,他们一定会重新找回自我,获取克服缺点的勇气和信心。我总是让班级中那些"问题孩子"参与班级管理,谨慎选择他们某一方面力所能及的工作,如擦黑板、关门窗,为他们提供能展示自身价值、树立自身形象的舞台。当他们一有成绩,哪怕是一丁点儿的,也要及时地当众鼓励表扬。有人说赞美如阳光,获得老师的肯定和赞美是学生的心理需要。凡是聪明的老师都不会吝惜对学生的赞美。这样做可以使后进生重新找回自我,从而促进他们思想上的进步和学业上的成功。老师只要能够树立起"一切为了学生"的理念,时时注意留给学生宽容、真诚、自尊,后进生一定能转化。

班主任的威信和尊严绝不是严管出来的。无数事实证明,学生最尊敬和爱戴那些真心爱护、关心帮助、真正理解他们的老师,因为学生是有感情、有自尊、有理智的活生生的人。我所教的班级一直使用"班级日志",孩子们有什么心里话都可以在本子上和我交流,如对班干部的看法和意见,对某个同学的看法,对老师的看法和意见,对班级工作的建议。读着学生们的内心独白,看到他们读到我的回复后的喜形于色,心中有一种说不出的成就感。

二、被爱的收获

我爱我的学生,我的学生也同样爱我。每次上课前总有好几个人争着问我要拿什么作业本,用不用优盘,是否需要打开电脑……下课了,一句句"老师,我帮您拿书""我给您捶捶背""我帮您拔拔白头发"……节日里,一张张亲手制作的祝福贺卡,虽然字迹稚嫩,但那一颗颗纸叠的小星星,整整齐齐地摆在心形框里;被摸得铮亮还带着温度的苹果,让别人交给我;感冒了,嗓子生疼,说不出话来,第二天孩子熬的梨汁悄悄地放在了办公桌上;清晨刚到学校,手冻得有点僵,忍不住搓了搓,几天后,孩子跑过来说送我一个暖水袋好暖暖手……

记得休完产假刚回来,以前的孩子们围着我,有的说想我,有的拉着我的手哭起来,甚至说要他妈妈去找校长,请求我继续教他们。我笑着摸摸他们的头,激动得眼里噙着泪,心里的幸福比蜜甜。

时光依然匆匆,但平凡的日子会因为有孩子们的真挚情感而更加流光溢彩。班主任是幸福的,在会爱的智慧里,在被爱的收获里。

需要一双发现的眼睛

莱西市月湖小学 杨 艳

每当学校公布完一年的教学安排,老师们见面经常会问上一句:"你今年当班主任吗?"问的和被问的相视一笑,大家就明白了。

刚开始工作,总听有班主任抱怨:"当老师真累,当班主任更累。"当时我在心里想:"真的有这么累吗?"慢慢干得时间久了,的确感受到小学班主任很累,当然这其中也有甜。

做班主任要学会苦中作乐。班主任面对着教学压力、家长给的压力、学生在校管理的压力,回到家还要面对家长电话、微信的轰炸,每天就像一个陀螺,不停地旋转着。如果你不会苦中作乐,如果你不带着一双发现新事物的眼睛,那么你每天一定是郁闷、难受、压抑的。

作为班主任,我们都会发现班级中总有那么几个不管你怎样教育都不上进的学生。这时我们就要拿着放大镜去发现学生的优点,多进行表扬。比如,我班中有一个孩子,学业平平,特别爱捣乱,上课总也坐不住,对其怎么教育都不行。有一次,我跟一个在特教工作的家长聊天,无意间听到这个孩子每个周日都会在妈妈的带领下去做义工。听到这里我很高兴,原来每个孩子身上都有他的独特的闪光点。这个闪光点能不能改变孩子呢?于是,我利用周一升旗回来总结的时间对他进行了隆重的表扬,并且给他发了奖励,鼓励孩子们都向他学习。这孩子羞涩地低下头。那节课他小腰板坐得很直,头一次认真地听完了一节课。我又顺势对他进行了表扬,鼓励他一直坚持下去,同学们也给他鼓掌。下课后,很多孩子都围着他,问他做义工的事,他也高兴地为同学们解答,有好几个同学还约定下周跟他一起去做义工。从那以后,我发现这个孩子变了,虽然上课有时还是坐不住,但是老师一提醒,他就能坐好,而且他听课的眼神也变了。在他认真听课的时候,我能从他眼睛里看到求知的欲望。

这样的孩子总会给烦闷的班主任工作增添一些新意,这些新意也是班主任工作的动力。当然,这些动力需要我们自己发现,并且加以利用,变成我们班主任工作的乐。

第四章

成长篇

第一节 培训心得

三月春早，"红叶"这边独好

——青岛市张红名班主任工作室启动

2017年3月15日下午，青岛市张红名班主任工作室如期启动。来自全市九所不同学校的工作室成员齐聚一堂，在即墨区长江路小学录播教室举行了第一次全体会议。长江路小学朱美英校长、朱福山主任、刘振老师以及长江路小学名班主任工作室的全体成员参加了会议。

朱校长首先致辞，向工作室的成立表示了热烈的祝贺，勉励老师们相互学习、共同提高，确定专题、深入研究，争取在班主任工作实践中有创新、有收获、有成功的经验，并把研究成果进行推广，创出岛城乃至齐鲁班主任工作品牌，惠及更多的班级和孩子。

张红老师对本班主任工作室"做学生喜欢的班主任"的核心理念进行了说明，提出了设计工作室徽标、丰富班主任工作室文化的要求，接着传达了工作室实施方案。全体工作室成员针对实施方案进行了交流研讨，最后修改定稿。接下来，张老师详细传达了青岛市教育局要求的常规项目，还组织大家讨论研究了工作室的自选项目。每个工作室成员都明确了工作目标、研究方向，大家对工作室充满了期待和信心。

会上最精彩的部分就是人人分享自己的班主任工作案例，特别是每个人亲身经历的真实而感人的教育故事。大家在交流中围绕着班主任工作的心得体会畅所欲言，相互补充，取得了共识，拉近了距离。大家一致认为，这种形式可以作为工作室的一个特色项目在每次集中研讨时都保留。

最后，张老师做了本次会议的总结，并提出要求，希望大家沉下心来，善于思考，勇于创新；静下心来，勤于动笔，乐于分享；争取在三年周期内，人人有收获，人人有成果，人人成为有自己特色的岛城名班主任，进而带动身边一大批班主任的专业化成长。

三月春早，"红叶"这边独好！

祝愿青岛市张红名班主任工作室历久弥香，"红"动岛城！

附：成员感言精选

青岛市即墨区德馨小学孙岩：很幸运，我成了青岛市名班主任工作室中的一员，更幸运的是分在了张红老师的工作室里。张老师是一名很优秀的班主任，先不说她丰富的班级管理经验让我们佩服，单是那份亲和力就深深吸引了我。

今天，我参加了张红名班主任工作室启动仪式，认识了更多来自青岛各个地区的优秀班主任。启动仪式上的班主任经验交流环节，我又学习了他们的管理办法。一个个鲜活的案例，一次次得当的处理办法，都让我感觉到自己的不足。

我们以前经常说，要给学生一碗水，必须保证我们有一桶水才行。可是，在听了老师们的交流后，我才知道，如果我们仅仅准备一桶水，那是远远不够的。我们要让自己变成一条流动的河才行。

教师要让自己变成流动的河，只有一条途径，那就是学习。学无止境，只有不断学习，才会和理念更高更新的专家对话，才会学到以前自己可能想也没想过的教育方法，才会越多地发现自己的不足，从而更有目标地学习。我们要走进同行的课堂，学习他们的教育智慧；我们要博览群书，学习更多与教学相关的知识；我们还要经常参与培训，学习先进的教育理念，丰富我们的头脑。只有这样，我们才不会就课论课，才会跳出自己的课堂，传授更多的知识给孩子们；也只有我们在课堂上讲出学生们不知道的知识时，学生们才会被我们所吸引。

青岛湘潭路小学梁燕：3月15日，一个很特殊的日子，它在向人传递诚信的同时，也把我们几个人聚集在一起，以班主任的名义，更是以爱的名义。

很荣幸能加入这个团队。想当初填写报名表的时候，套用一句广告中常见的话——"抱着试试看的态度"。的确如此，青岛市优秀的班主任多得是，我有何德何能呢？可是，就是这么一试，就让我成了团队的一员，有了成长的机会和平台。

第一次的见面会，很温暖，真好。张红老师与我心中名师的定义相比，更多了些人情味。老师们坐在一起，有似曾相识的感觉，却真真没有见过，这，就是所谓的缘分。因为"班主任"这三个字，我们相聚；因为"班主任"这三个字，我们同行；因为"班主任"这三个字，我们成长。

教研活动中，我受益良多的是最后的经验分享环节。团队里的老师个个身怀绝技啊。感谢老师们的不吝赐教,让我学会了"有好消息给家长打电话",学会了"作业接龙促使学生抓紧时间完成作业"。

班主任的成长,是漫长的。我庆幸能在这条道路上遇到你们,愿我们在这方热土上同行,共好。

青岛西海岸新区育才小学闫丽丽:2017年3月15日,一份憧憬,一丝紧张,伴我走进了即墨区长江路小学,参加青岛市张红名班主任工作室的启动仪式。张红老师的亲切、名班主任们的慷慨分享、校园的优雅洁净让我对班主任和教师工作有了新的认识。我期待着新的工作的进展,期待着自己在新的组织里学到更多,成长更快!

短短两个多小时的会议,拂去一路劳顿,让我"一贫如洗"的理论知识有了些许增长。我窃喜自己没有白来,庆幸自己能成为张红名班主任工作室的一员。认识这么多优秀的班主任,且能并肩同行,真的很幸福。一个个小故事的分享,点燃了我懈怠、浮躁的心。一份责任也悄落肩头:教育,需要用童眼观世界,用爱心润童心。而我,做得还远远不够。

教无定法。不同个体的教育方法不尽相同,同一副药未必能医得了同一症状的病。个别学生个别对待,赋予足够多的耐心与爱心,静候花开与悉心呵护是分不开的。

实际生活中,我们多数时间往往采用一刀裁的方法管理学生,而对个体的关注远远不够。如果能够给予每个孩子足够的空间与时间,他一定会在我们的精心呵护下茁壮成长。

可自己的惰性,曾让多少有效资源白白流失;职业的倦怠,曾让我得过且过。而今,一见一闻,让我重新找回人生努力的方向、奋斗的目标。"不忘初心"再次洗涤了自己的心灵,一份激情从心底燃起。

"路漫漫其修远兮,吾将上下而求索。"带上爱心与激情,进军2017,撸起袖子加油干!

不忘初心,奋力前行

青岛西海岸新区育才小学　闫丽丽

2017年3月31日,为促进班主任工作的发展,由青岛市教育局主办、青岛市普通中小学名班主任工作室承办的首期"启智"论坛在青岛创业大学隆重举行。本次论坛以"核心素养背景下的班主任工作透视与创新"为主题，由"蓝精灵"班主任工作室主持人、南京航空航天大学附属中学党委书记罗京宁老师，全国知名特级教师、山东省班主任专业委员会副主任郑立平老师，教育部"国培计划专家库"专家、北京教育学院迟希新老师，《新班主任》杂志社主编肖凡老师主讲，四位专家分别围绕《体验式班会的实践与创新》《名班主任自身专业发展与工作室的建设策略》《新时期班主任的核心素养与自主发展》《班主任的教育写作与专业成长》进行了交流。我们在张红老师的带领下来到会场，聆听了四位专家的报告，心灵再次受到洗礼，职业的道德感与责任感再次被点燃。

一、不忘初心，奋力前行

罗京宁老师的分享，开启了新的班会模式，同时又不失教育作用，给我们耳目一新的感觉。无论是"吸管穿越土豆""我们一起走过的路""气球之轻，生命之重"，还是"一分钟鼓掌"，这些体验式班会形式都让我对班会有了新的认识，对人生的价值有了新的思考。许多时候，我们的班会往往以说教为主，学生是聆听者与执行者，而学生"走心"与终身教育的作用很小。多年后，谁会记起曾经的一节班会课？但一节别开生面的体验操作式班会，学生在亲身经历中感悟，在课后延伸的教育，会让他们长期记忆犹新。这远比我们千百次的唠叨、叮嘱效果好。"润物细无声"的无痕教育扎根于学生心底。无论是哪一个名教育家都有着一颗爱心：爱自己的孩子是本能，爱别人的孩子是崇高，爱后进生是天使。而我，做得还不够，需要继续努力，做好自己，爱每个孩子。

二、点燃内心动力

郑立平老师的分享，让我们认识到如何从技术走向智慧，从职业倦怠走向快乐。一个人如果内心不需要，别人无法让他自愿接受，正如无法唤醒一个装睡的人一样。只有自己找到合适的着力点，找到其中的乐趣，才能超常发挥，超越自己，甚至"撬起地球"。只有此时，我们的船票才不至于过期，才能登上现在学生的新客船。这让我想起了挖菜的事情。从小走过多少遍的山路，原以为可以轻车熟路。但当我顺着记忆中的小路前行时，被突如其来的高高的公路挡住了视线，翻过去的时候才看清，原来的路已被切断，记忆中的小路已不复存在。我面临着选择新路的"命运"，虽不至于迷路，但让我感慨颇多：以前还好好的路，怎么现在就这样了？这正如教育中，如果不学习,我们的旧船票就登不上学生的新客船了。所以,我们需要改变自己,才能推动教育。

三、做有情怀的班主任

迟希新老师的分享,让我从毛竹的魔法生长中领悟到:做一个有心人,注重积累,才能厚积而薄发。而教育,拥有了"热爱教育事业、喜爱自己班级、真心关爱学生"的三爱之心,教师的幸福感才会油然而生。这正如他所说:心中无佛的工匠雕不出有神韵的佛像;没有教育信仰的老师做不出有灵魂的教育。我们的显性与隐性教育对学生的一生有着深远的影响。看到李镇西老师笔下的宁玮,受他三年的教育,多年中虽经历过坎坷,可品质却一直不变,我深受感动。记起了自己一年级时,我的班主任在讲课时无意中后退差点跌落讲台,无知的我们哄堂大笑。老师告诉我们不要笑话别人的道理,我至今记忆犹新,并一直履行着。所以,做一个有情怀的老师,魅力自来时,就会应了那句"你若盛开,蝴蝶自来"。

四、积累反思,不断成长

肖凡主编对教育写作与专业成长进行的指导,让我明确了写作是班主任的基本技能和重要职业技能。肖老师告诉我们,班主任只有在经历了记录、梳理、反思后,才能形成自己的教育体系,自己才能成长得更快。我因为懒得记录平日的教育事件,所以,到写叙事、写论文时,总是挖空心思找素材。甚至有些以前做过的好的案例都随时间流逝了,失败的案例也因疏于总结、梳理而失去第一手材料。

会议在紧张而充实中落幕,我们通过听讲座明晰了前进的方向,找到了前进的动力。不忘初心,砥砺前行!我期待努力后能够收到"细雨湿衣看不见,闲花落地听无声"的效果。

盛夏的清风
——核心素养背景下班主任工作创新教育论坛

青岛西海岸新区育才小学　闫丽丽

2017年7月10日,张红名班主任工作室全体成员来到青岛实验高级中学,参加了由青岛市教育局、青岛市教育学会主办,青岛市普通中小学名班主任工作室协办的核心素养背景下班主任工作创新教育论坛。这次学习如盛夏中的缕缕凉风,带给我们清新、凉爽的感觉而又不失温馨,让与会的每位成员收获满满。

论坛上,青岛市名班主任工作室的五位主持人从不同角度分享了自己的家教及班级管理经验。

青岛二中的王合江老师以《构建家庭教育与学校教育互通的桥梁》为主题对以下问题进行了阐述:融合学校教育与家庭教育,打造班级命运共同体;让家长有价值地鼓励孩子,当教练陪伴孩子;相信自己进步的力量。同时,王老师给我们介绍了台湾地区家校共育的模式。王老师的分享、鼓励,让我们对家校共育的探索创新有了新的思路,为教育的发展拓宽了视野。

胶州市第六中学的徐道峰老师以《家校联盟,助推成长》为主题,给了我们班级管理方面的启示:无论是家校沙龙、家长会,还是家校实践活动,别出心裁而又富于理论指导的一个个案例,无不渗透着满满的爱,对教育的发展起到助推的作用。

铜川路小学的李曙光老师以《家庭合作是为了家校共育》为主题,通过分享自己教学经历中如何与一位"护犊子"家长的有效沟通,阐述了教育中如何处理与家长的关系。这样接地气的案例的处理,也让我们认识到班主任工作中拥有方法与技巧的重要性。

青岛第二实验初中的李忠荣老师以《自主管理,是我最好的遇见》为主题,分享了她在班级管理中尊重学生的主观能动性、让学生逐渐学会自主管理的措施。班级管理机制的支撑、细节的处理需要班主任的精心构思。

青岛一中的乔艳冰老师以《推动自主教育,实现自我成长》为主题分享了她在班级管理过程中从学生的情感入手,以特色活动为载体,通过科学的管理,让学生真正成为班级的管理者、参与者和学习者,从而创建优秀班集体的故事。

接下来,青岛市教科院的朱桃英教授给各位班主任老师作了一场以《做研究型班主任——班主任专业成长的必经之路》为主题的报告。她从班主任开展课题研究的意义、研究的基本要素、研究的步骤等方面进行了详细的阐述。

最后,青岛58中的王克伟老师以《心理健康教育在班级管理中的有效运用》为主题,激情澎湃地分享了如何在班级管理的过程中合理地运用心理学知识,把不足之处转化为积极思维。

短短三个小时的聆听学习,为我们今后的研究拓宽了思路,搭建了平台。我相信,只要围绕"培养学生的兴趣和爱好以及克服困难的意志和毅力"而努力求索,我们的教育一定会呈现出"映日荷花别样红"的景况。

教育的幸福源于接纳
——参加全国中小学教育名家班主任工作创新报告会有感

青岛市即墨区长江路小学　张　红

2017年10月22日、23日两天,我们工作室在青岛参加了全国中小学教育名家班主任工作创新报告会。两天下来,感觉不虚此行。

第一天上午,聆听了北京李梦莉老师的讲座,有一种耳目一新的感觉,其中对我影响最大的一点是"绝不抱怨"。想想自己,因为接了个极为特殊的班级,这两个月来有着太多的抱怨,而这种抱怨只会给师生之间带来距离感和怨恨心。20多年来,我头一次真正感觉到教育之路并不都是坦途。

反思自己,痛苦的根源或许在于内心深处缺乏对教育工作的完全接纳。教育的幸福源于接纳,无条件的接纳,接纳与自己朝夕相处的学生,接纳学生带来的一切事情。那就敞开胸怀,愉快地接纳学生吧,随时准备接受"问题"和"麻烦",相信每一个"问题"和"麻烦"的背后都蕴藏着情有可原的、独特微妙的存在意义。接纳学生,与之共情、共鸣,让自己成为他们的"自己人",静静等待幸福的降临。所以,我要不停地学,不停地问,不停地思,不停地行,坚信无条件的接纳和爱定能流淌成一条幸福的河。

第一天下午,南京芳草园小学的郭文红老师的讲座更是深深地打动了我的心。郭老师向我们讲述了她和"极品班"的"极品学生"之间的感人故事。她用自己的爱、自己的情、自己的智,和孩子们一起编织精彩的故事,让自己的生命和学生的生命相互交叠、相互辉映,同时也创造了自己的幸福生活。郭老师用自己的亲身经历讲述了千瓣莲的故事,吸引了在场的每一位老师。我们谁也不知道哪个学生就是一朵千瓣莲,内心孕育着无限的美丽和神奇，没有绽放是因为时机不成熟。我们做老师的，就该像荷花池的主人呵护千瓣莲一样，细心呵护学生，静静地等待着花开的那一刻。吸引我们的还有郭老师的"谈心本"，她引导学生发现生活中最感动的事件、最温暖的瞬间、最美好的情感，写下来，分享给大家，满满的正能量！

我的精神导师——李镇西也上场了。最喜欢他的一句话："让人们因我的存在而感到幸福！"他的主要观点是："朴素最美，关注人性做真教育；幸福至上，享受童心当好老师。"听李老师的讲座，就像经历了一场精神的洗礼。那就从改变自己入手吧，用一种从容平和的心态，潜心于自己的班级，醉心于自己的学生，努力超越自己、壮大自己，把一堆琐碎的日子铸成幸福的人生。

同心同行，做智慧班主任
——参加青岛开放大学第四期班主任工作论坛

青岛市即墨区长江路小学　张　红

2018 年 4 月 13 日，我们工作室全体成员来到青岛开放大学参加第四期工作论坛。

一进会场，就看到工作室成员梁燕正在忙碌，忙着拍照，忙着给我们摆放座位，心里一阵阵温暖。想到了前面的三期论坛，每一期，老师们都积极参与，以饱满的热情对待，认真学习，用心写感想，每一次整理档案的时候，我都很感动。这一次，感觉更好。准备很充分，一切都在从容地进行着。

上午，聆听了全国优秀班主任、黑龙江宝泉岭第二高级中学的王升江老师《精心设计班级德育模块，做好新时代班主任》的讲座。王老师文采飞扬，诗一般的语言，瞬间让我们感受到了王老师独特的魅力。印象很深的一句话是："有规划的人生是蓝图，没有规划的人生是拼图，而我们要努力把孩子的拼图做成蓝图。"讲座中，王老师为我们呈现了大量的实操技巧，工作室成员们细心聆听，认真记录，最大限度地汲取讲座中的营养。

接下来，南京师范大学学生心理教育与发展专业的曹晖博士为我们进行了积极心理学的相关培训。曹博士通过大量的图片直观地导入，深入浅出地帮助我们了解积极心理学,让我们明白积极心理学的重要意义:真正的教育基础来源于你自身所拥有的积极力量的识别与运用,来源于你自己对生活意义的理解与追求。学校是应用心理学的实验室,不与心理学相结合,则教育是没有希望的。教育教学实践证明,不懂心理学方面的知识,不懂学生心理活动规律,教育活动只是一种呆板、机械、低效的活动。积极心理学认为,积极是人类固有的一种重要本性,当我们转变关注视角,学会接受不快乐从而变得更快乐,一直保持积极心态,就会更好地做好班级管理工作,也会找到神奇的幸福处方。

下午,来自青岛市不同的名班主任工作室的优秀青年班主任进行了说课。青岛市市南区天山小学吕娜的《2028 的我,你好》,平度市李园街道西关小学崔伟华的《感恩父母,拥抱亲情》,青岛第二十七中学许嫚的《合作拼搏见彩虹》,青岛第一中学王岩的《手机,从他律走向自律》,青岛第十六中学韩滨的《追忆,传承,奋斗》,丰富的主题,多样的形式,让在场的班主任们大开眼界。工作室成员边听边反思自己的日常教学,对班会课的内涵与外延有了更深入的理解。紧接着,来自西安的杨兵教授对五位老师的说课进行了现场点评,为班主任如何有效地完成班会课现场把脉,对一节好的班会课该关注的几个方面进行了阐述。这让老师们眼前一亮,对自己今后班会课的设计有了明确的把握。

随后,杨教授进行了以《微班会课》为主题的讲座,为老师们打开了全新的视角。他提出班会课设计的六要素:运用恰当素材、捕捉教育契机、创设德育情景、增强活动体验、植入学科教学、开发利用微小时段;他还提出班会课设计要处理好的四个关系:选题要小,表述要新;素材积累要多,整合设计要少而精;体验和感受要真实;肤浅感受要少,要激发学生深入思考。老师们纷纷表示,要在自己的岗位上亲自实践,争取在微班会课领域能有所突破。

梁燕说:"一天的培训,内容充实,收获满满。老师们将带着满腔的新知回到自己的三尺讲台,将新知化作甘霖,滋养更多的学生。四月,花香未央,相伴未央,成长未央……"

这期论坛,带给我的不仅仅是学习上的收获,更有一种别样的幸福。我们九个人相遇、相识、相知,一起学习,共同提高,实乃人生幸事!

杏坛修行,有你们相伴,我很幸福! 班主任成长路上,我们同心同行,我们一起幸福!

教学相长,让"学"为我所用
——第三期论坛心得体会

青岛湘潭路小学 梁 燕

第三期的学习结束了,可以说,收获良多。尤其是杨虹萍老师的《特色班级文化,擦亮班级品牌》的报告,让我对自己的工作方向有了新的认识,也对之前的某些工作进行了反思。

班主任往往是一个班的主学科教师,我也承担了我班的语文教学。也许是因为我是班主任的缘故,我班的语文成绩总是名列级部前茅。在平日的教学中,我发现孩子们疯狂地迷恋一本名叫《阿衰》的漫画,不少老师也在课上没收过孩子的这本书。发现这个问题后,我并没有像其他老师一样大加指责,毕竟在没有完全了解事情前,我不想打击孩子们"阅读"的积极性。在一次班委会上,我向班委们了解了这本漫画的相关信息,随后在班上举行了以《书 输 术》为主题的班会。班会上,我要求孩子们每人拿一本书来与大家分享,我也给孩子们准备了一些书籍。可想而知,孩子们拿的以漫画居多。在给孩子充分的阅读时间之后,我来了个突击检测,检测的内容多为日常知识,那些选择了读我所提供的书的学生答题的正确率远远高于读漫画的孩子。于是,我对孩子们加以引导,告诉孩子们读书是件好事,但选择什么样的书来读尤为重要。一些好书可以成就好的学术,而一些不利于我们成长的书只会让我们输在人生的起跑线上。班会结束时,我给孩子们列出了"成长增味剂"健康书单,并用飞信联系家长,让家长从健康书单中选一本书送给孩子,希望得到家长的配合。在各位家长的大力支持下,我班的孩子基本以知识性强的书籍取代了漫画,班级中形成了浓郁的阅读氛围。

感谢杨老师的指引,也期待下一次的学习。

再续南京缘，重燃教育情
——南京行感悟

青岛西海岸新区育才小学　闫丽丽

2017 年 7 月 20 至 23 日，虽然酷暑当头，但与"风景旧曾谙"的南京再次相聚的激动一直冲击着心灵。而"2017 年深受欢迎全国著名教师、著名班主任报告会"的聆听，更使我对教育的激情燃烧不息。

三个会场同时进行报告，没有全部聆听的遗憾在专家们的成长故事中淡化，激情在不断撞击着我的心灵深处。

魏书生老师的幽默风趣，对人生的自信豁达，让我认识到他真的是一个"可学习而不可复制的老师"；孙学策老师退而不休的经历告诉我们，教育无小事，要善待每个学生；于洁老师用一个个经典案例把带班经历如数家珍般展现在我们面前，让我明白"天使教师"的真谛所在；李迪老师用丰富的事例告诉我们，用心理学知识攻克教育难题可以事半功倍；桂贤娣老师虽然一帆风顺，但她让我看到了一个成功老师的智慧是多么重要；刘俊萍老师的朴实演讲中透着一位实干老师的点点滴滴，真是一分耕耘，一分收获；王文英老师的多才多艺让我想到古代对"先生"的理解：上知天文，下知地理。这样的老师能不具有魅力吗？

虽然他们的演讲洋洋洒洒没有丝毫的忧虑，但这背后的酸与苦，只有他们自己深有体会。看得出，几乎每个专家都经历了"不经一番寒彻骨，哪得梅花扑鼻香"的过程，但他们对教育的那份执着、那份热情感染着在座的每一个人。

回望自己的从教路程，从懵懂的自信到职业的倦怠，再到惶恐的醒悟，20 年时光消逝于弹指一挥间。

记得刚毕业的那一年，我带着满腔热情踏入校园，用满满的爱关心爱护着每一个孩子。亦师亦友的生活，赢得了学生的爱戴，赢得了家长的认可。那一年，我体验到了教师的幸福。但随着地方的变换、世俗观念的影响、惰性的"疯长"，我的锋芒渐渐缩回，逐渐产生职业的倦怠。但庆幸的是，自己对学生的爱心不变，始终用良心鞭策着自己——不忘初心，对得起每一个孩子和家长。我一直尽力教育他们，但少了一份研究的动力。有时，遇到难解决的问题，能过则过，不再深究，更谈不上记录与反思了。只有当学校要求写叙事时,才在脑海中搜寻曾经的故事,寻找素材描述、反思。因此,许多鲜活的案例擦肩而过,久而久之就忘到九霄云外了。直到申报名班主任工作室成员时,才发现自己已经好几年没有写东西了,才发现自己的育人理论匮乏得可怕,浮躁的心难以静下来思考研究,以至于遇到有些"问题学生",我一时不知道用什么方法有效引导。例如,小浩的执拗让他经常把家长的暴力迁怒于周围同学身上,尽管沟通疏导了两年,但难以从根上切除,以至于去年短暂的离家出走。而另一个孩子小昊因特殊家庭的影响,经常因一句批评或同学的一句话语而跑出课堂,或公然大哭大闹,以至于任课老师对他不敢管……我很清楚,这已经牵扯到了心理问题,可因知识的匮乏我无能为力,只能摸着石头过河,渐渐引导。如果多一些心理学知识,或许问题的解决会好一些。

感谢每一次报告带给我满满的收获。但我知道,教育的学问是无止境的。要当好班主任,就得做到以下几点。

第一,遵循教育规律。正所谓千人千思想,万人万模样,很难用同一个方法解决不同的问题,需要根据学生的特点"对症下药",才能药到病除。

第二,拥有一颗爱心。"心中有佛,人人皆佛;心中有魔,人人皆魔。"只有自己拥有爱心,才能找到教育的幸福感。

第三,要有智慧。来自不同家庭的学生,拥有着不同的性格,多多少少带着家庭教育的影子。而许多时候,教育的过程就是跟一些孩子"斗智斗勇"的过程,需要教师的智慧,才能灵活解决。

第四,多积累,多反思。经验的提升就是专业成长的过程,而这一切需要我们多留心观察,在记录、积累与反思中成长。

相信只要有十年磨一剑的动力,就一定会有一朝试锋芒的机遇。

沉下心来研究,脚踏实地工作
——听魏书生老师报告有感

青岛西海岸新区育才小学 闫丽丽

听完魏书生老师的报告《做最优秀的教师,做最优秀的班主任》后,"大学之道,在明明德,在亲民,在止于至善"的思想震撼着我的心灵,净化着我的思想,转化着我的观念。

一、教育的真谛是"爱"

"人不是要胜天,而是要敬天,爱天,谢天。""双赢:你赢我赢,你好我好。""善待亲人,善待自己,对自己负责,学会管理自己,自我教育。"这一系列的观点,无不透着"爱"的教育。

是啊,想想人只是苍茫宇宙中一个很小星球表面的一个"微生物",如一粒微不足道的尘埃,怎么可能胜天?我们是教育者,如果能始终如一地以一颗爱心教育学生,引导学生,影响学生,那么,传播下去,一代代受影响后,我们的社会就会越来越美好。所以,我们需要先学会管理自己,自我教育,用爱心传播教育,才能影响周围,和周围的人产生共鸣,起到互助的作用。

二、培养自信,立足开发

不忘本来,开发资源,才能更好地创新。"人总有开发自己的空间、资源,要开发自己的胸襟。容得下厚德载物,天人合一。静下心来,眼睛向细、向小。""自卑的要开发自己的自信:跳起来,唱起来……"为了开发学生,魏书生老师先从改变学生的一分钟开始,无论优生还是"差生",先写自己的20条优点,让学生的光明面扩大,黑暗面缩小。他说,即使最笨的人也有会算的题,会写字。我们应坚守,坚守,再坚守;做细,做细,再做细;开发,开发,再开发。"眼睛向内,把光明品德面增加,把优点看明白,做细,做细,开发,成长。""扎新根,长新芽,抽细枝,开新花,结新果。"这一连串快板式的演讲,让我看到自己教育的优劣。

记得学期进行到一半时,班里四名最调皮的学生引起多数孩子的公愤。任课老师也纷纷向我"告状",说这几个孩子无法管理。课下,他们的行为让其他学生"怨声载道"。批评、表扬的措施用尽,却收效甚微。再教育时,有一个孩子竟不耐烦地说:"你怎么总是说一样的话?"我在感到黔驴技穷时,想到了李镇西给特殊孩子建立的"家校联系本"。我就利用品德课进行了一次公开"找优点"的活动,让全班同学一一为这四个孩子找优点。我把它们都罗列在这几个孩子独有的"家校联系本"上,然后分别派四个离他们最近的优生监督他们,每天负责记录他们出现的优点,同时把需要改进的地方提出建议。每天一反馈,家长每天签字。这样,四个孩子在众目睽睽下,在互相比较中不断进步。其中一个竟由学习后进生成为优生。这一活动,一开始我还记得每天看看。后来,到了复习阶段,因为忙碌,也因为后进生的转变,就把这事给"搁浅"了。

反思此过程中,自己的引导方向是正确的,但有许多时候不够耐心,没有把工作做细、做深,以至于不能"从一而终"。

三、做好每一件事

"元帅做不成时,当好士兵。""小事积累起来是大事。""放下烦恼,心灵宁静,呼吸顺畅。"……这些观点告诉我们:我们只是一个凡人,在平凡的岗位上过着平凡的日子。没有轰轰烈烈的大事,但我们只要把每一件小事做好,做快,做对,久而久之,所做的事积累起来就成了一件大事。所以,我们要把每一件事做得有滋有味,如诗如画,如诗如歌,我们的人生就会很幸福。

魏老师乐观的生活态度给在座的每个人以启迪,引导我们回望自己的教学生涯,寻找不足,沉下心来观察、思考、研究,脚踏实地地工作,成为一个真正的"教书育人"者。

教育无痕
——听于洁老师的报告有感

青岛西海岸新区育才小学 闫丽丽

2017 年 7 月 21 日,聆听了"天使教师"于洁的讲座《特别的爱给特别的你》后,我被她的优雅气质、善良、智慧折服。

于洁老师用自己亲身经历的教育故事说话,用亲切、诙谐、幽默的语言娓娓道来,毫不保留地把自己担任班主任多年来的宝贵经验传授给与会的老师们,告诉我们该如何搞好班级管理,如何做一个受学生欢迎爱戴的班主任。从现场热烈的掌声中,可以看出她的报告是多么精彩。一个个生动的故事贯穿报告始终,一个个案例解读着她的教育思想。一个个难题,在她那儿似乎只是一个个有趣的小故事,伴随着她的成长。她在从教的道路上默默地用爱诠释着教育的意义,演绎着教育的无痕。她"用心用情"的教育方式也深深地印在了我们的心中。

一、做一个智慧的班主任

于老师从教 20 余年中,有 19 年是半路接班。所接的班往往都是别人不敢接,或者接不下去的,"问题学生"多。可到了她手中,一个个"刺头"在经过一年半载后,竟然都能"改头换面",并且和她产生了浓厚的感情。不是说她有魔法棒,而是她有独特的方法。换言之,她是用智慧让"顽童"们折服、归顺。"家长联系条""心里话本"等,这些是于老师工作中的法宝。她总是在等,等待教育的契机。她注意观察,从点滴入手,慢慢走进学生的内心。她总能根据每个学生的特点去"私人定制",找到恰如其分的解决教育难题的方法,用智慧和真心来影响学生、感化学生,用科学的道理和学生交流,润物无声,最终让学生口服心服,从而达到教育目的。他山之石,可以攻玉,当对学生进行正面教育不奏效时,我们可以走"农村"包围"城市"的路线。要因材施教,不要把学生看扁,学生的潜能是无限的,只要充分挖掘出他精彩的一面,让学生感受到自身存在的价值,他就会自然而然地步入我们预设的教育轨迹,这样我们的教育就会成功。

"装在套子里的人"给我留下很深的印象,就是这样一个独特的男孩硬是被于老师给"拿下"了。于老师先是慢慢走进他的内心,慢慢取得他的信任,一直用爱感化着男孩,最终让男孩心甘情愿地在心有灵犀中一点一点地剪掉长发。于老师用她的教育故事向我们诠释了教育要有智慧,要讲究艺术,要有足够的耐心。

二、带班,老师应把学生的什么放第一位?

于老师一次所带的班级 55 人中,22 个单亲。而其中一个迟到了一年的女孩,硬是在于老师坚持为她买了两年早饭的感化下,到校时间比较早了,最终也考上了一所理想的艺术学校。这其中的困难只有于老师自己知道。这告诉我们:学生的身心健康和安全放在第一位,成功放第二位。一旦功利心当头,职业倦怠感就会随之而来。

只有付出了,才会有收获。就是因为于老师对学生真情的付出,才有了学生对她的爱戴:过节时的一声声问候、一封封催人泪下的信件、一张张永生难忘的照片、一届届学生口口相传,接力下去,让我们感受到教师作为学生生命中的重要他人,还有比成绩和分数更为重要的,那就是在学生幼小的心灵中留下的美好回忆。

"一个优秀的班主任,出现问题时,要有颗平常的心,向好的方面发展。"这正是我需要继续努力做到的。

三、做一个善于反思的班主任

于老师在报告中展示了大量的图片、材料,从中可以看出她是一位勤于记录、善于反思的老师。她坚持用笔走进每个孩子的心。可见,于老师对教育的用心良苦,用情至深。我不知道于老师从哪挤出那么多时间干这一切,我想唯有对教育的挚爱,唯有对自己事业的执着,才有了学生心中的天使教师。这正如于老师所言:用职业幸福感克服倦怠感。

至此,我想用"春风化雨""润物无声"来形容我们的天使教师,希望每一位教育者都能从中受到启迪,为教育的发展贡献自己的力量。

幸福缘于对教育的执着

——听报告有感

青岛西海岸新区育才小学 闫丽丽

2018年8月10—11日,为期两天的全国中小学德育管理与班主任工作室建设研修班报告,给满会堂的各地班主任带来清新的空气,给热浪滚滚的青西新区带来阵阵心灵的清爽。

我们首先聆听了著名心理学专家杨敏毅老师的《教育智慧与真情——做幸福的教师》。尽管时间紧迫,但我们还是从杨老师那里收获了很多。

杨老师一开始给我们带来一张画有大苹果、小人物的图片。杨老师让每个人只从自己的角度想问题:一个大苹果,边上站着一个很小的人,似乎苹果一滚动,就会压着那个很小的人。本想这个答案就是很唯一的。当杨老师继续问:"如果你是那个小人,会看到什么?当你认为是苹果,周围出现不一致的意见,你会怎么想?"杨老师的问题引导我们了解了什么是投射,也清楚了换位思考,善解人意是智慧的思考;一个智慧的老师不要轻易被激怒,用强大的内心去包容、反思、改变就是智慧。后面几幅图解,皆因不同心境引发不同结果。加上清晰的案例,让我再一次审视自己的教育思维:是否清楚受教育者的真正心声?在学科教学上,我很清楚,应从孩子的薄弱处入手突破。可在生活中的教育,却总是揣测的多,蹲下来倾听心声的时间往往因琐事耽搁。如果我们多问几个为什么、怎么想的,多一层理解,或许处理方式就会改变,结局就会改变。这就像杨老师说的,经历不同,见解就不同,不要轻易否定别人。

杨老师给我们分享了她儿子的故事:她儿子兴冲冲让她猜什么是第一

时,杨老师怎么也猜不到竟然是体检时一个老医生"牙齿全年级第一"的话让儿子兴奋不已。而杨老师的回应更让我们反思自己的教育:"儿子,好棒啊!张嘴看看。嗯,的确很好。牙好胃口就好,身体好是革命的本钱,高考就有优势。"正所谓知彼知己,百战不殆,杨老师正因为很了解自己儿子在各方面没有独占第一的优势,了解孩子的心理,她才顺应孩子,借此表扬,放大快乐,固化自信。我想,这一点值得每个人去思考:无论是家长还是老师,当我们遇到这种情况时会怎么做?一句得当的话,可能起到一箭双雕的作用,既让孩子树立自信,又拉近了亲子关系;一句不得当的话,可能让孩子埋下自卑的种子,疏远了亲子关系。

而这个度的把握需要我们每个人根据孩子的情况"量身打造"。因此,学会表扬也是一门学问。

接着,山西临汾的郭会芳老师分享了《我的德育观》,给我印象最深的就是她的扪心自问:"我是谁?从哪里来?到哪里去?"郭老师的一系列做法,都围绕着她的目标奋斗——以学生为中心,以成长环境为半径,画出最大的同心圆。

我们还聆听了丁柏恩、薛莲华、李海老师的工作室汇报以及俄籍华人黄静的报告,都有不同的收获。最让我感兴趣的是石梦媛校长的《爱与智慧　以身立教》。听完报告,那种"听君一席话,胜读十年书"的感觉油然而生。

石校长用自己的理解诠释了教育的内涵:教育即点燃,教育即点亮,教育即点化。点燃希望,点亮慧根,点化幸福。从这可以看出石校长对教育的责任感。正是出于这种责任感,她总结了教师"三态"——心态:行为好,结果就好;形态:印象好,人缘就好;状态:激情好,感染力就好。正是不同于他人的态度,决定了她不同于他人的成果,正如她所说:"放弃"二字十五画,"坚持"二字十六画,"放弃"与"坚持"就在一笔之差,但结果却差之毫厘,失之千里。

其实,生活中很多事情,正如石校长所说,只要坚持,就会一步步进步,最终达到"众里寻他千百度,蓦然回首,那人却在灯火阑珊处"的境界。很多时候,无论是大人还是孩子,就差那一点点的坚持,而未达到目标。我们应多一点点坚持,用"责任心与智慧"管理,用"爱心滋养"管理,用"满满情怀"管理,用"班干部培养"管理,用"毅力、坚持"管理,每一个坚持者都会有不同的收获。这份敬业,这份执着,成就了她的事业与人生。我却自叹不如,需要很多的坚持才能与之并行。

总之,这心灵鸡汤让我们每个人受益匪浅。我们清楚,专家们的幸福源于对教育的执着,也即心态与执行力的结合。

相逢是首歌
——南京培训心得体会

青岛市即墨区潮海万科小学 江翠苹

火热的七月,我带着满腔的学习热情来到了风景如画的南京市第十三中学,参加了"2017年深受欢迎全国著名教师、著名班主任报告会",三天的学习受益匪浅。

第一位开讲的专家是著名教育家魏书生老师。第一次听魏老师的讲座,68岁的年龄在他身上没有那么多岁月的痕迹,感受到的只有魏老师那风趣幽默的语言和深厚的文化底蕴。他将深刻的道理、多年的教育教学经验上升到了人生哲理的层面,使我们深受鼓舞。最优秀的教师、最优秀的班主任莫过于此。"人一生最有效的就是开发自己的胸怀""培养学生的自学能力"等,都是魏老师所阐述的最简单却最难做的几点,而把优点长处看明白、想明白、做明白以及不折腾、不动摇,这是我们应该长期坚持的。小事做起来,积累起来,全是大事。

在魏老师的讲座后,已经78岁高龄的孙学策老师同样为我们带来了精彩的讲座《我是这样做班主任的》。他将其60年的教育生涯分为三个阶段,并且对每一个阶段进行了大体的介绍。孙老师将经历的每一个阶段的事情都进行反思并记录了下来,成为教育札记。

教师的工作对象是人,人是千差万别的,要做好教育工作,就得充分发挥创造性。正是这种工作性质,决定了教师必须学识渊博,并且每时每刻都要开动脑筋,针对当时的情况和学生的差异,创造性地处理各种问题。

用诗一样的女子来形容于洁老师再好不过了。于老师的主题讲座《特别的爱给特别的你》为我们开启了一扇美的窗户。于老师分了七个板块、多个案例详细地介绍了她和学生之间那"红了樱桃绿了芭蕉"的三年的缘。她是一个善于抓住教育机会的有心人,她传递着正能量的人格魅力感染着学生,她坚信每一棵草儿都会开花,她坚信一切存在都有原因,找到原因方能解决问题。她关注学生的未来,形成了自己的班级管理特色。通过一系列的班会活动,她变着法子让学生的学习生活快乐。她的学生成长记录,构建了美好的青春回忆。

于洁老师的讲座给我的震撼很大。她用真心与孩子们交朋友,连续两年自己花钱给一个孩子买早餐,为的只是让那个孩子能吃饱,不再为早饭发愁。一件看似简单的事做起来却着实不易,而于洁老师用她的坚持告诉我们,只要心里有爱,就去做,不要在乎别人的看法。她始终把孩子们放在第一位,孩子们也用自己的爱回报着于老师。懂事的他们会在于老师累的时候送上一份关怀,会跟于老师通信诉说心中的悄悄话。独特的沟通交流方式拉近了学生和老师之间的距离,"特别的爱给特别的你"可能就是这种感觉吧。

全国模范教师桂贤娣老师首先给我们看了以她为原型拍摄的电影,真实再现了桂老师与学生相处的点滴以及自己的成长历程。桂老师由一名最基层的乡村教师成长为一名全国模范教师是多么不容易,她对教师岗位和对孩子们的爱与坚持成就了自己,让我们真正感受到作为一名教师的幸福。讲述中桂老师的口头语是"乖,听话,桂老师爱你。""乖,相信桂老师。""乖,桂老师最喜欢你了!"而最感染我的是她的笑容,从她的笑容中我真的体会出教育的幸福。原本以为工作、生活天天如此,日日重复,枯燥而又乏味,桂老师的故事、话语、态度深深触动了我,我们的心在萌动,生活着多么美好,工作着多么快乐!

在桂老师的讲座后,全国优秀班主任刘俊萍老师用平实的语言为我们再现了她的成长过程。每一位名师的成长道路都是不可复制的,他们为教育事业作出的贡献值得我们每个人学习。刘老师分七个方面将教师的自我成长道路娓娓道来,使得讲座成了和教师们交流的课堂,拉近了我们与她的距离。

南京之行留给我的是一段永久的记忆,不忘初心,砥砺前行!做一辈子教师,做一辈子幸福智慧的教师;做一辈子班主任,做一辈子幸福智慧的班主任。

相逢是歌,相聚是缘。一次南京行,一段南京情。让我们在班主任工作之路上携手同行,做最好的自己,做自己的最好,努力去追求生命中的美好。

爱就是幸福

——参加张红名班主任工作室启动仪式心得体会

青岛市即墨区潮海万科小学　江翠苹

当得知我加入了张红老师的名班主任工作室时，激动的小心脏扑通扑通地跳得特别快，一直等到 2017 年 3 月 15 日，参加了张红老师的工作室启动仪式，才相信自己真是好幸运。工作室的九名优秀的班主任来自青岛各地，张红老师对班主任工作室"做学生喜欢的班主任"的核心理念进行了说明，传达了工作室实施方案，大家对工作室充满希望。

自我介绍时感觉压力很大，因为我们九个人中我的工作时间最短。说到本事真的是拿不出手，短短的四年班主任工作经验让我在爱中越来越清楚地认识到老师与学生的角色、所处的位置。听了其他班主任的介绍，我坚定相信今后的三年一定是我工作得到提升的过程。

说来也巧，活动结束后正好是长江路小学放学的时间。和同事坐在公交车上，一路听着两个小朋友在那"显摆"自己的班主任："我们班主任对我们可好了，她是我们学校最优秀的老师，经常代表学校出去学习。上次去长春给我们带回了正宗的野生蓝莓干，很好吃。六年就分了这一次班，老师对我们插班生更好，这是我碰到的最好的老师！"

车上光听他们在那说，越听我越好奇，听到最后"我们张老师……"才知道他们是张红老师班的学生。"你们在 10 班？"我问。一个学生瞪大眼睛看着我说："你怎么知道？我们班主任姓张名红。"听到学生对张老师的夸赞和认可，我更加钦佩张红老师。随后我们又聊了几句，孩子那幸福的表情是对张红老师最大的肯定。这就是一个最真实的"案例"，是我加入张红老师工作室最好的答案，也充分体现了张红老师"做学生喜欢的班主任"这个核心理念。

加入张老师的工作室是我班主任工作的新起点。站在如此高的平台上，我必须认真学习，积极参加所有活动，将所学到的新的经验方法运用到以后的班级管理中，让孩子们在爱中体会到不同的幸福！

湘潭铜川，美的见证

青岛市即墨区潮海万科小学　江翠苹

　　早就听说过青岛湘潭路小学和铜川路小学两所名校，2018 年 5 月 18 日终于有幸参观了两所学校。上午我们先来到了湘潭路小学，可爱的梁燕老师提前为我们此次到来做了充足的准备。初进湘潭，一种独特的校园文化让人眼前一亮，我们都被这只有湘潭才有的一切所吸引住，整个校园都彰显了"美"。

　　上午第三节课，我们听了梁燕老师执教的三年级主题班会"你听"。在梁燕老师个人魅力的引导下，我跟孩子们一起进入了"听"的行列。梁燕老师通过两个游戏——"掌声提示"和"指令传递"完整地呈现了一堂高质量的课。孩子们在游戏中学习，在学习中成长，在成长中明理，而我也沉浸在其中，被梁燕老师的幽默话语所吸引，被如此轻松和谐的课堂氛围所吸引，更为能欣赏到如此完美的班会课而高兴。

　　听完了梁燕老师的班会课，我们又来到了心理咨询室。作为教师，心理学知识是我们所应具备的。梁燕老师为我们讲解了最常见的心理干预教具——沙盘，并进行了一次小组模拟沙盘干预过程。在一共五次的小组沙盘过程中，我们每个人的心理都在因为沙盘的每一次变化而变化着，在想自己的测试结果会是怎样的。经过梁燕老师的讲解后，我们明白了大体的思路。我们应该学习沙盘的用法，针对不同孩子的问题进行有针对性的干预，了解孩子们的内心世界，走进他们的心里。

　　短暂的午休后，我们赶到铜川路小学参加了青岛市李曙光工作室、张红工作室、李沧区优秀班主任工作室联盟活动。第一项活动便是听了铜川路小学王娜老师的体验式班会课"文明礼仪伴我行"。一年级的小朋友们展现出了铜川孩子们的风采。在老师的引导下，班会课充分体现了以学生为主体。班会课由两名小朋友进行主持，小主持们有模有样，加上其他孩子的积极表现，可以看出铜川路小学在学生的素质教育方面非常突出。孩子们通过不同时期的礼仪故事，学会了做文明人、行文明事。

　　随后，铜川路小学优秀班主任代表刘霞老师从七个方面为我们做了经验介绍，我也从中学到了很多。听了刘霞老师的七条建议，我感觉自己以后的工作会游刃有余，少走很多的弯路。

　　最后，青岛市第二中学心理健康教育高级教师曾莉老师为我们送上了讲座《心理学原理在教育教学中的应用》，她从三大方面讲述了家庭教育的重要性，为我们更好地了解孩子们提供了帮助，很多观点直击我的内心深处。一个人不管多渺小，在父母面前都重要。通过一个个鲜活的案例，我们听到了不同的见解。家长们保护得太多，带来的是对生命自由成长的剥夺，这就是教育的现状。"没有惩罚的教育是不完整的教育"，这句话说得太好了。一个多小时的讲座，句句都包含真理，老师们不时鼓掌或点头回应，精神层面的撞击是最深刻的。

感谢工作室的联盟活动让我这一天收获满满，期待下一次再相聚！

班会，班会

青岛市即墨区德馨小学　孙　岩

但凡当过班主任的人，都少不了开班会。不知道其他班主任是怎样开班会的，我，说实话，从来没开过一次"像样"的班会。

以前，提起班会课，无非是强调强调纪律，嘱咐嘱咐卫生，列举列举事例。当然，我在心里也觉得这好像不是班会课应该有的姿态，也想象过理想中的班会课应该是什么样子，但终究没有把理想付诸实践。直到2017年3月31日，我参加了核心素养背景下的班主任工作透视与创新的培训工作，理想才找到了付诸实践的动力。特别是罗京宁老师的体验式德育——体验式班会给我鼓足了勇气。

罗京宁老师为了激发会场老师的积极性，首先做了一个"一分钟鼓掌"的实验，让老师们亲身体验一下一分钟能拍手多少下，结果拍出来的数量远比自己估计的要多得多。通过这个小小的实验，我明白了再简单的事情也会包含许多道理。这期间，罗京宁老师也介绍自己曾经主办过的主题班会。他告诉我们，特色的班会课要懂得给学生思考的空间和思考的余地。班会课的形式多样，其中体验式班会课更能打动学生的内心，更能让他们受益。体验式班会课不需要准备太多的东西，只需要知道它的主体是谁，老师充当什么样的角色，记得把空间留给自己的学生，不要忽视了学生的思考空间。

听完罗老师的讲座，我才明白了真正的班会课应有的感觉和它带来的效果：让每节班会课都能够发挥它的作用，让自己班上的学生能够接受更多的心灵教育。

回到学校，稍做准备，我就自己试着在班级里也搞了一次"一分钟鼓掌"实验。过程肯定没有罗老师的精彩，但是也收到了不错的效果。学生们先猜测次数，再经过两次体验鼓掌，最后观看吉尼斯鼓掌纪录，受到深深的震撼。原来人的潜力真的是无穷无尽的。只要相信自己，坚持到底，善于思考，就能成功！

"让我们动手做科学，而不是用耳朵听科学。"这是我们学校科学教室后面的一句话，我觉得班会课也应如此。

像李迪那样激情地投入工作

青岛市即墨区通济八里庄小学　李永磊

2017年7月21日，南京学习的第二天，学习同样紧张而又充实。专家的报告不仅给了我们一线班主任班级管理方法的具体指导，而且使我们的心灵得到了一次净化和提升。其中，我感受最深的是李迪老师的报告——《做学生欢迎的班主任》。

李迪，全国优秀教师，全国著名班主任培训专家，全国著名实战派班主任，被教育界和多家媒体誉为新时期班主任的代表人物、全国班主任的领军人物。

"手指可以指出月亮的位置，月亮却不在手指上。"这是李迪说她的报告对我们有什么用处时引用的一句禅语。我觉得李迪成长经历的主要意义就在于给我们指明了做好班主任的方向。

李迪告诉我们许多谈话沟通的技巧：在和学生谈话时，要引导学生多讲自己的情况，学会倾听学生的心声；尽量从学生角度思考，尊重学生的想法，理解学生的感受；不能一味地指责学生，老师有错也应主动承认并及时改正。这样效果会出乎意料地好。

作为一位职业学校的教师，把带班管理学生当作幸福，李迪的成长经历有太多值得分享的故事。职业学校"问题学生"的张扬个性给她的班级管理带来了挑战，但也为激发她的教育智慧提供了丰富的土壤。在她的日记里，记录了许多发生在班级里的真实故事。学生丢钱了，学生打架了，学生旷课了，学生出走了……也许这些故事在很多班级都发生过，只是在李迪这里，很多教育契机被她敏锐地捕捉，并智慧地加以运用。她经常说，她天生就是做教师的料，与学生在一起会有无穷的快乐。她与学生一起夜游文化广场，与学生一起哭、一起笑……在学生面前的本真与自我，让她走进了学生的心灵，也成就了她自己。

我认为，要做好班主任就要像李迪那样爱教育、爱学生。

第一，切实做到把学生当作自己的子女、弟妹一样对待；不随便让一个学生掉队，不放弃一个走下坡路的学生；不只追求分数，一味要成绩往往事与愿违；要成绩，不能要无效成绩，只要想学习、会学习，考不出好成绩是不可能的。

第二，爱学生，管理过程就要细。在教育学生时，要注意一些细小的问题，一个小的问题也可能导致教育的失败。不能只看现象，要分析原因；不能只看表面，还应看其本质。强压往往只能带来更多学生的反感，对班级管理有百害无一利。

第三，爱学生，批评目的就要变。批评学生不是为了出气或"杀鸡骇猴"，而是为了让其反省、促其改进。

你想让学生成为什么样的人，首先要求自己成为什么样的人。正所谓"学高为师，身正为范"，我们要不停地学习，与时俱进；注意言行举止，要知道有很多双眼睛在看着我们；工作即生活，乐观积极的生活态度会对学生产生潜移默化的影响。

李迪的教育智慧、生活智慧虽不可复制，但可模仿可学习。

全国中小学班主任核心素养与智慧提升
高级研修班心得体会
——做智慧的班主任

青岛市即墨区通济八里庄小学　李永磊

2017年3月25—27日，我有幸参加了全国中小学班主任核心素养与智慧提升高级研修班。在这短短的三天中，我认真聆听了各位专家、教授的教诲，聆听了一线全国优秀班主任的经验介绍。特别是王文英老师的讲座《做一个有香气的职业人》让我受益匪浅，引起了我对自己及平时工作的反思，使我对班主任角色有了全新的认识。

作为班主任,我们要有欣赏的眼光和宽容的心。

工作中,我经常会因为学生不按时交作业、作业书写不认真而大发雷霆,也经常因为学生不守班级纪律而生气发怒,会因为孩子不认真听讲做小动作批评孩子半节课后带着情绪上课。从王文英老师的工作生活经历中,可以看出正因为她的特立独行,与众不同,受到其他家长、老师的另类"看待",但同时也可以看到她的成功来源于学校领导对她的欣赏和包容。由此,我想,在今后的教育教学中,我们为什么不能用包容的心态、欣赏的眼光去看待每一个孩子,特别是那些与众不同的所谓的后进生呢?我们需要让自己静下心来,戒骄戒躁,以一颗博爱之心去关爱他们,去包容他的过错,并时刻保持这种对孩子稳固而持久的温暖的爱,就像迟希新教授说的"教室是允许犯错的地方"。也许,我们的欣赏和包容会造就另一个瓦特、爱迪生、王文英呢!

做班主任要讲智慧。

从王文英的事迹中,可以看得出她特别善于对学生因材施教,因势利导,并富有教育智慧。王文英老师是一个有思想、有智慧、有创新能力的人。她的班规非常有特色,就像一首散文诗。这对我触动很大,就像迟希新教授说的"师德即智慧"。是啊,教育必须有爱,要有责任心,但教育也是技术活。没有爱的技术是危险的,而没有技术的爱是无力的。教育要真正起到作用,教师的智慧、独特的工作方法、宝贵的工作经验是万万不可缺少的。让学生心服口服,其根本的原则就是既能处理好问题,又不能伤害学生的自尊。每一个学生都是不同的个体,所以在处理问题时要讲方法,讲智慧。

本次学习我感受颇深,相信智慧、包容的老师是幸福的老师。在班主任培训中,王文英老师以自己的亲身经历全面述说了班主任工作的经验和搞好班级工作的具体做法。也许,她的成功不可复制,但她的教育理念更加坚定了我教育的理想和信念——做一个学生喜欢、自己幸福的老师。

养成积累好习惯,筹建自身德育资料库
——青岛市中小学名班主任第一次工作论坛心得体会

青岛市即墨区通济八里庄小学　李永磊

2017年3月31日,我在青岛创业大学参加了青岛市中小学名班主任第

一次工作论坛,四名专家对各位老师进行了有针对性的培训。《新班主任》杂志社肖凡老师的讲座让我感慨良多。

肖凡老师让我们明白编辑用稿的标准,如观点独到、材料新颖、实践鲜活、感悟特别。投稿一定要关注编辑部最新的邮箱、栏目编辑以及征稿主题帖等,要保证编辑能收到。肖凡老师不仅公布了邮箱,还留下了QQ、博客等。肖凡老师还对投稿时必须注意的事项进行了说明,如文稿准确、排版规范。

肖凡老师讲座中介绍可以采纳的文章,基本上都是班主任写的自己日常的教育实践与反思以及对某一方面某个点的思索。班主任们每天和孩子们在一起的时间最长,对自己熟悉的内容有话说,也真实。如果记录自己生活的每一天,记录自己在教育中的实践与反思,除了会让自己每天感受到充实幸福,其实也有助于启迪我们思考,开拓我们的思路,解决我们的难题,帮助我们少走弯路。

我们现在看到的很多一线专家、名师出的书,基本上都是自己平时的随笔与日记的整理。李镇西老师的书基本上都来自他平时的积累,万玮的"兵法"也都是他的日记。一旦脱离了自己的教育教学,他们的研究将成为无本之木、无源之水。我们这些班主任老师掌握了大量教育教学的第一手资料,积累了丰富的实践经验,在教学之余及时把心得记录下来,勤于、善于积累,对自己日后工作有促进作用。

班主任面对一届届不尽相同甚至迥然不同的班级、几十几百个性格各异的学生所采取的策略,班级在德智体美诸方面的建设,班集体的成功与失败,后进生转化的经验,班级工作的独特设计……这些都是无比珍贵的资料,应该随时随地积累下来。

我们都知道班主任工作是艰辛的,但也充满创造色彩,这一切工作内容与感受,特别是富有创新意义的活动与效果,都应该记录下来。整理自己写作的内容,也是一个回顾与反思的过程。我觉得积累生活素材有助于提高我们班主任的自身素质。班主任素质也是点点滴滴培养起来的。积累是个天长日久的工作,积累的过程也是学习的过程。天天积累,月月积累,年年积累,形成习惯,素质自然会得以提高。相反,一瞬间的感悟、一闪的火花,若不及时记下来就会逝去。珍贵的资料若不随时收录起来,待到用时就会"上穷碧落下黄泉,两处茫茫皆不见",留下遗憾。

我们当班主任的,不应只做孩子王,而应做教育家,求实求新,不断开拓。为此，我们必须随时认真总结、勤于思考、虚心借鉴、博采众长。手头勤，德育精，这也是一条规律吧！

德育资料是不可或缺的工作参考，要勤于积累。如果两手攥空拳，就会"书到用时方恨少"，难以达到教育目标。

做善于积累的班主任吧，筹建自己的德育信息库，保持持久性，讲求实效性，立足长远性。

播种快乐，收获幸福
——第三期工作论坛心得体会

青岛市即墨区通济八里庄小学　李永磊

秋天，一笔一画皆是情；秋景，一字一句皆是意。秋，就是这么一个令人心醉的季节，柔情的阳光托起了流金溢彩的生命之旅。2017年9月22日，我们青岛市张红名班主任工作室的老师们齐聚青岛开放大学，开始了青岛市普通中小学名班主任工作室第三期"启智"论坛的学习。本次论坛的主题是"创新班级管理，培养核心素养，做幸福班主任"。

北师大教育管理硕士汪克良老师作了题为《教育改革与互联网＋时代下班主任教师的思考与思维》的讲座。汪老师结合许多鲜活生动的教学案例，诠释了互联网＋时代下教师思维需要产生的变化，指出教师必须尊重学生，然后再有效地去激趣、启思、导疑，力求做一名与时俱进的智慧型教师。

来自深圳百仕达小学的刘海美老师作了题为《核心素养视域下的班级管理建设》的讲座，带给我们最大的感受就是对综合素质的重视。看到刘老师学校丰富多彩的家校活动，就知道要达到的家校沟通的最佳境界不仅仅是做好交流工作，更多的是让家长参与到学校活动中来，在参与中感悟、成长！

隗金枝老师作了题为《系列活动促进班级文化建设》的讲座。隗金枝老师的讲座通过一个个鲜活的案例，证明了利用各种别具匠心的班级活动达到教育的最优化，不仅可以带给学生快乐体验，而且教育更深刻。

让我感受最深的是杨虹萍老师的题为《特色班级文化，擦亮班级品牌》

的讲座。杨虹萍是一位致力于幸福教育的班主任。她引领孩子和家长们组成成长共同体，一起建设美丽的班级环境、适切的规章制度、良好的班风学风、丰富的主题活动，形成了环境文化、制度文化、精神文化和行为文化。杨老师指出，幸福班级的构建离不开"教师与家长、教师与学生、家长与家长、家长与学生"之间的互动。只有目标一致、情感默契、精神共通，方能创造和谐境界。杨老师告诉我们班主任得学会借力，学生家长、科任老师都是不可或缺的教育同盟军。教育儿童的核心不是知识教育，而是道德教育，是追求幸福人生的教育。

听了杨老师的报告，我深深地感受到学生的幸福就是老师一次轻轻的抚摸、一个浅浅的微笑；老师的幸福就是学生悄悄塞过来的一个糖块、一次小小的进步……幸福来得如此简单，为什么现实中我们却像深陷苦海，是谁偷走了我们的幸福？其实，我在班级管理中也使用量化积分。刚开始学生积极参与，不久我发现平时表现不好的学生兴趣减半，不管我多么卖力地强调积分的重要性，他们都不买我的账。杨老师的一席话，点醒了梦中人：原来我让学生长期努力换来的积分，只在期末评优评先中昙花一现，他们在茫茫期待中看不到希望之光，怪不得越来越不愿参与了。而杨老师的积分积累到一定数量后，可以用来兑换班级货币，班级货币积累到一定数量后，可以变成满足一个小小愿望的特批证：比如，10积分可以举一次班牌，体会为班级服务的快乐。这积分就好比小毛驴眼前的胡萝卜，希望时时在前方召唤。对比杨老师，反思自己，我需要做的就是想办法让量化积分产生持续的动力。很多时候，我遇到一些事情就按照惯例处理，或者看到别人怎么处理，也就跟着怎么办了。现在想想，这其实就是一种思维的懒惰。每个孩子都是不一样的。他们的成长背景跟我们不一样，这就要求我们不断创新。在今后的工作中，做一名有创新的老师、有创意的班主任，让我们的孩子享受我们所带来的全新而又有效的教育。

课堂，是我们安放身心的地方，与其虚度，不如绽放；工作，是我们度过生命的方式，与其抱怨，不如享受。新学期，我会用更多努力换取孩子们的健康成长，播种快乐，收获幸福。

见湘潭贤，思铜川齐

——赴湘潭路小学、铜川路小学考察有感

青岛市即墨区通济八里庄小学　李永磊

五月的风，将鸟儿的羽毛吹长，将花儿吹红。渐渐地，漫山遍野，翠色盈盈。醉人的五月，总能带给我们许多惊喜。2018 年 5 月 18 日上午，张红名班主任工作室的成员们来到青岛湘潭路小学进行考察学习，一进校园就被其浓浓的文化氛围所吸引。

每一面墙都有故事，每一个角落都会说话。潜移默化，梅励人生。梁燕老师给我们上了一节班会课"你听"。听完这节课，我们有个共同的感觉就是"舒服"。梁老师声音轻柔和缓，如同涓涓细流从心间流过，教学过程井井有条，节奏张弛有度，教得轻松，学得实在。德育贯穿在整堂课中，梁老师对学生评价机智，语言丰富，特别是"学会等待"让大家印象深刻。

最难忘的要数梁老师为我们做的有关沙盘知识的讲解与演示。梁老师带领工作室成员参与了沙盘体验，并对各位老师的潜在行为进行了分析和心理疏导。

下午，我们一行又来到著名的铜川路小学。铜川路小学的墙壁文化独具特色，深深吸引了大家。

李曙光主任进行了简单的会议介绍后，王娜老师给我们上了一节生动活泼、实用有趣的班会课"文明礼仪伴我行"。张红老师进行了精彩点评。

铜川路小学的刘霞老师做了优秀班主任经验介绍，让大家收获良多。来自青岛二中的心理健康教育高级教师、青岛市家庭教育指导中心首席专家曾莉为我们作了题为《心理学原理在教育教学中的应用》的报告。曾莉老师的报告拨开了老师们心中的层层迷雾。大家认真倾听，仔细记录，结合教育教学中家校联系及家庭教育中的困惑相互交流。

人生最美好的就是和一群有缘人做有意义的事情。今天，我们不虚此行。

不断学习，不断进步

莱西市月湖小学 杨 艳

2017 年 3 月 31 日，我有幸参加了核心素养背景下的班主任工作透视与创新的培训工作。罗京宁老师的体验式德育——体验式班会给我留下了深刻的印象。罗京宁老师用他的智慧和实践告诉我们班会可以这样开。

对班主任来说，开班会是日常事务之一。班主任很少有心思去细想班会应该怎样开出新意，怎样开班会让学生更容易接受。今天，罗老师设计的体验活动让我感触很深。"一分钟鼓掌"让我们在很多方面有了思考，方法、技巧、坚持、目标等有很多都是我在完成这项任务前没想到的。同伴们的想法、办法开阔了我的视野，也让我发现自己思维的局限性。

普通班会学生参与很被动，缺乏积极性。如果我们想让班会课收到更好的教育效果，就必须在形式、内容、技巧等各个方面进行优化。在这个问题上，我想我会做出更多的思考。

成为一位名班主任，是每位教师梦寐以求的理想，是为之奋斗的目标。郑立平老师的讲座《我们需要这样一个家》讲述了许多普通的班主任在班主任团队中快乐地成长，成为名班主任的过程。在张红名班主任工作室这个大家庭里，通过大家的帮助，也会把普通的我变得更加优秀。火车跑得快，全靠车头带。我相信，有了名班主任工作室这个动力十足的火车头，我会在教育之路上大步前进。

师傅领进门，学艺在个人。要想完成自己人生完美的蜕变，光有名班主任工作室这个火车头带着是远远不够的，持之以恒的动力才是自己完成蜕变的关键。有机会参加这个培训学习，我要好好珍惜这难得的机会，丰富自己，充实自己。

迟希新老师围绕班主任的核心素养与自主发展与台下的班主任老师进行了互动，增强了班主任老师对小德育与大德育的深层认识。迟希新老师的讲座让我明白了我们看得见的教育固然重要，但是隐形教育也非常重要。教育，并非只是我们课堂上的"传道、受业、解惑"，还有我们所带给学生的"教师效应"，正所谓"教，上所施下所效也；育，养子使所善也"。

肖凡老师就班主任的教育写作与专业成长对班主任们进行了指导，鼓励班主任将写作作为班主任的基本技能和重要职业技能,通过写作记录、梳理、反思教育过程,然后形成自己的教育体系。同时,肖老师针对班主任们写作中出现的问题给出了中肯的意见和改进措施。

作为新时代的班主任,如果没有一种终身学习、不断充电的干劲,我们将不能担负起教书育人的任务,将不能为祖国培养出崭新的一代。这就要求我们要做一个能够真正对得起"班主任"这个称谓的老师。

叶的事业
——青岛市张红名班主任工作室启动仪式

莱西市月湖小学　杨　艳

雨果曾经说过这样一句话:"花的事业是尊贵的,果实的事业是甜美的,让我们做叶的事业吧,因为叶的事业是平凡而谦逊的。"我很喜欢这句话。2017年3月15日,我有幸参加了青岛市张红名班主任工作室启动仪式,更觉得这句话有道理。虽然会议只有短短的半天时间,但收获颇丰。

来的时候正好赶上长江路小学孩子们上学的时间,看到孩子们整齐有序地走进校园,就觉得这是一所管理很到位的学校。特别是看到每个孩子头戴一顶小黄帽,我在那观察了很长一段时间竟然没有一个孩子没戴,我想这跟班主任的工作是分不开的。

走进会议室,看到屏幕上打出来的是关于名班主任工作室成立的内容的时候,内心中莫名产生一丝紧张。我好像有点担不起"名班主任"这个称号。活动中,在和蔼可亲的张红老师的带领下,我们做了自我介绍。听到各位班主任的自我介绍,我觉得我来对了,我觉得我可以从这些名班主任身上学到很多东西。

张老师对本班主任工作室"做学生喜欢的班主任"的核心理念进行了说明,提出了设计工作室徽标、丰富班主任工作室文化的要求。接下来,张老师传达了工作室建设实施方案,我们全体成员针对实施方案进行了认真的交流研讨。大家对工作室充满希望。

活动精彩的部分是班主任分享案例。班主任们案例的分析,使我警醒,我们必须热爱自己的教育对象——学生。教师应该是一位雕塑大师，能用自己的思想与感情将一块坯材雕塑成一件艺术精品。例如，付翠丽老师运用自己的智慧，根据孩子的特点，逐步地把一个在班级说话捣乱的孩子教育成了一个期末在班级考到第 7 名的孩子，而且孩子的纪律有了很大的改变。我们教师对这些所谓的后进生更应加倍地关爱与呵护。在他们身上，我们要倾注全部的爱，去发现他们学习上点滴的进步，去寻找他们生活中、品德上每一个闪光点，然后运用激励机制，加以充分地肯定和激励，增强他们的自信。这样，才会在他们成长与发展的道路上有一个质的飞跃。当梁燕老师讲到她为孩子们拍照片而且是坚持了一整年时，我的敬佩之情油然而生。我能感觉到梁老师是从心底爱孩子的。

一个智慧的班主任首先应该是一个快乐的人，能站在学生的角度看问题，多了解学生，爱学生，让每一个学生都生活在希望之中。孙岩老师讲，她虽然接到一个倒数第一的班级，但是在她的内心中她从来没有感觉到她班的学生是差的。她一直觉得并且告诉学生她班的男生是最帅的，女生是最漂亮的。我想，老师这种自信的心态不光是影响了学生，而且无形之中给学生树立了自信心。这样的老师哪一个学生会不爱呢？

其他班主任的分享我也觉得受益匪浅。

当然，班主任的素质不是与生俱来的，而是在长期的教育实践中通过修养与锻炼形成的，我们可以通过各种途径来提高自己。

教师无法选择学生，但是可以选择教育方式，把平凡的事务转化为精彩，把烦恼的事情转化为快乐。有人说："不变的老师，流水的学生。"走过了多年的教学之路，我要说："老师也要变，老师和学生一起成长才是真正的教学相长。"让我们用心思考，用心感悟。

班主任工作是琐碎的，但意义却很重大。新的时代向我们提出了新的要求，新课程向我们提出了新的理念。我们要用真心、动真情、做真行，干好班主任工作，真正把自己塑造成一个有魅力的人、一个新型班主任。

以上是我在培训学习期间的几点心得体会。实践出真知！本次学习对我的教育教学工作有很大的帮助。我将继续努力学习，更好地投入到工作中。

有味无痕，润人无声

——青岛市张红名班主任工作室成员哈尔滨研修之旅（一）

青岛西海岸新区育才小学　闫丽丽

炎炎夏日，酷暑难耐之际，我们张红名班主任工作室一行来到美丽的哈尔滨，开启了全国中小学班主任专业素养提升暨立德育人实践智慧暑期高级研修班的学习。沐浴着哈尔滨的凉爽，分享着专家的智慧，班主任的幸福感油然而生。

第一场报告《像优秀班主任那样做班主任》，由教育部中小学校长"国培计划"首批专家、2015 年度辽宁省"最美讲师"、辽宁教育行政学院兼职教授、铁岭市教师进修学院党委书记郑重来作。郑书记幽默风趣的语言，生动形象的比喻，引得与会人员掌声阵阵，欢笑声不时萦绕会场上空。

报告中，郑书记用一个个鲜活的事例诠释了什么是班主任的幸福感及班主任的"双重叠加"追求：做学生敬重的人——亲其师（师德）；上学生喜欢的课——信其道（师能）。接着，郑书记用案例告诉班主任如何在工作中达到最高境界——带出好班风。"一个老师最大的师德就是把课教好。"最后，郑书记又形象地阐释了一堂好课的标准以及教学与教育的关系。"问渠哪得清如许，为有源头活水来。"一个个故事引人入胜，也很好地诠释了什么是德育教育的"有味无痕"。真是好"课"知时节，当"夏"乃发生，随风潜入"黑"，润人细无声。

冰城哈尔滨，从"心"出发

——青岛市张红名班主任工作室成员哈尔滨研修之旅（二）

青岛市即墨区潮海万科小学　江翠苹

八月初的哈尔滨，有中午的艳阳，有傍晚的凉风，我们就在这样可爱的冰城开启了为期六天的全国中小学班主任专业素养提升暨立德树人实践智慧暑期高级研修班的学习。

来自湖南的全国模范教师、全国优秀班主任郭玉良老师为我们带来了一场精神的洗礼。

郭老师用一个亲身经历的案例引入主题,告诉我们教育要从"心"出发,一个良好的心态比一百种智慧更有力量。在讲座中,郭老师用大量的案例和相关的心理学游戏帮助我们解读学生的心灵,探索教育的真谛。郭老师提出教育从激发学生自我成长的内驱力出发,对于高年级学生出现的"早恋问题"要通过专门的心理健康教育,告诉学生要珍惜自己的身体、情感和才华。

最后,郭老师提出传统德育要外显有规,内涵有德,尊重人性,叩问心灵,激发孩子身上的真、善、美。郭老师的教育从"心"出发,让我们更加清楚地认识到教育的多重方面,要用心来了解学生。

冰城笃学　沁人心脾
——青岛市张红名班主任工作室成员哈尔滨研修之旅(三)

青岛市即墨区通济八里庄小学　李永磊

滂沱汗似铄,微靡风如汤。八月的"东方莫斯科",中午灼灼烈日的炙烤,丝毫没有阻挡张红名班主任工作室老师们的学习热情。全国中小学班主任专业素养提升暨立德育人实践智慧暑期高级研修班的专家给老师们带来丝丝清凉,沁人心脾。

中国名班主任工作室——8+1工作室主持人、全国知名班主任、被誉为"中国微班会第一人"的秦望老师给我们带来了讲座《创意微班会》。他"情理交融,睿智幽默,案例鲜活,广接地气"的讲座风格受到老师们的热烈欢迎。他教了大家十招。第一招,恰当运用素材。秦老师以"女汉子""毛竹的魔法生长"等一系列微班会进行举例说明,形象生动,让人耳目一新。第二招,捕捉教育契机。秦老师利用生活实际、突发状况,结合《改分》《我们是一个团队》两个案例,彰显名师教育智慧。第三招,创设德育情景。《一个橙子的故事》让孩子励志考取名校,别有动力。第四招,增强活动体验。第五招,植入学科教学。第六招,开发微小时段,如《论语》课程、朝话、故事演讲。第七招,及时演讲点评。衡水二中的操后雨中点评,让孩子们很受鼓舞,也让我们深深地体会到活动点评总结的重要性。第八招,融合心理技术。教室里的氛围是自上而下形成的,正面管教是一种基于问题解决的教育方式。第九招,巧借八方力量。第十招,预演模拟过程。

微班会是一种自由灵活、面向全体的教育方式。让我们高效利用班级的边角时空,让微班会开出艳丽的人格教育之花。

炎夏赴冰城,研修情意浓
——青岛市张红名班主任工作室成员哈尔滨研修之旅(四)

青岛市即墨区长江路小学 张 红

2018 年 8 月 2 日到 8 月 7 日,青岛市张红名班主任工作室成员来到美丽的冰城哈尔滨,度过了快乐而又充实的六天研修之旅。

在领略了秦望老师《创意微班会》的风采之后,我们还聆听了他的班主任工作精彩讲座《共同生活——班级管理的新常态》,感觉受益颇深。秦老师指出,管理工作的基础是常规工作,管理工作的核心是思想工作。他用生动的案例向我们讲述了黄色管理学、红色管理学、蓝色管理学和绿色管理学的特点,令人耳目一新。

秦老师很健谈,说话幽默风趣,很受大家欢迎。他的讲座中有很多我特别感兴趣的部分,如营造班级口头文化、紫手环、班级文化落地的五个一、班级史册、十分钟生日会、许愿瓶、教育电影课程。这些对我的班主任管理工作会产生积极的影响。

我特意了解了秦老师的 8+1 工作室,这是一个以班级常规管理研究为基础,以班会研究为核心,以个性化发展为导向的班主任团队。"工作时间决定你的现在,业余时间决定你的未来。""8"指的是工作时间,"1"指的是业余时间,团队成员要在工作时间一心一意,在业余时间多做一点,多读一点,多思一点,多写一点,多研一点。秦老师对大家熟悉的数字励志公式进行了拓展延伸,更加坚定了我继续前行的决心。我们如果能每天多做一点点,每天进步一点点,积少成多,就会带来飞跃。

这次哈尔滨之行,我们还有个收获,就是和青岛市王苏杰名班主任工作室进行了深入的交流,内容涉及日常研修、课题研究、成果结集、工作室间交流。这个过程,既有智慧的碰撞,又有情感的交融;这个过程,愉快而又美好！我们工作室和李曙光老师的交流,和乔艳冰老师的互动,每一次都充满了感动!感谢名班主任工作室优秀的同仁,有你们,真好!

第二节 名著读后

《爱心与教育》读后感

青岛市即墨区长江路小学 张 红

工作室推荐的第一本教育名著就是李镇西老师的《爱心与教育》。

翻开《爱心与教育》,我的内心充满了期待。

李镇西是苏霍姆林斯基的追随者。他认为苏霍姆林斯基全部理论的基石就是一个朴素而富有人情味的愿望:把每个学生培养成幸福的人!我们的教育对象的心灵绝不是一块不毛之地,而是一片已经生长着美好思想道德的肥沃的田地。因此,教师的责任首先在于发现并扶正学生心灵土壤中的每一株幼苗,让它不断壮大,最后排挤掉自己缺点的杂草。如此朴素而清新的观点深深地吸引了我!我迫不及待地继续往下读,还不时认真地记着笔记。这个学习的过程真是幸福!

更让我感到幸福的是我可以面对面地聆听李老师的教诲。在青岛举行的全国中小学教育名家班主任工作创新报告会上,我见到了李老师。听李老师接地气的讲座,我就像经历了一场精神的洗礼。我最喜欢他的一句话:"让人们因我的存在而感到幸福!"最欣赏他的观点:"朴素最美,关注人性做真教育;幸福至上,享受童心当好老师。"

培训归来再次捧起这本书,读得更细,感觉更好了。

这本书以手记的形式,向我们讲述了李镇西老师教书育人的感人故事。这更是一本成功的"实例教育学",既有精要的教理阐述,又有典型的教例剖析。李老师对逆境学生的关怀,对后进学生的转化,对优秀学生的培养,对心理教育的尝试,对有效德育的探索等,对我们都有普遍的启发性,值得每一位教师一读。"手记一"里,李老师所具有的一颗童心令我仰慕,李老师对学生的爱心更是令我震撼!我深刻地认识到:当一个好老师最基本的条件就是拥有一颗爱学生的心!正像李老师所说,一个真诚的教育者同时必定又是一位真诚的人道主义者。一个受孩子衷心爱戴的老师，一定是一位最富有人情味的人。只有童心能够唤醒爱心，只有爱心能够滋润童心。离开了情感，一切教育都无从谈起。爱学生，就必须善于走进学生的情感世界，就必须把自己当作学生的朋友，去感受他们的喜怒哀乐。教师对学生真挚的爱，是我们感染学生的情感魅力。教师真正的尊严，从某种意义上讲，并不是我们个人的主观感受，而是学生对我们的道德肯定、知识折服和情感依恋。当我们故作尊严，甚至以牺牲学生的尊严来换取自己的尊严时，学生根本不会买我们的账，只会向我们投来冷漠的目光。教育者的尊严是学生给的！这段文字深深地震撼着我，同时告诫我，在自己的教育生涯中，在和学生打交道的过程中务必注意爱学生。

所以，当 2017 年接手一个新的班级时，我就把李老师的"让人们因我的存在而感到幸福"这句话送给了大家。我经常在班里说，因为有你们，所以张老师很幸福。我教育学生，平时说话做事的时候，都想想是否会给他人带来幸福，至少应该努力做到不妨碍他人。我相信，这样慢慢地引导，孩子们会潜移默化地受到教育。当整个班级形成感恩的风气时，那些特别的孩子也或多或少会受到积极的影响。后来，我又带领孩子们写感恩日记，更是受到了学生的欢迎。我精心选择了一本笔记本，封面上有"感恩"二字，还有一枚小印章，上书"初心"，旁边还有一句话："人生需要感恩。""诚、善、敬、爱、仁、情、美、义、真"等充满着正能量的美好字眼，众星拱月般地围绕在一个大大的"恩"字周围。然后，孩子们轮流写感恩日记。有写老师关心自己的，有写同学帮助自己的，也有写自己帮助他人的；有写表现最好的同学的，有写自己最开心的，有写自己最感动的，有写自己最幸福的……翻开感恩日记，看到的是"爱心、幸福、快乐、温馨、开心、感动"等字眼，还经常有学生辅之以笑脸、爱心、握手、拥抱等符号，感受到的都是满满的正能量。

班会课上，我还给孩子们讲了一个故事——《世界，正在悄悄地奖励有教养的孩子》。我要让孩子们明白，成长远比成功更重要！培养孩子如同种树，只有先在根上滋养他们，然后以品德之养分来灌溉，孩子们才能长得枝繁叶茂，离阳光更近些。我告诉我的学生，努力做一个谦让、随和、助人的小孩。

今年，接的这个班很特别，因为班里有几个很特别的学生。接班前，就听闻这个班不一般，却没想到是如此不一般。付出了很多心力，成效却不大。

读着《爱心与教育》，反思着自己转化特别生的过程，对比着李镇西老师的做法，我发现自己做得很不够。接下来的日子，我要对这些特别的孩子注重感情倾斜，唤起他们的上进心，并且注意引导集体舆论，讲究有效方法。我要努力改变自己，用一种从容平和的心态，潜心于自己的班级，醉心于自己的学生，努力超越自己、壮大自己，把一堆琐碎的日子铸成幸福的人生。

我的心是你们的舞台
——读《致青年教师》有感

青岛湘潭路小学　梁　燕

曾经有一个阶段，中央三台的宣传片有这样一句话："心有多大，舞台就有多大。"一个穿着红舞鞋的女孩一路舞蹈，从黄土高坡的窑洞到北京的天坛，风采依然，自信不减。我想，她的心中是有个舞台的，而这舞台，以天为幕，以地为场。我不禁在想，是谁赋予了她这份自信，是谁赋予她广博的舞台。终于，在吴非老师的《致青年教师》一书中，我找到了答案。

"教育者的胸襟，是学生的天地。教师的胸襟有多宽，学生的精神天地就有多大。"吴非老师如是说。于是，我开始审视自己，作为80后的我们，究竟有多大的胸襟来包容和接受。或者，在不经意间，我们已经把那份狭隘揉进了平日的教学，以爱的名义，在孩子的成长之路上扔了一块绊脚石。

吴老师的文字，字里行间流露的是发乎情的教诲。他告诉我们，在一个教学群体中，想在尊重他人的同时发展自己，就需要容忍，能容忍不同的意见，特别能容忍聪明人，容忍正直正派的人。你会不会觉得奇怪呢？一定是的，你会在脸上挂一抹内容复杂的微笑，告诉我你仰慕这些人还来不及，怎么能用"容忍"来形容。真的是这样吗？80后的教师们，请反观自己：当同级的教师带班有方，屡获奖项时，你是否心生嫉妒，并在心里弱弱地说一句"其实，我比他强"？当有人站出来指正你的小瑕疵、小纰漏时，你在接受的同时，是不是也有一丝委屈？我们需要承认，时代造就了80后的个性张扬，同时给了我们抹不去的自私自主。我们习惯了自我为中心，或多或少，我们总是认为自己是最优秀的。于是，渐渐地，我们会嫉妒聪明人，而嫉妒过后，便是无法容忍。这是多么骇人听闻的一件事啊！而当这发生在我们80后教师身上,将影响到我们下一代的孩子,他们,会有过之而无不及地反馈给社会。届时,我们就是始作俑者!感谢吴老师的提醒!无疑,容忍,是 80 后教师的必修课。

在吴老师的书中,读到的除了对教师的提点,更多的是让我明白了,在今后的杏坛行走中,我们该为学生打造一个怎样的舞台。"教师心胸博大,他的学生才能面朝大海,他的学生才能仰望星空;他所教的学科,才有可能成为乐园;他的学生,才会开垦自己心灵,建造精神家园。人生中能遇上胸襟辽阔的教师,学生自然'大气',自然能顶天立地。"吴老师明确地告诉了我们,作为教师,要给学生构建足够大的心灵舞台,用自己的行动引领学生在学海泛舟。我们要做的,是灯塔而非暗礁。学子的风帆让我们以爱为风吹起,助学生一路远航。

我想,应该感谢吴老师的书。我们是青年教师,我们有激情,有欲望,甚至是有"霸气",有"野心"。但,我们需要的,是一个团结、正气、奋进的集体。在这里,有鞭策我们进步的动力;有积极、向上、阳光的榜样,让我们去发现更多发展的机遇。因为我们年轻,所以更要自觉增强集体凝聚的力量,来维护这个集体,推动这个集体。青年人,努力吧,用我们的心,为孩子们搭建一个比天大、比地广的舞台。

自由!顺从?自由

青岛湘潭路小学　梁　燕

初中班主任的一句话让我记忆犹新:"所谓约束,在一定程度上只是讲给那些犯规的人听的,而那些顺从的人是从来不会感觉到有所约束的。"那个时候尚在叛逆的年纪,心中暗暗地想:"还是约束得太紧,否则,怎会有如此多的人渴望冲破那些圈圈去追求自由?"如今看来,或者这顺从与自由本就是一对统一体,有时,这两者的配合相辅相成,天衣无缝。

在教育当中,"自由派"与"顺从派"各执一词。"自由派"主张:对自由的限制使儿童心灵上对限制者产生反抗意识;经验表明,受限制最多的儿童一旦有机会,他们会变得更加肆无忌惮;假如以智慧引导自由,自由便导致耳聪目明;自由使安静、平静和快乐涌进儿童的心田。而"顺从派"的主张则截然相反,他们的理由是:没有顺从,便不可能有教育,因为即使在最有利的情况下,也总不能让孩子为所欲为。有大量紧急的情况,在这些情况下,不加约束的自由对孩子来说就意味着危险。在社会生活中技能和适应是必不可少的,二者在不受约束的自由之中不可能形成。而激情不会因约束而消失干净。两派针尖对麦芒,各执一词。而我们的教育究竟是应追求顺从还是应主张自由呢?两者或者本就难分难舍。

《自由和顺从》的作者裴斯泰洛齐作为受自然主义教育思想影响的教育家,认同卢梭关于教育的目的在于发展人的本性、教育过程必须遵循人的自然本性发展规律的系统观点。同时,他还认为自然教育和社会教育从儿童出生开始,就已经相互结合在一起,自由和顺从都是一笔财富。

反观我们的教育,这两笔财富又得到了多少呢?曾经读过覃川先生的著作《今天怎样做教师》,覃先生以犀利的笔调质问老师们:"你们要把孩子培养成什么样?"是啊,扪心自问,我们到底要将孩子培养成什么样呢?

每一个孩子都是上天赐给一个家庭的礼物,家长将自己的心肝宝贝送到学校,这当中给予的期望是不能用词汇衡量和描述的。每每站在校门口迎接孩子入校,总会听到家长苦口婆心地叮嘱:"好好听老师的话,乖。"这个时候,我总会向家长微微一笑,而更多的,是质问和思考。

我们的学生是顺从的吗?很抱歉,不是。当然,我们也不需要一些流水线上的机器。我们响应号召发展素质教育,我们推崇新课改以学生为本。诚然,每一项新举措新动向都会衍生出旁逸斜枝,而教师的使命则是对这些枝丫稍加修剪。盆景,也可以形态各异。那该如何规范学生的行为呢?

第一,在我念师范的时候,有八个大字是每周升旗仪式上师范生必读的:"学高为师,身正为范。"因此,教师应该率先垂范、严于律己。教师与学生朝夕相处,长期生活在一起,学生自然地视教师为学习的楷模,为师者的一言一行都有着直接的或间接的教育意义。因此,要求学生做到的教师首先要做到,以教师的示范带动学生的规范。另外,教师在教育学生时同样要提高自己,认为教师只是教育学生,忽视对自己的要求,忽视"律己"和"垂范",这样说得再多,教育效果也不会好。教师必须注意自己的行为表现,特别是在日常生活中尽最大的努力给学生做出表率,做到对学生的"身教"。

第二,对良好行为的阳性强化。因为一直执教小学低年级学段,我越发感觉到,对孩子的正性强化是尤为重要的。初入校园,正是学生价值观形成的阶段,此时对学生行为进行阳性强化,即发现优点及时进行表扬,使其明白什么是对的好的,这样的方式远胜于教师干巴巴的说教。通过几年的教育教学工作,我更是深深地体会到从小事抓起,抓养成教育,教师就一定要深入班级,跟紧班级,及时发现问题,及时解决。小学生年龄比较小,自控能力差,但恰恰小学阶段是培养良好行为习惯的契机,执行规范要求并不是"吃亏"的事,也不是个人行动的"不自由"。遵守行为规范,不仅有利于集体,而且有利于在社会生活中与大家协调相处。只有行为规范,才符合群体与社会生活的利益和要求。要使学生明白这些道理,变有约束感为自觉的行为。另一方面,教师也要注重在实践中培养和训练学生,在学习与生活中强化学生行为规范意识,在反复要求中增强学生的意志,在褒贬的评价中促进学生自觉履行行为规范。

第三,我常和学生说,在这个班里我们就是一家人。在这个家里,我们有属于自己的家规。每学期伊始,我会按照本班的具体情况制定合理、公平的行为规范评定制度,这对于学生行为习惯的管理是十分必要的。这不但规范了学生的行为,而且可以在学生当中树立起行为规范标兵,使学生学有榜样。班主任要实事求是地按照制度对学生操行进行评定,对做得好的方面加以肯定,对做得差的方面指出努力方向,从而使学生扬长避短。

真爱的教育确实很简单

——读《为了自由呼吸的教育》有感

青岛湘潭路小学　梁　燕

我喜欢那些新颖的书名,我喜欢那些短小精悍却意味深长的小文章。正是因为如此,在几本厚重的书发下来之后,我选择了《为了自由呼吸的教育》,起先只是因为名字,而后,便是因为当中的内容。

抛开社会角色不谈,作者李希贵先生总是个有心人。从语文教师到班主任,再到如今的"功成名就",一路走来,李先生的有心,凝聚了如今这本被我们捧在手里视若珍宝的佳作。一个个小故事剔除了教条的冰冷、说教的凝重,清爽得很。当中那些为人师的道理,在合上书之后,如涓涓溪流,滋养着初涉杏坛的我们。于是,多了一些亲近,多了一些敬佩,更多了一些责任感。

总觉得所谓教育家,一定是高高在上的。每一次讲座,他们坐在高高的讲台上,宣讲自己多年来积累的经验。坐在台下的我们受益匪浅,于是在崇拜的仰望之后,便有一丝卑微的感觉搅动心底。而读李先生的书则不同,那种感觉是耳目一新的,那些小故事似乎就发生在我们身边,发生在我们身上,而不同的,是处理的方法。于是,就会有不同的结果,这些不同的结果使我们陷入了对教育的思考。

李先生说:"教育其实很简单:一腔真爱,一份宽容,如此而已。"何尝不是呢?打从象牙塔走出来,哪个师范生不是怀揣了一腔真爱踏上工作岗位呢?几年之后,这一腔真爱不能说荡然无存,却也消磨了许多。记得一个小师妹曾经告诉我,踏上工作岗位才发现,原来现实不像书本上说的那样规矩,总会有孩子在她一遍遍说教之后仍然犯错,总是有孩子在她屡次提醒之后依然丢三落四。渐渐地,批评斥责取代了规劝教育,耐心也在这当中流失了许多。我又何尝不是如此呢?而在读过李先生的书之后,反思自己的行为,原来犯错的主要不是孩子,而是自己。孩子们原本简单得很,初入校园,来到这个原本也该是简单的地方,是我们有意无意地把他们搞复杂,却又不愿意为此承担责任。于是,那份宽容也就愈加狭窄了。李先生曾经在书里指出:"表扬学生要铺张,批评学生要吝啬。"而很多时候,我们将批评赋予了"为你好"的名义,屡试不爽,总觉得这样孩子会有改进,而往往就是因为如此,"为你好"变成了一把钝刀,在孩子幼小而脆弱的心灵上留下了不会流血却也难以去掉的疤痕。

为什么不能给彼此更自由的呼吸空间呢?"你要好好学习,因为我爱你。""因为你爱我,所以我要为你好好学习。"这样的爱纠缠在车轮上,可以无休止地转下去,却不能为自己理出个头绪。被赋予了所谓"爱"的枷锁锁住了真爱的脚步,不如,放下吧。给孩子一些空间,也给自己一些空间,卸下这些无谓,想象着自己来到心灵之花自由开放的生命田园,那些晶莹透亮的珍珠亦如我们的学生一样,他们自然,纯净,需要我们用心呵护。释放那些藏在心底的真爱吧,你会发现,教育,确实很简单。

唤醒班会

青岛湘潭路小学　梁　燕

《教育文摘》中的一篇小文章,引起了我的阅读兴趣,名字叫作《班会那点事儿》。文章讲述了一位主管德育的领导观察到平日里班主任对待班会的几种做法，敏锐地感觉到班会正日渐淡化，并由此展开了相应的分析。这篇文章深深地引起了我的共鸣。作为一位小学班主任，我也随波逐流地成了弱化班会的群体中的一分子。

在文章中，作者搜集了教师们不愿意开展班会活动的几种心声，比如觉得班会无用，学生们"好的不用教，坏的教不好"，所以上了班会课也是徒劳。有的教师认为尽管是素质教育了，但成绩还是最根本的，所以，班会课只是走走形式，几分钟了事之后就改成了文化课的延伸。更有不少教师表示，现在活动多，任务多，责任多，上班课会是心有余而力不足。诚然，作为一名小学教师，我也曾有这样的忧虑，担心孩子们没有把课堂上的知识点掌握牢固，所以就强制性地将一些品德教育的时间拿来做练习，还美其名曰帮孩子巩固知识。现在想来，巩固的那点知识与孩子成长中的德育相比，渺小得不堪一击啊。

在文章的结尾部分，作者认真地分析了班会淡化的解决办法，告诉我们这样一个道理：班会是学生的，所以，只有放手让学生参与，才是让班会生存下去的根本。班会不是单纯的说教，学生的身体力行才是最好的教材。我们要通过师生间的互动，强化师生间的交流，才能使班会有人情味。这样的班会，学生还怎么会排斥呢？

文章读罢，有些许脸红，些许愧疚。一直以来，对于班会我也疏忽了许多。流于形式的班会给孩子们留下的，除了当时的热闹别无其他。这篇文章让我醍醐灌顶。那么，我也要做个班会的唤醒者，从现在开始，上好每一节班会课，让孩子在班会活动中得到成长。

《教育智慧从哪里来》读后反思

青岛市即墨区北大附属即墨实验小学　李晓宁

王晓春老师的《教育智慧从哪里来》，读后我感触很深。书中的教育案例好像就发生在我们身边，感觉每个案例都是那么鲜活，从中我也学到许多的教育智慧。王晓春老师在书中说："智慧，即使不比爱心更重要，起码也和爱心同等重要，光有爱心和耐心可能是一个好人，但未必能成为一个优秀的老师。"

有一天，和往常一样，放学前 10 分钟我已经在教室门口等待任课老师的放学口令。还有 5 分钟就放学了，孩子们兴奋地来到走廊打开自己的柜子，收拾书包准备站队回家。可是小轩却站在自己的柜子前哭了起来。我赶紧上前询问，原来他的柜子的钥匙不见了。他打不开自己的柜子，着急得哭了起来。我一边安慰小轩，一边帮他在柜子周围快速地找寻，但一无所获，只能到办公室找到备用钥匙先帮小轩拿出书包。孩子们放学走后，我开始思考第二天怎么帮小轩找钥匙。生气、质问都没有用，只能让这个恶作剧的学生更加不敢承认，同时也会伤害到恶作剧学生的自尊心，帮小轩找出钥匙就更难了。必须要想一个两全其美的办法才行。第二天上完课后，我就微笑着对孩子们说："同学们，咱们班小轩柜子的钥匙没有了，他很难过，大家想不想帮他找到啊？"孩子们异口同声地说："想。""那你们比比看谁的眼睛最亮，最先找到小轩的钥匙，作为帮助小轩的奖励我会奖一颗红星给他。"同学们听了后，都兴奋地互相讨论，左顾右盼。

课间操结束后，林林就兴奋地来到我面前，说："老师，我帮小轩找到钥匙了。"说完他手一伸，把钥匙递给了我。我微笑着奖励了林林，并赞扬林林的眼睛真亮，这么快就帮助同学找到钥匙了，请林林担任班里柜子钥匙的管理员。事后我又找到林林进行了谈心。从那以后班里的柜子钥匙再也没有丢过。调皮的林林也因为当了班干部纪律比以前好多了。

这次事件后我做了反思。其实面对孩子间的小事件，作为老师一定要先冷静地想想怎样做对于孩子才是最好的教育方式。的确就像王晓春老师说的那样，老师一定要有教育智慧。而这些教育智慧就要求老师要善于从日常教学生活中去捕捉那些点滴小事。

《教学勇气》读书札记

青岛市即墨区德馨小学 孙 岩

身为教师，如果你有了职业倦怠感，那么请读读《教学勇气——漫步教师心灵》这本书吧；如果面对各种各样的学生，你束手无策时，也请读读这本书吧。捧起此书，你的心灵一定会被触动。

让我感受颇深的是"'有问题背景'的学生"这一小节。经常会听到教师们说："这孩子，怎么这样？太让人吃惊了！"其实每个孩子都有自己的个性特点,对于那些个性特点特别强的孩子,我们在教学生活中应该有耐心地引导。

我以前教过一个小朋友叫浩浩。他爸爸常对我说:"我们家浩浩很调皮,请老师多多提醒教育。"由此,我对这个孩子留下了深刻的印象:调皮!果然,开学一个月间,他正如他爸爸所说的"很调皮",把同桌衣服扔到楼下,推同伴,故意伸腿绊倒别人,在学习活动中开小差……久而久之,同学们都知道:浩浩很调皮、不听话。每次他出现状况,孩子都"告状"说浩浩的不是。后来班里小朋友开始迷上了彩泥制作,而一向喜欢玩闹的浩浩也对彩泥产生了兴趣。当我来到课间观察他们活动时,浩浩高兴地跟我介绍:"老师,我们小组制作的彩泥好看吧!这个是小雨做的,那个是小鑫做的,我的最不好啦。"看他介绍得有模有样,于是我鼓励他:"你做的也不错,看,这个西瓜的子儿,多像真的呀!"听了我的表扬,他很开心。

在以后的教育过程中,我多观察他的表现,抓住他的闪光点,从正面采用鼓励的方法进行引导,增强他对自己的信心。应该说,每一个表面顽劣的儿童背后都潜伏着他的闪光点,浩浩也是如此,如:他在进餐方面表现得就较好,吃完饭能自己收拾餐具,对集体游戏活动感兴趣,积极投入,愿意帮助同伴……于是,我首先对他的优点表扬、肯定,接着对他的不足之处提出建议,要求他改正,并与家长积极联系,取得他们的配合。果然,在不断的表扬、鼓励下,在家校共同努力下,他不再像以前那么调皮了。

孩子的心灵是纯洁的,同时也是非常脆弱的,需要教师用自己一颗真诚、热爱、赏识孩子的心去唤醒、去呵护。教育技巧的全部奥妙,我认为也就在于如何爱护孩子。给孩子爱心,他就会认可你;给孩子爱心,他就会愿意亲近你;给孩子爱心,他就会喜欢你。相信每个教师其实都是爱孩子的,让我们用发现、期待的目光去看待每一位孩子,发现每个人身上的可圈点之处。捕捉孩子身上的闪光点,抓住教育的最佳契机,在教育岗位上全方位地奉献出我们的爱心,让孩子在爱的海洋里不断茁壮成长。

《读懂孩子——学生心理学手册》读后小感

青岛市即墨区德馨小学　孙　岩

2017—2018 第二学期,张红名班主任工作室给我们送来了一份特别的礼物——《读懂孩子——学生心理学手册》。

　　《读懂孩子——学生心理学手册》讲述了孩子从一个婴儿到成长为一名初中生的心理发展历程，以及每个阶段里他的心理特点、与周遭环境的互动、容易遇到的人际冲突和自我冲突。

　　借助深入浅出的理论阐释和大量真实的案例，作者试图引导我们思考以下问题，并得出自己的答案：各年龄段的孩子心理特征是怎样的？为什么会出现学业困难？智力是什么？为什么说智力是多元的？如何让孩子集中注意力？校园暴力的心理根源是什么？青春期的孩子为什么会有"不正常"的举动？孩子成长过程中有哪些困难？成人如何关爱和帮助他们？

　　读着读着，就有了一种原来如此的恍然大悟。在从事班主任工作的这么多年中，真的是遇到过很多像书中所说的那样特立独行的孩子。或者说，现在我和我的同事仍然在遇到着。面对这样的孩子或他们做出的事情，现在看来，是我们因为不了解他们的心理而采取了不合适的做法。

　　这本书共有九章六十多节，可以说，每一章每一节都让我受益。单单拿"落后生"这一节来说吧。

　　落后生，也就是我们常说的后进生，从我们开始教学就会遇到，有行为后进，有学习后进。例如，行为后进容易给班级扣分，班主任们往往会劈头盖脸批评一顿，老师自己的气愤情绪是发泄出去了，其实回去的那位学生往往会再次犯错。究其原因，我们没有找对问题的根源，我们也没有给他正面引导，没有告诉他应该怎样做才对。我们经常听到教师说："怎么回事，这个题已经给你讲过十多遍了，还出错。"有的教师后面那句"怎么这么笨"放在心里默念，有的教师是直接脱口而出。换个角度来想，你一个教师，这么多遍都没把人家教会，是不是也要从自身找找原因？

　　还有和家长沟通的问题。我们在平日里，可以说经常因为这些后进生和家长电话联系。如果我们只是找家长吐槽一番，相信明天这个孩子一般没有什么具体的改变，原因就是，和家长沟通时，我们没有给家长具体的指导意见和建议。

　　所以，如果教师不学习，不改变，后进生还会落后下去。只有我们读懂了他们的心理，积极改变，他们才会进步。

《表扬的魔力》读后有感

青岛市即墨区德馨小学　孙　岩

一天午睡前,看到了一篇文章《表扬的魔力》,具体的细节我是记不得了,主要讲了作者回忆自己的母亲和祖母如何夸大表扬自己孩子的过程。我当时马上觉得我在处理儿子的一些事情上做得不太对。当时想的是应该向文中的母亲和祖母学习。

一次周五下班时检查儿子的作业,发现在有余数的除法口算中,儿子做得一塌糊涂,有一些甚至直接胡乱写了一个得数,可他做完后却看起了电视。当时我火冒头顶。换在平时,我直接就把人揪过来劈头盖脸地乱批一顿了,可是看过的那篇文章让我冷静下来了。

我把儿子叫到跟前,对他说:"儿子,我发现你的口算中错了好几道题。"我还没说完,儿子就实话实说了:"妈妈,这些有余数的算式太难,我就胡乱做上了。"儿子双手一摊,表现出了无奈。看到他的态度和表情,我庆幸自己先前的冷静,我应该帮助并且鼓励他。于是,我找出其中一道题,对他说:"那你把想法说说吧,想到哪个地方想不下去了,就跟我说。"儿子很认真地说了起来:"23除以6,先商4,大了,换成3,三六十八,然后……"儿子说到这,停了一下,我刚要帮助,儿子又接着说:"23减去18等于5。"在算减法的时候,儿子算得比较慢。算完后儿子把得数完整地写上了。我很高兴,就像文章中的那位祖母那样,使劲地拥抱了他,并且捧着他的脸蛋说:"儿子,你太棒了,不用妈妈帮忙,自己就想出了得数,而且想得很完美。谁说这些题太难?你就轻而易举地打败了它们。"我还夸张地亲了他一下,儿子满脸高兴而又不好意思。我乘胜追击:"有没有信心打败其余的题?""没问题,妈妈!"儿子说完马上投入挑战中了。

到这里,我想说的是,同一件事,真的可以有不同的处理方法,真的可以把原先想要的批评转化成鼓励或者是表扬。但我也知道,我自己做得远远不够,我的耐心和用心有时还是战胜不了烦躁或者气愤。我要继续努力!

《爱心与教育》读后反思

青岛市即墨区通济八里庄小学 李永磊

很早就喜欢大名鼎鼎的李镇西老师,喜欢他的教育智慧和教育心态。《爱心与教育》这本书就是李老师的成名作、代表作。读完《爱心与教育》,我被书中一幕幕真实的故事所感动,更被他用全身心的爱投入教育事业的精神所震撼。

当一个好老师最基本的条件是拥有一颗爱学生的心!李老师认为爱的教育不是一种教育,而是一种生活,一种常态的生活;爱的教育要从细节处入手,必须善于走进学生的情感世界,把自己当作学生的朋友,去感受他们的喜怒哀乐。是的,李老师就是这么做的。他在学生生日时亲手送上的一本书、一张贺卡、几句诚心的祝福,为学生举办生日晚会,跟学生一起举行篝火晚会,一直关注高考落榜学生,令学生感动的同时,也折射出了师者崇高的师德风范。我们对学生的爱不应是居高临下的"平易近人",而应是发自肺腑的对朋友的爱。如果没有爱学生的心,又何来教育好学生呢?说爱心和童心是教育事业永不言败的最后一道防线,也是再恰当不过了!

李老师做的许多事情都很普通,其实许多老师都做过。为什么李老师能成为名师,我们却在日常工作中变得越来越平庸呢?我想更重要的是对教育的执着、对爱的坚持。他把教育事业当成自己的事业,把带给学生一生的幸福当成一生的追求,我们往往只是把教育当成自己谋生的职业。一个老师创造一个感人的场面并不难,但一个老师能够长期像李老师对待万同同学那样对待每一个学生,难!李老师说:"应把更多的关注、更多的情感投向那些极度缺爱的同学,弱势群体是不幸的,他们很难拥有健康、快乐、自信、向上的精神生活。如果我们能还他们健康、快乐、自信、向上,那该是多么好的教育!"爱是我们的语言,和学生相处,只有爱才是打开学生心灵大门的钥匙,只有爱才能换来学生的真心和信任,使我们成为真正受学生爱戴的老师,但做起来谈何容易,那需要真心地付出。作为老师,你将你内心深处的爱心传递给你的学生了吗?自省过后,跟李老师比起来,我感到卑微和惭愧。我发现自己做得的确不够。面对个别学生的顽劣、散漫,我总是忍不住会烦躁,会发怒。可每当发过脾气,总会有一点自责。我总是在潜意识里把学生看成是教育的对象,可能太过追求在学生面前的威严了。

李老师说,要每一个从他手中走出的人都能幸福地度过一生。让自己的学生幸福地度过一生——这是一种多么广阔的胸怀,多么博大的爱啊!我工作近二十年,想过如何让学生喜欢、让家长放心,却从未想过如此深奥的问题。但这却已深深融入李老师的血液当中,成了李老师的教育追求。

读完《爱心与教育》,李老师对爱的执着深深打动了我,让我感受到什么才是对学生真正的爱。

《读懂孩子——学生心理学手册》读书笔记

青岛市即墨区通济八里庄小学　李永磊

前几天,我们张红名班主任工作室成员在张红老师的带领下,阅读了《读懂孩子——学生心理学手册》一书。读罢此书,顿觉受益匪浅。书中大多是从心理学和生理学两个方面分析孩子在各个时期的特点,科学地揭示了青少年的成长规律,为作为家长和教师的我们提供了一个教导孩子的路标。书中告诉我们不仅要关注孩子生理发育的规律,更要研究其心理成长的规律,而且需要将两者结合起来思考。只有当我们读懂了孩子的身心发育的特点和规律之后,才有可能给予正确的教育。

共鸣、积聚、凝结、储存是孩子学习过程中的四条决定轴。课堂上的概念只有与生活经历产生共鸣才会被理解。如果产生共鸣,就会有凝结,孩子就会立即掌握这个概念。如果再有一个相当持久的维持过程,也就是储存,那么这个概念的掌握也会持久。当我们遇到一个"记不住"的孩子,在学习的时候,他会了,但还没有掌握。第二天、第三天,他又要学习新的内容,积聚的过程被削弱,他可能就永远不能掌握所学的知识了。认识到这一点,我们就需要在课堂上尝试多种多样的教育方式。这样的后进生通常在教师面前紧闭心扉。我们就要耐心细致地开启他们心灵的大门,在帮助和支持的行动上坚持不懈。要耐心细致地洞察后进生的各种细节,重视其微妙变化。一旦有了哪怕是在你看来是微不足道的一点点进步,也应该给予充分的肯定与表扬,同时也要指出他们还有哪些地方做得不够好,鼓励他们向更好的方向转化,并且要长期坚持下去。只要教师不断地加以正确的引导,相信他们会逐步成长起来。

这样有了学习动力,才有一个有效的开始。学生往往由于自己表现的机会少而产生胆小的心理,认为自己这也不行,那也不行,缺少自信心,不敢展现自己。针对这种心理,应利用一切可能的机会,让学生表现自我,发现自我,树立自信心,培养学生大胆、健康、向上的心理,如常在班上组织朗读比赛、书法比赛、演讲比赛、办小报比赛。一个人如果对自己有信心,就会以百倍的热情投入各种活动中,就更容易发挥出自己的能力和水平,而满足学生这种心理需求的最好办法是激励。

要让孩子学会学习,爱上学习,学会做人、做事,教师与家长就必须承担起教育的责任。每个孩子的成长都是有规律的,只有掌握了规律,按规律教育孩子,才能让孩子健康成长。

《教学机智——教育智慧的意蕴》读书札记

青岛市即墨区通济八里庄小学　李永磊

近期,我阅读了马克斯·范梅南教授的著作《教学机智——教育智慧的意蕴》一书。读完此书,我被深深震撼了。我相信所有教师都认为教育教学生活需要更多的教育机智。这本书给了我们很多的启示。

在讨论教育机智的表现时,作者列出了如下几种表现方式:机智表现为克制,机智表现为对孩子的体验的理解,机智表现为尊重孩子的主体性,机智表现为"润物细无声",机智表现为对情境的自信,机智表现为临场的天赋。一个拥有教学机智的教师给予孩子的不仅仅是知识与能力,更为重要的是让孩子学会生存;"机智教学"要给学生提供一个支持性的环境,达到"润物细无声"的艺术效果。

教师不仅是一种职业,更是一种专业;教师专业化发展的重点不仅在于学习专业知识,而且在于提高专业能力和专业道德品质。作为一线教师,我们就需要时时注意我们的语调、说话的方式,用温和的言语、适时的沉默和学生沟通。我们应该注意到孩子们的独特性、差异性,应该给予孩子们成长中自己的空间和时间,应该对孩子们始终抱有期望之情,沉着平静地等待他们的成长。孩子再小也需要尊重,然后才是耐心的说服和严厉的劝导。要设身处地地为孩子们着想,从他们的切身利益出发,根据他们的性格特征和所处环境对症下药。适时的沉默是机智的、有力的调和剂之一。教师需要更多的观察、猜测和验证来决定该不该去介入。很多时候,需要沉着平静地等待时机,一旦时机成熟,就要牢牢把握,趁热打铁,达到事半功倍的效果。此时无声胜有声,默默地给予、默默地聆听,它是一种耐心的等待,是对孩子的期望与信任,它给孩子自己成长留下了空间。但凡事都要有一个度。克制、沉默绝不等于对孩子的行为漠不关心,放任自流。没有限制和标准的自由不是真正的自由。孩子们还是需要我们时时引导、指点,有时甚至是约束。对于教师而言,无论在生活还是工作中,我们都要不断学习、体验、回味,因为教育智慧就孕育在这中间!

俄国教育家乌申斯基说:"不论教育者怎样研究教育学理论,如果他缺乏教育机智,他就不可能成为一个优秀的教育实践者。"在课堂教学情境中的教学机智能够促使教师机智灵活地处理各种偶发事件,开发学生的潜能,激发学生的学习兴趣,活跃课堂气氛,进而提高课堂教学的效率。这对于教师来说是多么重要,在孩子成长中是多么举足轻重。我相信,只有不断学习,才能增长自己的教育智慧。

遵循客观规律,收获成长
——《读懂孩子——学生心理学手册》读后感

青岛西海岸新区育才小学　　闫丽丽

最近,我读了法国知名儿童心理学家、儿童问题专家让—吕克·奥贝尔的《读懂孩子——学生心理学手册》,收获颇丰。

这本书讲述了孩子从婴儿成长为初中生的心理发展历程,以及在每个阶段里他的心理特点、与周围环境的互动、容易遇到的人际冲突和自我冲突。作者借助大量的事例,深入浅出地阐释了孩子成长过程中的种种问题,让读者在阅读的过程中不断反思自己的教育方式,从而改变自己的教育方法,达到科学育儿的目的。

事物的发展都有一定的规律。庄稼应该什么时候播种,什么时候施肥,什么时候收割,都是有其规律的。而且不同物种,规律不同。试图改变规律做事,只能如揠苗助长一样徒劳无效。我们唯一能做的就是遵循其生长的内在规律,适时地给它创设良好的环境和氛围,才能保障庄稼的茁壮成长。

育人同样也存在这样的道理。读懂孩子身心发展的特点和规律,才能激发其内在的潜力。作者对儿童心理现象的三大基石的阐述,给我们的研究、了解儿童心理提供了理论依据。

当读到"双重依赖:物质依赖与精神依赖"是儿童心理的一大特征时,有些问题才豁然开朗。多年接触低年级孩子后发现,从小跟着祖父母长大,等到了入学年龄才接回来上学的孩子,家长往往要费很大的劲给他纠正各种不良习惯,孩子也是各种的不适应,导致了一系列的心理问题出现。细想想,幼儿在成长的过程中,需要一个或多个人的陪伴,直到他能够独自承担、自我负责为止。在此过程中遇到的问题,许多祖父母难以给予心理上的指导。因此,孩子身心的发展就有一定的空缺,最终买单的家长还是要付出多倍的努力才能弥补。所以,孩子需要家长陪伴成长的时期,家长缺失了爱,最终一定会在孩子身上显现出来。

作者的第二个理论:无意识。无意识指的是孩子在婴幼儿时期曾经留下的一些没有经过处理的、无法提取的印记,常常会通过各种形式在成长的过程中有所表达,但自己却找不到缘由,这其实就是人的"无意识"。无意识是被孩子的身体所记忆却不能被我们回忆的"记忆"。它会给人带来一种自己无法控制自己的感觉,是一种类似条件反射所带来的结果。就像我们看的电视剧中,一些失忆的人,当在某一环境看到某一情景时脑海中会出现一些零星的故事碎片一样,这种特定的场景激发了孩子的无意识。很多人成长之后所发生的看起来比较难以理解的事情,如果能够追根溯源的话,都能在他的婴幼儿阶段找到合理的解释。

由此看来,婴幼儿时期是孩子无意识产生的关键时期。这也提醒我们,要让孩子健康地成长,家长要特别关注婴幼儿时期的孩子,不仅要满足他们的依赖感,给他们充分的陪伴和呵护,还要努力为他们创设各种和谐的关系,创设温馨的环境,努力减少那些负面的因素在孩子脑海中形成各种印记,成为他们的无意识。

由此,我想到,有的专家说,孩子教育的黄金时期是0~3岁。由此看来,那些由老人一直带大并没有注意良好习惯养成的孩子,上学后出现各种的不适应,就容易理解了。"孩子是家庭的缩影",我想,这就是无意识潜移默化的影响出现的结果吧。由此可见,孩子初期的教育是多么重要!

作者的第三个理论:冲动。在心理学上,冲动指的是一种心理生理学运作模式,它促使人们去满足自己的原始需求,是人天生所拥有的。冲动是人的"内在发动机",可以促使人们去寻找周围的人和物以满足自己的生存需求、心理需求和生理寻求等,促使人们去探索世界。

其中,认知冲动对人的智力发展有着重大的贡献。孩子在出生之后,就有探究周围世界的欲望和冲动,他们会通过看、听、摸、闻、品尝、移动、提问等各种方式来实施自己的探究行为,以帮助自己来认识与掌握身体、外界与他人。认知冲动只有在收到了外界的积极回应时才能得以持续并逐渐发挥作用。这也提醒我们,不仅要给孩子提供各种感官与现实生活相联系的时空,也要特别关注环境对孩子的反馈效应,以促进孩子认知冲动的发展。0～5岁的这段时间是认知冲动的最佳工作时间段。如果孩子在这段时间里认知冲动没有得到良好的满足、鼓励和刺激,这些认知冲动就会逐渐消失。所以说,孩子的学习,并不是孩子进入学校才开始发生的事情,孩子最为重要的教师正是家长自己。

由此可见,孩子们踏入校门后,就不是整齐划一的,看起来站在同一起跑线上,但实际是不一样的。有的孩子问题一大堆,而且很难在短时间内完全改掉。这些问题,大多不再是天赋和后天培养的问题,而是心理与生理相互影响、互相作用的问题。所以,婴幼儿时期的家庭教育出了问题,孩子安全感不足,上学乃至成人后,都会逐渐显现,会给孩子的人生造成不同程度的影响。

读这本书期间,校园中,紫的玉兰,白的杏花,粉的桃花,相继开放、凋谢。当林花谢了春红,似乎万物都披上了绿色的春装时,我竟然意外地发现,硬道两边的龙爪槐才刚刚探出一抹绿色,而操场四周的苦楝树仍光秃秃地接受着日光浴。我为迟来的发现感慨:大自然中的生物都需要遵循其内在规律,人又怎么能超凡脱俗于大自然之外呢?

《教学勇气》读书札记

青岛西海岸新区育才小学　闫丽丽

"真正好的教学不能降低到技术层面,真正好的教学来自教师的自身认同与自身完整。"这句话中的"自身认同与自身完整"让我联想到我们的现实工作。这几年,因一级职称基本没有名额,很多教师失去了工作的积极性和主动性。能够把教学做到技术层面的还算是不错的,而真正发自内心地去教学、研究的寥寥无几。换言之,很多人为了教学而教学,为了工资而教学。内心的动力只是源于外部的"诱惑",而真正为教育发展着想的很少。这本书的作者帕尔默说:"外部加诸你的惩罚绝不会比你加诸自己、自我贬低的惩罚更糟。"

看到书中用"恐惧"这个词语来形容教师的心理,而且是一个年近 60 岁的老教授形容自己在走进教室前的心理,我的心开始释然。我之前以为只有自己才是这样。看到别人在讲台上潇洒地讲着,甭提自己有多羡慕。没有听课的,自己很放松,思路很清晰。一有听课的,感觉大脑不够用的,总是反应不过来。教案一遍一遍地在脑子当中过电影,总是担心课堂上卡壳,担心学生的质疑自己难以很快答上,担心想要的方法学生出不来。教学生涯的十九年中,几乎每天都在"恐惧"中度过。"恐惧"第二天的课没有准备好,"恐惧"课堂纪律难以控制,"恐惧"难以达到满意的教学效果,更"恐惧"自己任教班级的考试成绩与其他班级的差距有一大截。出去学习一阵,总是担忧学生是否会打起来,是否会扣分,是否会惹任课老师生气……"难道教师的生活就是这样的吗?""难道其他教师的心理也是这样的吗?"我多次自问,对自己的教学失去了信心。看到帕尔默对恐惧的解释我才豁然开朗。现在经历了十九年的磨炼,虽然不像以前在教室前有一种想逃跑的感觉,但还是有一丝恐慌,因为我无法预料一节课的课堂气氛和教学效果如何。帕尔默告诫我们说"不要害怕",因为"我可以恐惧,但我不必置身心于恐惧之中——只要我愿意立足于我内心世界景观中的其他天地而教学"。

"若不跳出我们自己的框框,我们就不可能很好地认识这个主体。我们必须相信主体的内在生命并不全情投入之。若我们既不相信也不培养我们自己的内心世界,就没有全情投入可言。"一个人总囿于自己的思想中,很难全身心投入事业,也就没有什么热爱可言。曾经,每一个教师都有过美好的愿望,希望自己成为一名优秀的人民教师,为祖国的教育事业奉献自己的青春。但往往干不了几年,就会出现职业倦怠。总是盼着周末,盼着放假,早晨一睁眼,就开始愁着进教室面对那群"活宝"。的确,学生来自不同的家庭,拥有不同的性格,所以,同一指令下来,学生呈现的状况不尽相同。有时,真的"恐惧"苦口婆心的无效、喋喋不休的吆喝、永不停歇的"告状"……不是保姆胜似保姆,许多时候还要接受无缘无故的误解。一桩桩,一件件,可能都会令我们心寒。如果总是把自己的心放在这些上面,职业倦怠感永远不会消除,只会越来越厉害。辩证唯物主义思想教我们一分为二地看问题,凡事看到不利的一面时,也要看到有利的一面,心情才能豁然开朗。我们每天寻找点开心的事情,比如自己的做法受到家长的认可,说明自己的做法是对的。而不好的方面只是占了很少一点,只是个别人的偏见罢了。再看看,好多孩子因为自己的努力,正一步步往前进,他们每天一声声甜甜的问候,阳光的笑脸,多好啊!每天,正能量进入脑中,何愁不能把倦怠挤走呢?只有这时候,我们才能真正体会到一个教师的快乐。所以,要想真正投身教育事业,就要先走出自己给自己打造的牢笼,然后才能从成果中找到职业幸福。

智慧孕育于爱中

——《教育智慧从哪里来》读后感

青岛西海岸新区育才小学　闫丽丽

读了王晓春老师的《教育智慧从哪里来》后,真正领悟了歌德名言的内涵:"读一本好书,就是和许多高尚的人谈话。"书中一个个案例,涉及教师问题、学生问题、师生关系、教师与家长关系、管理问题等,深入浅出的点评和剖析,给了我很多启示。

首先,智慧是从点滴中积累的。

王晓春老师点评的案例之一《智慧与爱心同等重要》就让我感慨颇多。许许多多的琐碎案例,我们哪一个老师不曾经历过?但往往发一通感慨后,就弃之而不顾了。又有几人去记录下来,进行深刻的剖析?十年前,我曾在暑期进行培训时听青岛名师李玲作过报告:学生的喜与忧在她的眼中,同样,也记入了她的档案中。曾经,我也学着记过,但坚持了没多久,就放弃了。感觉太浪费时间,也没感觉有什么作用。再后来,重拾这一切是在一年前。因为我发现记性越来越差,明明平时做了很多事情,可要整理时,什么也想不起来。写个叙事,都得挖空心思去找。如不赶紧记下,很快就忘到九霄云外,难以回来了。

尤其今年接的班中出现了一个很"特殊"的孩子,随着时间的推移,她身上的问题暴露得越来越多。我却束手无策,在跟她家长沟通时因可怜她而悄然落泪,只恨自己心理学知识知道得太少。王老师在书中让我们学一点心理学,走近一点学生,花一点耐心,走进学生的心。我更加明确了这一点。我庆幸自己走对了,能从孩子的角度思考,但我又后悔自己没有更多的知识解决出现的问题。

当我看到换位思考有助于走进孩子心中时,我很高兴自己一直用这种方式在和孩子交流。它让我豁然开朗,使我不断设想:假如我是学生,我最需要的是什么?假如是我的学生,我会怎么做?换位思考使我明白:多一些理解,多一些宽容,多一些耐心和等待,就会多一种教育的方法,就会让自己让学生多一份快乐。换位思考让我不知不觉地走进学生的心灵,感受他们的喜怒哀乐,感受他们细腻、透明、多彩的心灵世界。换位思考成了我和学生们零距离沟通的一条无障碍通道。每位学生都有自己独特的个性和尊严,更有自己的思想感情和需要。自尊之心,人皆有之,学生也是如此。

这样,我渐渐积累了一些经验,在处理问题时,能够比较得心应手。

其次,"没有研究的教育是盲目的、情绪化的教育,是教师素质提高的最大的障碍"。

尽管我知道教育方式有很多,鼓励、表扬可以使学生上进、自信,但我发现,这些并非适用于所有的孩子,也不是能够立竿见影的。于是,当学生一而再,再而三地出现问题时,我在功利心的驱使下往往难以维持原来的状态,开始使用批评手段,自己大动肝火。从王老师的书中,我再一次理清思路,知道了如何正确地批评学生,而且又不伤害学生的自尊心。当你理解了学生,批评学生肯定能找到非常自然的方法,学生也自然能够接受。不掩盖问题,才能真正全面地理解学生,才能正确地实施挫折教育与批评。

教育实践中,我在了解学生时能够换位思考,却在处理问题时往往忽略这一点,仅仅为了快刀斩乱麻,立竿见影,忽视了学生的感受。所以,今后,我会在处理问题时冷静、谨慎,做一个"成功的关键不是知道答案,而在于知道如何寻找答案"的人。

最后,教育是一门很深的艺术,蕴藏着许多智慧。

"爱不属于专业能力(虽然它对于教师是必需的,非常重要)。爱,谁不会?家长对孩子的爱,难道比教师对学生的爱少吗?为什么有些家长反而常常需要老师教育他们的孩子?他们缺少的不是爱,而是科学的教育观念和方法。"书中一个个真实的案例,好多就像发生在我身边,也曾经让我百思不得其解,也曾经让我忧心忡忡,也曾经让我牢骚满腹,而我机械地做着、忙着、拼搏着。有时，自己也不理解，自己为学生做了那么多，可他们竟然不理解。明明为他们好，却收效甚微，不领情。所以，简单处理的时候多一些，情绪"战胜"理智，处理结果并不是很满意，往往治标不治本。如果遇到事情多问个为什么，猜猜有几种可能的原因，然后，加以验证，多转个弯想一想，结果就会好很多。面对教育中频频出现的各种问题，要有容忍之心，具平常之心；要有大将风度，不要用我们的急躁表情和过激言语让孩子害怕、叛逆、压抑，要寻找到合适的点，让孩子有自我反思与成长的空间，我们的教育或许就不是现在的样子。

读了《教育智慧从哪里来》一书，我再一次认识到，爱心的启迪对学生有着不可忽视的作用，需要我们静下心来思考，在经验基础上总结、提升，用理论指导实践，在实践中提升理论知识。

心中一块玉，入山种桃李
——读《陶行知教育名著 教师读本》有感

青岛西海岸新区育才小学　闫丽丽

"人人都说小孩小，谁知人小心不小。你若小看小孩子，便比小孩还要小。"这是伟大的人民教育家陶行知先生写的《小孩不小歌》。陶先生用平白朴实的语言体现了相信儿童、尊重儿童、理解儿童的教育思想，这也是我们教育工作者必须遵循的原则。事实上，陶行知常常喜欢用幽默的语调，哼出妇孺都能够懂得的诗句，来宣传他自己所创立的主张。他的主张既无华丽的辞藻，也无费解的字句，清清白白，坦坦荡荡，如一泓山中的清泉从诗人的心田潺潺涌出，将一片博爱洒向人间。他从儿童的心理和视角出发，既不牵强做作，也不直白浅陋，将儿童语言自然地进行诗化处理，这也与他"以生为本"的教学思想相统一。

他的教育思想与他的"生活教育"理念相关，他主张教育同实际生活相联系，注重培养儿童的观察力和创造性。而这让我想起了不久前读的一首诗：

云宝宝很可爱，
它把自己变成小鱼小虾，

> 飘到大海里游戏；
>
> 它变成小鸟，
>
> 飞到树枝当大树的眼睛。
>
> 冬天，
>
> 它化为雪花，
>
> 飘落到地上变作胖雪人，
>
> 望着你笑眯眯。
>
> 最后，
>
> 它变为爱心，
>
> 飘到妈妈的脸上，
>
> 亲亲她，
>
> 然后悄悄地隐身了。

这是我校 401 班周子曦写的诗《云宝宝》。她用纯洁、天真的眼睛来观察，来感受世界，并将自己的感受付诸笔下。

陶行知认为，教育者的责任就是"不辜负机会；利用机会；能用望远镜去找机会；会拿灵敏的手去抓机会"。而儿童诗正提供了这样的机会。学生运用联想和想象，结合天马行空的创造力，开启了他们主动探索世界的大门。

而教师呢？教师要具备"孩子的心灵"，这样才能走进孩子的天地，发现他们潜在的创造力。张春丽老师曾写过下面这样一首诗：

> 春天的时候
>
> 迎春花惬意地伸着绿绿的手指
>
> 勾起了小河一脸的笑纹
>
> 小河的笑声
>
> 合着暮烟里妈妈寻我回家的呼唤
>
> 欢快奔腾着
>
> 淌过宋代的老高桥

是啊，"你不能教导小孩，除非是发现了你的小孩……你不能教导小孩，除非是了解了你的小孩……你不能教导小孩，除非是解放了你的小孩……你不能教导小孩，除非是信仰了你的小孩……你不能教导小孩，除非是变成了一个小孩。"

不仅如此，诗教给了我们在潜移默化中改变学生的机会。陶行知先生一直是诗教的践行者。他任育才学校校长时,遇到过这样一件事:两个学生为一件小事闹翻了脸,互不相让,对骂起来。第二天晨会上,陶校长说:"昨天有两个学生发生了摩擦,骂了人,今天,我送一首诗《骂人》给他们,也给大家。"接着,陶行知就大声朗读了他写的诗:"你骂我,我骂你,骂来骂去,只是借人的嘴巴骂自己。"话音刚落,一名聪明大胆的学生大声说:"我来和一首小诗《打人》:'你打我,我打你,打来打去,只是借人的手打自己。'"这一生动有趣的"诗教",一直在师生中传颂着。从此,育才学校师生之间就很少出现骂人打人的事了。

现今我国大力推行教育改革,一些机构和社会团体也纷纷组织力量推进教改,比如叶澜领衔的"新基础教育实验",朱永新领衔的"新教育实验",李希贵领衔的"新学校行动研究"。其实早在近一个世纪之前,陶行知先生就已经在倡导"新教育",并给出了三个衡量"新教育"的基本标准:一是"自新",即你不能总是将他人的、国外的东西拿来,而要依据中国的国情,走出自己的教育改革之路;二是"常新",也就是说教育的改革和探索,不是偶尔做一次,而是每天都在做,日日新;三是"全新",新教育无论是在形式上还是在思想上都要新。我们育才小学一改传统,浸润在诗教的一方天地中,"内聚智慧,外塑优雅",使师生永葆淳朴童真的诗心,一颗赤子之心,亦是一颗初心,这何尝不是一项新教育呢?

让人们因我的存在而感到幸福
——读《爱心与教育》有感

青岛西海岸新区育才小学　　闫丽丽

带着尊敬和期盼,我急切地读完了李镇西老师的《爱心与教育》。心随故事沉浮的同时,更多的是被李老师的爱心感动。他在开学典礼上送给学生的关于"幸福"的"见面礼",也震撼着我的心,也是给我的一份礼物:"让人们因我的存在而感到幸福。"

这一句话足以看出李老师的爱心之广、之深。书中的故事虽然不足以惊天动地,但点点滴滴足以感动人们。"一日为师,终身为父"用在李老师的身上一点也不夸张。即使不为其师,也如其父,更何况为其师呢!为了一切孩子,为了孩子的一切,他尽其所能,用自己的言行感化着教的学生、不教的学生、周围的人。他的爱心赠予别人的是"玫瑰",留给自己的是"余香"。

正如他所说的"爱学生,就必须善于走进学生的情感世界。而要走进学生的情感世界,首先就必须把自己当作学生的朋友,去感受他们的喜怒哀乐",他一直用"童心唤醒爱心,爱心滋润童心"。尽管他面对的是高中的孩子,但道理是相同的。对于具有情感的人来说,一旦走进他的心中,转化就是迟早的问题。

点点滴滴的小事,一桩桩,一件件,慢慢渗透、蔓延、感化。他的心系学生,让宁玮终生难忘,也让她在困难中越挫越勇;他的细心、宽容,让人见人烦的后进生万同改头换面,一步步走上正轨;他的培优意识,让优秀的程桦走出迷谷,不断地超越自我,超越他人;他的爱心,让各地的莘莘学子崇拜、爱戴;他的爱心,让历届学生集体发光,共同面对出现的困难,达到爱的升华……至此,一个善良、和蔼、智慧的老师形象跃然于我心中。

反观自己的教学生涯,尽管知道自己承载着"教书育人"的重任,但心里并未重视学生的"人"的教育,更多重视的是"教书"的任务。当真正意识到育人的重要性时,却没有更有效的方法教育、疏导。尽管尝试着用自己认为最好的方法解决问题,但有时不尽如人意。教育方面的书籍常常置于床头无人问津,只靠同事间的讨论和偶尔的班主任培训获取一些能量。可遇到问题时,往往出现黔驴技穷的窘迫,那时才深深地意识到自己的知识太少,起步太晚。

当我如饥似渴地读着《爱心与教育》时,方感相见恨晚。里面不少的事例处理方式、日常教育方法及总的教育方向,都给我的教育带来奇方妙药,管理班级时较以前轻松多了。

班里调皮的小言、小翔、小博等一度让任课老师头疼,我用了"家校联系本"后,由关注其缺点转到注重其优点上来,孩子们在逐渐转化;"我是小小班主任"活动激发了孩子的兴趣,提高了孩子的能力,同时体验了班主任工作的辛苦;好多孩子的教育转入心理战术,让不同的孩子得到不同的提升;"分工到人制",让人人有事干,培养孩子的责任感……每读一遍,理解不同,收获也是不同的。当然,我在搬用时,也在不断地实验着、总结着。我相信,当理论付诸行动时,实践的经验一定会有反馈,这就是一笔财富!

我会继续在不断学习中实践、前行,在上下求索中让自己发光、发热,送给周围的人一份小小的礼物——让人们因我的存在而感到幸福。

《教育智慧从哪里来》读后反思

青岛市即墨区通济八里庄小学　李永磊

教育需要爱,更需要智慧,但教育智慧从哪里来?从王晓春老师的《教育智慧从哪里来》中我得到了很多启示。

《教育智慧从哪里来》向读者展示真实、科学的案例,通过对过程的逻辑分析和理智的诊断,告诉教师们遇到问题怎样去思考才有解决的希望。全书共节选了100个发生在小学的经典教育案例。王老师结合自己多年积累的教育经验,对这些案例进行了点评和剖析,书中处处闪烁着他深厚的教育功底和深邃的教育智慧,让人茅塞顿开、受益匪浅。

潜心阅读这本书,会产生身临其境的感觉,因为这些案例是如此真实,贴近我们的日常教学生活。读完这本书,我明白了,身为教育者,既要有爱心,又要有教育智慧,才能更有效地教书育人。一直以来,我总是信奉教育是爱的事业,只要有爱心就没有解决不了的问题。可是,在实际教育教学工作中,总有少数学生是例外,他们好像不在我爱的感召范围内,他们身上总是存在着这样那样的问题。我试着走近他们、了解他们、苦口婆心地教育他们,然而收效甚微。读完《教育智慧从哪里来》,我找到了答案,身为教育者,全身心地去爱学生固然重要,但教育智慧却是必不可少的。那么,教师的教育智慧从何而来?怎样才能做一个有智慧的教师?读着那一个个教育案例,我常常有一种似曾相识的感觉,自己也曾经遇到过类似的学生、类似的问题,自己也曾经草率或认真地处理过,但很少去一探究竟。透过王老师一段段精彩睿智的评析,我渐渐有所领悟……要有智慧,首先要学会控制自己的情绪。我们在平常的工作中,不可避免地会遇到一些令自己怒气冲天的事情。这时如果能控制好情绪,避免冲动,再冷静客观地分析、处理事情,那么你就是有智慧的。要有智慧,就要避免武断。对于一个教师来说,过于信赖自己的教育经验,有时比没有经验更糟。小华作业没有交,一定是没完成,他又在撒谎。小环老是干坏事,这件事一定是他干的。小浩放学没回家,一定又去玩了……于是想当然地指责、训斥、惩罚。如果把这些"一定"换成"可能",在发现和处理之间多一步调查,那么事情有时就会是另一种状况、另一种结果。虽然这样会更加费时费力,但教育毕竟不是制造零件,我们应该对孩子的成长负责。要有智慧,还要学会思考探究。"成功的关键不在于答案,而在于知道如何寻找答案。"看完《爬树风波》一文，感觉文中的事情我也会经常碰到：刚刚说完这个规定、那个不许，一转身，学生就违反了，这明显就是在和老师我"作对"，把老师的话当耳旁风。所以，我就会很生气，就会批评学生不听老师的话，违反纪律，却没有进一步了解学生为什么会这么做。其实，批评只是一种带有情绪性的管理方式。没有研究的教育，是盲目的、情绪化的教育。许多老师遇到问题，只会主观地想问题，说的话全都是自己的感觉，往往没搞清孩子们是怎么回事自己就非常生气。身为教育者，我们不但要从自己的角度看问题，还要尽量从孩子的角度看世界。当你理解了孩子，批评孩子肯定能找到非常自然的角度，孩子也就更容易接受。因此，做一个智慧的教师，要求我们在教育过程中遇到问题时，不是以粗暴、简单的方式加以归因、干预和压制，而是重在思考和探究，积极探求学生表象背后的深层次的本质原因。遇事三思而后行，不忙于下结论。先了解情况，再思考，才能切合实际地解决问题，从而引导学生不断进步。

读完《教育智慧从哪里来》，我明白了："智慧，即使不比爱心更重要，起码也和爱心同等重要。"爱心，是感性的；而智慧，是理性的。在教育工作中，我们不仅需要爱心，同时还需要智慧。让爱心与智慧同行！

读《轻轻松松当好班主任》有感

青岛市即墨区通济八里庄小学　李永磊

当班主任已有 20 年，我深知班主任的工作千头万绪。忙，相信是所有班主任的共同感受。每天从早上踏入校园到送完孩子们回家，我总觉得自己一直在忙，一个接着一个"繁忙"的日子把自己弄得身心俱疲。读了田冰冰老师的《轻轻松松当好班主任》，我茅塞顿开，反复分析自己的能力、学生的情况。其实，只要得法，班主任同样可以游刃有余地完成每天的工作任务，做到忙而不乱。

田老师说，班主任在的时候，学生能做好，是一个基本合格的班主任；班主任不在的时候，学生也能做好，是一个优秀的班主任；班主任在，学生仍不能做好，则是一个不合格的班主任。每一位老师都应该以"能当班主任"为荣。

要当好班主任，就要有一颗爱心，平等对待每一个学生。只有做到了平等地爱每一个学生，才会去尊重学生，信任学生。而这一点正是做好班主任工作的基础。学生只有感受到老师的爱，才会愿意接受老师的教育，我们的教育才会取得预期的效果。所以，我们要尊重每一个学生，与他们从同一个角度看待他们的世界，走进他的心里，多给予他们需要的尊重、信赖、理解、宽容与等待。

读罢此书，印象最深的妙招要数田老师的每日的工作计划。凡事预则立。一份深思熟虑的班级规划，是班级工作的"学期纲领"。提前备课，多花一些时间也不要介意，因为它能让整个学期的工作纲举目张，从容有品。的确，生活中我深深感受到工作规划的重要性，并且也懂得了怎样做好班级规划，让自己的工作有条不紊。第二天要做的工作或者本周要做的工作都要提前列出条目，做好计划。又如当天的工作都有哪些，先做什么，再做什么，都要有一个规划，做到心中有数。制定班级规划，第一步是常规工作。田老师强调，班主任一定要做好学情分析，结合学生的年龄特点、性格及其他因素来分析班级情况，制定相应的工作策略，还要结合学校当前的工作方向，确定自己的班级工作目标。

特别是日计划中常规的内容要有步骤地进行，凡事不可拖拉。总而言之，只有这样，班级的一切工作才能有条不紊地进行，班主任才能出色地完成各项任务，才会工作轻巧，生活轻松，以后的工作才能够从容不迫，云淡风轻。

今后，我将把我所学到的新的班级管理理念运用到班级工作实践中，注重教育方法的研究，不断学习，调整好自己的心态，使班级管理水平不断提高。我将多学习先进经验，不断改进，积极探索，善于总结，使自己的班主任工作不断提高。

《教学勇气》读书札记

莱西市月湖小学　杨　艳

小时候总有人问："你长大以后想干什么？"那时候我会毫不犹豫地回答："当老师。"小时候想法简单，以为老师可以管着小朋友，站在讲台上教给小朋友们知识。长大一点后碰到一些严厉的老师，就觉得将来我要当一个很温柔的老师，跟孩子们一起学习，鼓励孩子们，绝对不严厉批评孩子们。

可是当我真正走上教师的工作岗位后,觉得自己的变化越来越大。与刚刚走上讲台时相比,我的心慢慢地变得"硬"起来了。刚开始,跟孩子们一起玩,一起学习,舍不得批评孩子们,总觉得他们还小。不知什么时候,我也加入了对学生厉声呵斥的行列,以上的感受相信很多老师都有过。我们热爱教育,同时为教育痛苦。我们不辞辛苦,我们乐意学习,我们希望自己的教学生涯充满成功,但现实往往是不尽如人意。有时,我们甚至想放弃,失去了继续努力的勇气。做了十年的教师,最常抱怨我们的那些"来自地狱的学生"。今年暑假拜读了帕克·帕尔默教授的经典论述《教学勇气——漫步教师心灵》一书,我豁然开朗:"来自地狱的学生"不是天生就是那种样子,而是被他或她所不能控制的环境造成的。因此,我们应该使自己的心慢慢地软下来,使我们设定的教学计划稍微慢一点。

小圣是一个很有个性的孩子,也是个让老师头疼的"问题学生"。我刚接一年级,就有幼儿园老师给我提醒说,只要他不太过分你就别管他,随他去,可见他多么让老师们头痛。他上课时从不好好坐,就喜欢下位,还会搞恶作剧,搞得课堂纪律一团糟。有一次上课他吃泡泡糖,我视而不见,不想去管他,谁知道他上讲台把泡泡糖粘到了讲桌上。这时我气坏了,拿着讲台上的一根小尺子,朝他冲过去,我说:"把手伸出来!"我高举起尺子准备用力地打下去,这时他说了一句话:"打就打,反正你没有我妈妈打得痛!"这话让我的尺子停在半空中,再也打不下去了,也让我的怒火像漏气的气球那样泄了一半。我转而问他:"妈妈每天都打你吗?"他没有回答,旁边的同学说:"他每天都不写练习,所以每天都被妈妈打。"我听了这话心里很不是滋味,我盘算着该如何帮助这个孩子。下课了,我灵机一动,叫他帮我把书送回办公室。他愣了一下,但是很快就欣然接受。我看得出他很高兴我给他这个任务,有点受宠若惊的样子,问我:"老师,你座位在哪?"我微笑着说:"你跟着老师来。"在路上我跟他聊了几句,可他显得很拘谨,不太爱说话。以后我每次上完课都会用课余时间跟他接触,慢慢地他对我已没有那么陌生了,也喜欢跟我讲话了。我从他嘴里知道,他的妈妈在市场里卖菜,爸爸去外面打工了,很少有时间陪他。我因势利导,跟他讲妈妈卖菜是很辛苦的,妈妈打他也是出于对他的爱护,妈妈打他时心里也很难受,只要他好好学习妈妈就不会再打他了。经过一段时间的开导,他开始有了一点进步,上课也老实多了。我还经常找机会让他表现,然后在班上表扬他,鼓励他,帮助他找回自信。多给后进生一点爱护和关心，把教育的爱融入他们的心田，他们就会感到教师真正地关心他、帮助他，就会理解教师的教诲和劝告。

教育应像爱因斯坦认为的那样：善于宽容也是教育修养的感情问题。宽容之中蕴含着了解、信任、等待，证明了教育者对自己的教育对象积累了足够的信心，也渗透了一种对于事业、对于孩子的诚挚的热爱。

《教育智慧从哪里来》读后感

莱西市月湖小学　杨　艳

《教育智慧从哪里来》全书分为五个部分，分别就教师问题、学生问题、师生关系、教师与家长关系、管理问题等方面当前在学校、社会和家庭教育中普遍存在的热门的教育案例进行点评和剖析，我感触最深的是教师与家长的关系。

作者王晓春老师在书中是这样说的，根据目前我国国情，从整体水平上看，最适合具体指导家庭教育的人还是教师，因为家长总体上对教育的理解水平尚未达到无须教师指导的程度，虽然这种情况正在改变，大城市变得还很快。教师为了教育好孩子，不知不觉就闯到孩子的家庭中了，我们没办法把家长排除在外。教师与家长的关系就变得复杂了，度也不好把握。现在不少家长重视的是学生的学习成绩，教师就把家长变成了自己的"助教"，只关注孩子的学习，而忽视了孩子的性格培养和习惯养成。我也不例外。

这学期我接手的还是一年级的孩子，在开学初的家长会上我就明确地指出一年级的孩子从幼儿园刚到小学习惯会发生很大的变化，特别是上课认真听讲这一方面。开学后不久，我发现我们班这个问题普遍存在，跟几个家长沟通后，家长们也很配合，有几个孩子听讲不好的习惯有所改变。可是，有一个孩子的家长在跟他沟通后，我有点失望，孩子几乎每个下午都困得不行。我就找孩子了解情况，从孩子那里我知道孩子的妈妈上夜班10点才回家，孩子每天晚上都等妈妈回来才睡，而爸爸却不管孩子，自己睡自己的。于是，我又跟家长沟通，可还是没有效果。这件事就这么过去了。可是不久后，因为单元小测验孩子考得非常不好，所以他爸爸就在微信群里指责我们老师。当时我也有点生气，就在微信群里跟他讲起了道理。可他爸爸就是一句话："教不好就是你们老师不好。"他还警告我们，如果因为那天的事以后不管孩子,他还会继续找事的。这件事发生以后我思考了很久,可能我在微信群里有点让他失面子,我的做法有失妥当。于是,我开始对他的孩子进行辅导,我觉得每个人都是向善的,当他看到老师真心为他孩子付出时他会有所改变的。一段时间后,虽然家长没有跟我当面说什么,但从孩子嘴里我知道,他慢慢地认可了老师,他也开始多多少少地辅导孩子,而不是只顾自己睡觉了,中午他也会跟孩子一起睡个午觉了。

成功可以给人带来荣誉和喜悦,而挫折或许能给人更多的思考,往往孕育着超凡的智慧。经过挫折的历练,教育智慧才会生成,教育品质才会升值。教育智慧源于点滴的学习和深厚的积淀,源于教师对孩子的真爱!

读《轻轻松松当好班主任》有感

莱西市月湖小学　杨　艳

暑假读完了田冰冰老师的《轻轻松松当好班主任》这本书。这本书,让我对班主任这个工作有了新的理解。书中,田老师提出了不少自己成功的经验,同时还有许多真实的案例。我们每位老师或多或少都有些教育经验和案例,而田老师却善于把自己的经验和案例加以总结和提升,值得我们每一位老师学习。

读到"调控课堂三步走"这一节时,我特别感同身受。想起刚当老师的时候,接手的是一年级的孩子,讲课时总有学生在下面低声说话,却找不到人,有的甚至躲到桌子底下躲猫猫,弄得我很生气,但又不知道怎样组织课堂。慢慢地有机会出去听课,发现老师们会用口令控场,特别管用。比如,书中田老师说的"师:一二三;生:请坐端",待学生坐端后,老师重申一下纪律,对表现好的学生给予表扬,之后继续讲课。如果仍有说话的老师可以说"小嘴巴",学生说"闭闭好",这些好的方法特别适用于低年级。

田老师还提到了"老师击掌三次,学生击掌三次",这都是我们现在会用到的方法。

"明确课堂常规"这一章谈到学生课前准备的问题。确实,在现实的学校中,很多班级没有注意到这个问题:学生在预备铃响时还是不能安静下来,非等到任课老师来到教室,才能安静下来,甚至有时要到任课老师开始上课才静得下来。田老师说:"我理想中的班级,应该是打了预备铃,学生就迅速地坐到自己的座位上，立即把书本等物品摆好，安静地等待着老师来上课……"这就需要班主任老师或者相关任课老师不断地教导，特别是班主任老师是最应该负责的。要不断向学生说明：课前准备好了，老师一走进课堂，神清气爽，心无杂念，马上能进入状态，把最好的一面展现出来。要让学生知道，这就是尊敬老师，这也是自己上好课的必要准备，应该成为自觉行动。

当好班主任不是一朝一夕的事情，只有不断地学习研究与积累经验，才能在班主任的道路上不断趋向完美。

走在学生后面

青岛市即墨区德馨小学　孙　岩

闲暇时，有幸得到三本书，其中《学生第一》和《走在孩子后面》让我很震撼，不禁让我想起了以前看到的一幕：有一天出门闲逛，看到一对父女，二人正在花坛边的石头上玩过独木桥的游戏。那石头很窄，只容得下一只脚。女儿走在前面，歪歪扭扭，随时都有可能掉下来。父亲呢，也一小步一小步地跟着，目光紧紧地盯着女儿，在她即将掉落的瞬间伸出手扶了一把。女儿满心欢喜地接着走，越走越顺，越走越大胆……想到这些，我的灵感就来了。

现在的我们总是把学生想得太简单，我们在课堂上总是会围绕着一些学生已经会了的问题反复地讲。比如我自己，我还是以为学生很简单，我还是在学生前面扮演着一个生拉硬拽的角色。我们应该做的很简单，让学生自己走，充分发挥学生的主动性，真正把课堂还给学生，而不是只在表面上高唱学生的主体地位，实际教学中依然牢握指挥棒。我们要做的只是走在学生后面，在他们走得艰难的时候伸出手扶他们一把就行了。

现在的语文教学说得最多的莫过于"耗时低效"，的确是呀。自己想想，我们竟然会用整整一个学期的时间仅仅教授二十几篇文章，这不是耗时又会是什么？但是，不得不面对的一个现实是：如果把我们所教的这些课文拿来问一下学生，有多少人会熟记课文的题目？有多少人会熟记老师在课堂上那些逐词逐句的深挖细抠？其实，学生最先记不住的就是老师在课堂上细到不能再细的分析，这真是一个语文老师的悲哀呀！我们再仔细想想：学生到底记住些什么？答案很简单：字词是他们记得最牢的，其次还有运用语文的能力。最后我们再想想：我们在语文教学上到底要留给学生什么？答案也很简单:扎实的字词和学语文、用语文的方法。

要做到这一点,我觉得教师在备课时要充分地预设,要仔细研读教材:到底我要在这节语文课上教给学生哪些语文学习方法?我要用什么方式引导学生学会?哪些学生可能会存在困难?我又应该用什么样的方法化解学生的困难?只有教师在备课时充分地走在学生前面,在课堂上才能更好地做到走在学生后面:他们会的知识让他们自己掌握,他们能自己发现的规律让他们自己去体验,他们自己能得出的结论让他们自己总结。走在学生后面是真正地把课堂还给学生,走在学生后面才真正培养学生的语言文字运用能力,提升学生的综合素养!

师者,请走在学生后面!

第三节 研修活动

研修主题(一):如何教育自闭儿童

闫丽丽:本周我们研修的主题是"如何教育自闭儿童"。我们班里的小卉是一个轻度自闭且多动的一年级女孩,开学第一天就因忘记上厕所而尿湿裤子,第二天因找不到厕所而在办公室外解手。她听不懂集体指令,许多话需要单独点她的名字后再说。她随时随地的自言自语让她无法正常听讲。即使单独教她写几个数字,她也难和其他孩子一样规范地写到田字格中,甚至反着写数字。开学一个月后,她仍然不能独立找到自己在队伍中的位置。两个月后,她适应了校园生活,在课上开始下位、拿同学的东西、捐同学的脸、撕帮她的同学的辫子,直至撕哭别人。曾经有一阶段,家长在家越打她、罚她,她在校打人的频率就越高。持续的物质刺激,不能起到持续的维持作用。她感兴趣的点不是很多,一旦脱离家长的配合约束,老师们就感到束手无策。对于这种孩子,如何教育呢?

江翠革:小卉的这种情况我们首先应该找到根源,为什么会造成现在这种情况,老师应该跟家长进行沟通,了解小卉从小的生活环境及家庭的教育方式是否有欠缺或者是有不正确的地方。家长首先应该对此做出改变。其次,小卉的适应能力弱,不能和其他孩子一样进行正常上下课,班主任及各任课教师要进行讨论,根据小卉的学习活动制订相关的教学计划和教案设计,并且组成一个帮扶学习小组,也可以请家长来协助上课,课下要有专门的同学负责小卉的活动,如上厕所、上操等一系列的课间和集会活动。要注意观察小卉的兴趣点,并且每周进行心理疏导工作。家长绝不能对她采取暴力行为,而应该转变自己的教育方式寻求突破,家长、老师和学校三方努力,帮助小卉进行转变。

孙岩:这种情况,家长的打骂教育是应该绝对禁止的。很明显,小卉是心理年龄的不成熟,家长、老师、同学们只能给予更多的关爱呵护。学校教育方面,显然不能把对她的教育和其他孩子放在同一条道路上。应当因材施教,从小处、细处入手,比如,训练她自己找到去厕所的路;再比如,训练她听懂别人的话。当然,先期,肯定需要家长的陪读、配合。教育这类学生,不能操之过急。先不用着急让她读书、写字、做题什么的。

杨艳:作为班主任,我们必须了解不健康心理的症结,有的放矢,对症下药,和家长及时沟通。家长肯定希望自己的孩子好好成长,基于这样的前提,适当地提出方法(先期最好家长来学校协助,帮助孩子了解学校,提醒孩子上厕所,告诉孩子上课应该怎么做、上操应该怎么做等等),要求家长配合,老师提出要求,让孩子在家里也能有比较系统的教育方式。孩子犯错时肯定是不能简单地批评,甚至用暴力解决。最好是慢慢地告诉孩子什么是对、什么是错,并具体指导孩子去做。在家或是在学校,如果发现孩子的兴趣所在,就让她做力所能及的工作;发现孩子的优点,哪怕是一点小小的成绩,也应在大家面前肯定、鼓励她,增加她的自信心,帮助她逐步适应学校生活。

梁燕:我是这样认为的,首先,小卉的自闭和多动是否已经得到医学上的专业鉴定。如果是,我觉得不管是学校还是家庭,都要对小卉有准确的定位。像闫老师所说的,父母经常打骂,我觉得原因在于他们对小卉的定位太高。小卉达不到要求,才会如此。那么,我觉得作为有专业知识的老师,我们需要先引导父母接受小卉的一切,然后再来引导小卉形成正常的行为轨迹。形成轨迹的过程是漫长的,是需要学校、家庭双方一起完成的。这对闫老师而言,是个巨大的挑战。我觉得,可以先用一次家长会来让全班的家长了解这个孩子的情况。当然,家长会的内容要先得到小卉家长的允许。在得到家长们的理解之后,请家长们配合,教给自己的孩子和小卉相处的方法。这样做可以减少孩子之间矛盾的发生,弱化出现矛盾后家长之间的问题,随后再来解决小卉的日常行为问题。如果家长有时间,尽量争取家长的陪读,毕竟对自己的孩子，家长的陪伴是最有效的。如果家长没有时间，是否可以请学校安排老师轮岗陪读？我们学校目前就是这样来做的。教师之间的相互支持很重要，以上就是我的一些拙见。

闫丽丽：现在，其他孩子家长都知道这个孩子的大致情况，有些家长在找了小卉家长无果后，直接告诉自己的孩子，若小卉打他，就还回去。小卉妈妈总因不停地跟其他家长道歉而压力倍增，于是直接把教育权交给小卉爸爸，一切由她爸爸处理。她妈妈害怕面对家长，害怕孩子的行为引起"公愤"，不让小卉进入班级上课。所以，家长也是极力配合教育。上大班时，她陪读过一段时间。上一年级后，家长也想过，但孩子不让，怕丢人。她一直治疗着，但因效果不明显，就停止了。她妈妈说，她智商测试仅是幼儿园中班水平，心理上已无障碍，行为上却控制不住自己。

张红：我的从教生涯中未曾遇见这样的孩子，所以没有什么经验可奉上。但我觉得这个孩子遇见丽丽这样有心、有爱、有才华又有责任心的好老师，真的好有福气！这两天我也一直在了解自闭症和多动症，听了大家的发言，收获颇多！

李永磊：我校有个类似的孩子。其实孩子的情况和父母有很大的关系，从小家庭变故，疏于管理，明知孩子有多动症，就是不相信医生，对自己孩子有过高的期望，觉得会搭积木就是聪明。老师把孩子在学校打人、拿人东西、上课趴在桌子下、爱往外跑等情况和家长沟通后，家长不上班，和孩子作息一样，在班级门口看着。看起来有一定效果，但总不是长久之计。我个人认为，这样的孩子我们所有人都要给予一定的宽容理解。作为老师的我们对孩子要一样，又要不一样，要有区别，但又要没有区别。对其他孩子进行一定的教育，无论是防伤害还是对他的关爱都是必要的。与家长交流尤为重要，不放弃但要有心理定位，对孩子进行必要的医治，进行一定的心理疏导、常规的训练等。

江翠苹：还是送特殊教育中心比较好。

李永磊：以前班主任建议过，家长觉得那个地方去了就表示放弃了。

江翠苹：我校也有好几个这种情况的孩子，家长们就是不能接受。

梁燕：这样的学生家长常排斥特殊学校。他们觉得自己的孩子还没有到那个程度,或者说觉得孩子去了那样的学校只会越来越差。他们期望孩子在正常的大环境下会被影响得越来越好,可是事实往往是相反的。在得不到期望的结果之后,家长的情绪就控制不住了,那么最终受到伤害的还是孩子。

梁燕:其实很多时候,不单单是这种特殊的孩子,一些比较调皮或者说学困的孩子,问题往往都不是出在孩子身上,而是他们的原生家庭出了问题。父母没有意识到自己的做法对孩子的成长很不利,只会简单粗暴地用打骂的形式解决问题,他们简单地认为这样就是配合老师教育孩子。其实,这只是他们个人情绪的一种宣泄。对孩子的教育有帮助了吗?根本没有。

李永磊:对,如果不是先天的,就是家庭变故,父母责任很大。

梁燕:所以,对于班里的一些比较特殊的孩子,我都会先去了解他们的家庭,接触他们的父母,希望能够得到他们父母的支持。我所说的支持是希望父母能够先改变自己,而不要先强行用暴力的方法改变孩子。当然,很多时候冰冻三尺非一日之寒。在得不到家长的理解和支持的情况下,我会再把焦点转移到孩子身上,希望通过我和孩子之间的互动,改掉孩子身上的一些缺点。但是,这样收效甚微。孩子在学校里表现得好,但是回到家后,我们在学校几个小时的努力,就会被父母一瞬间的情绪爆发改变。

江翠苹:对,现在大多数孩子身上的问题更多的是家长们惯出来的。

李永磊:家校沟通很重要,家校一致更重要。

李晓宁:我也没有遇到过这样的孩子,不过听说过一个过敏性多动症的孩子。孩子的家长根本没有意识到孩子的这种情况需要就医治疗。家长往往认为孩子比较调皮,大一点或者说老师严一点孩子就好了。所以我觉得这些特殊的孩子需要老师及时和家长沟通,让家长重视孩子的这些情况,不要错过孩子的最佳治疗期。同时老师对于这样的孩子要帮助他们建立起对于新环境的安全感,有些孩子的行为可能是他们安全感缺失造成的。对于我们班比较特殊的孩子,我会想办法让他信任我,有什么事都想跟我分享。这样跟孩子的沟通就会好很多,有利于孩子以后的改变。

张红:永磊有句话说得特别好——要一样,又要不一样,有区别,没区别,看起来很矛盾,但这正是教育的复杂性所在,尤其是我们班主任工作的复杂性和挑战性所在。

和梁燕有同感,这些孩子真的挺让人心疼的。当我们无力改变他们时,就尽最大可能地关爱他们,给他们带来哪怕一点点的幸福、快乐和温暖,以后想起来也会心安。

曾看过一篇文章,咱青岛一位老师在融合教育方面做了有益的尝试。作为特殊教育与普通教育的结合,融合教育强调"有意义地融合,共同成长,主动地改变",强调在普通环境下营造特殊支持的小环境,以实现普通环境中的普通教育与特殊教育的结合。在融合教育理念的支持下,他们学校为随班就读的自闭症特殊儿童创设健康的环境,让他们真正融入同伴之中,取得了良好的效果。我们知道,自闭症儿童有很强的可塑性,学校是他们获得经验最重要的场所,班级是他们成长的摇篮,同学的关爱、团结和帮助能带给他们强烈的潜在影响。这也就是家长明知自己孩子与众不同,也要坚持把孩子放到正常环境中的原因。班里有这样的孩子,意味着老师要付出太多太多的爱心、耐心和责任心,没有爱是无法进行融合教育的。在此基础上,我们还要尊重这些特殊孩子每个人的不同,尊重他们的学习和生活特点,制定个性化的教育方案,辅之以合适的评量方式,更好地促进他们的发展。

据我了解,翠苹老师所在的万科小学在这方面有不少积极的经验,曾经作为山东省随班就读工作现场会分会场。他们非常重视对特殊孩子的教育,他们的核心理念是"融合发展　携手同行　爱心相伴　幸福成长"。我还记得他们说过的一段话:"每一个孩子都是芬芳的花朵,花开的时间有早有迟,有长有短,提供适合的土壤、肥料、阳光、雨露,用足够的耐心、细心和爱心,静待花开……"

付翠丽:像小卉这样的孩子其实是很可怜的。作为老师或者是家长,我们都应该从心里去接受小卉这样一种现状,给予这样的孩子更多的爱,让孩子在爱中改变、成长。具体的做法,我觉得可以从以下几方面来进行。第一,改变孩子的目标。当老师或者父母发现孩子有打人这种倾向或者是行为时,应该给孩子一个其他可以打击的对象,比如说枕头,这样孩子的愤怒就不会没有地方发泄了。第二,教孩子使用交流的方式来表达情绪。当老师或者父母发现孩子有这种消极情绪的时候,要教孩子用语言来表达自己的消极情绪。一旦孩子能够通过更加直接的方法来准确地表达自己的情绪之后,他们的攻击性行为就会慢慢停止。第三,老师或者父母应该让孩子多看一些积极向上的图片和故事,避免让孩子们接触有攻击性行为的游戏和玩具,这样就会避免这种情况的出现。说教是件很容易的事,而教育却是件不能简单的事情,就让我们做一个有爱心、有耐心、细心的好老师,用浓浓的师爱关心像小卉这样的学生吧。让这样特殊的孩子每一天的生活因有我们这样的老师而精彩,让他们的心灵因有我们这样的老师而高贵。

张红:翠丽说得真好! 丽丽班里有这样的学生,不妨跟踪记录,看看孩子有无进步,也可记录我们的努力和成长。

付翠丽:想要教育好学生,除了老师满满的爱,别无他法。

杨艳:我今年也接了一个这样的孩子,碰见这样的孩子就得慢慢来。有时候想一想这样的孩子除了本身存在问题之外,其实有可能也希望得到老师特别的关注。

付翠丽:对待这样的孩子急不得,慢下来,要有足够的爱心、耐心,要细心,相信孩子一定会呈现出一个不一样的自己。

附:闫丽丽老师和小卉的故事——《善待,静候》

善待,静候
青岛西海岸新区育才小学 闫丽丽

当再一次接任一年级班主任时,我的心已经褪去了年轻的浮躁,平和了很多。每一个孩子在我眼中都是那么可爱,即使课堂上一遍遍地教着学说完整的话,也能耐下心来对待。即使面对着那个特殊的孩子,也能尽自己最大的努力去帮她适应新的生活,调节她和其他孩子之间的关系。

经过开学一周半的观察,我对小卉这个特殊的孩子已经不抱更多的希望。让她跟其他孩子一样正常面对一年级的生活已是一种奢望。她学习、生活等方面的障碍,让她总是"另类"于他人。

虽然,她第一天上学就因忘记上厕所而尿湿裤子;第二天因找不到厕所而在办公室外解手;尽管,她每一天都找不到自己在队伍中的位置;从来弄不清厕所到教室的路线;上课总也听不懂老师的群体指令,总爱叽里咕噜地自言自语……但当我看到她极其缓慢的进步,总有一种动力驱使我去耐心地关注她。

每当下课,我总要问一句:"你上不上厕所?""上厕所一定先跟老师说啊。"渐渐地，她要上厕所了就直接大声地跟我说，再没出现尿裤子的现象。尽管写的数字不如别的孩子的漂亮，甚至会反着写出来，但我知道，对于她来说已经很不错了。尽管她听不懂群体指令，但当我单独给她指令，要求她安静地坐好时，她也能很快坐好，并用小手捂一捂自己的嘴巴。这些让我忍俊不禁，并开始对这个特殊的孩子感兴趣，坚信她会进步。

后来，一直找不到队伍中位置的她，竟然能在同伴的帮助下，在队伍中站立不动，甚至学着做操了。尽管有时也需要提醒，但孩子的进步，我看在眼里，喜在心上。随着老师对她的表扬，她安静的次数似乎更多了一些。

开学第二周的周末，当她看到我在黑板上贴上了五个不同颜色的苹果，眼睛里闪过一丝期待，竟然破天荒地在没有单独指令（单独喊她的名字）的情况下喊出了问题的答案："5 可以分成 1 和 4 。"她伸出的四根手指向我，示意她会做这样的题。我又惊又喜，让孩子们立刻把掌声送给她，并让她挑了一个自己喜欢的苹果。我先给她保存着，与她约定：她上课安静地坐好，课下就给她这个苹果。有了这个条件，她一节课出声音的次数明显减少。

课间，她围着我在讲台前转时，不时地搭话，让我对她有了更深的了解。家长对她不停灌输的安全意识，让她在与我交流中流露出来。或许是广告效应在她身上起到了一定的作用。而且，她对动画片很感兴趣。只要是她喜欢的动画片，她会非常安静地看，即使让她调整看的方式，她也能悄悄做到。这让我看到了启迪她心智的切入点。渐渐地，我还发现，她是一个用耳朵听的孩子。家长从来没有让她接触过《弟子规》，但她有一天竟然在路队里大声地背着《弟子规》，那副专注的神情让我忍俊不禁。

渐渐地，我发现，她在进入小学生活两个月后，曾经出现的障碍都不见了。似乎什么也不懂的她，说起来一套一套的，而且有些行为不再像自己控制不了，而是故意的。过分的关注，使她自己动得更厉害。课堂上开始随意下位，拿别人的东西后放到另一个孩子的桌上，甚至在别的任课老师课堂上下位撕女孩子的头发，推同学，掐别人的脸……课间，进入教室的我被一片"告状"声包围。一再的批评教育引来她肆无忌惮、变本加厉地闹腾。有时直接挑衅似的朝我嬉笑，让我束手无策。

但很快，我发现她对自己的小辫子特别上心，总是问我漂不漂亮。我一说漂亮，她就很高兴。于是我灵机一动，先给她提醒：如果再撕别人的头发、动别人，我就给她把辫子撕下来一个。她安静了一天后，行为反弹。我试着给她拆掉了一个辫子，她立刻安静了下来，嘴里自言自语地自责着。当我像发现新大陆一样跟她妈妈交流时，她妈妈说，心理辅导老师就是让他们给她扎一头小辫，让她体会撕别人头发的痛。

在我和家长的联合"治理"下，小卉老实了一段时间，但总在周一时反弹得很厉害，即使拆掉好几个辫子作用也不是很大。于是，我再想其他的办法，每天折一个东西先给她，表现好了就作为一天的奖励。这样，表扬与"辫子惩罚"同时运行，日子相安无事。

我想，只要有足够的耐心，时不时用她感兴趣的方式引导、善待她，强化所教常识，她会有花开的那一天的。只是，对于她来说，花期或许会很漫长。我不期待她短期内能开花结果，只期待她悄悄进步，慢慢成长。

研修主题(二)：遇到如此"特殊"学生，我们该怎么办

张红：本周我们研讨的主题是：遇到如此"特殊"学生，我们该怎么办。大家还记得上次见面时我给大家讲的我班的"特殊学生特殊事"吧？随后附上我的教育故事——《五三班的淘小子》。

闫丽丽：对于小于同学，从案例来看，这个孩子应该是很聪明，内心很想要好，心中也有集体，又极想得到他人的关注，但自控力弱一些。自尊心强，但受挫能力弱。当呈现的结果不如意时，就很难受。要小聪明，有时还胡搅蛮缠。这个孩子，我觉得应该给予心理疏导，让他坦然面对努力付出后的结果。让他明确，并不是付出了就一定会有理想的结果，但只要努力了就不后悔，关键是从中寻找失败的原因，继续努力争取下次的好成绩。在集体中，成果是大家共同努力的结果，所以要想取得理想的成绩，他可以带头和同学一起想办法，而不是哭。他需要明确的是：学会控制自己的情绪，控制自己的言行。随意说出的话，可能会伤害别人，给自己带来的是负面的影响，也不会得到同学的认可。那样，不利于在同学中树立自己的形象。久而久之，就会留下坏的印象。既然他有想好的心理，可以抓住他这点，展开教育，让他向着好的方面发展。当然，要使这个孩子一下子改变，不大可能。毕竟有些习惯形成已久。当出现反弹时，需要抓反复，反复抓。

同时，我觉得这个孩子的家庭教育或家庭成员在处理问题方面存在问题。可以跟家长沟通孩子的一些表现，共同协商教育，争取家长的支持。

我去年也教过一个孩子，软硬不吃，整天嬉皮笑脸。任课老师很不喜欢

他，我多次找他谈话，收效不大。当时，班里的四个孩子结成伙上课捣乱。任课老师压不下来，后来干脆对他们视而不见。为了整体管理班级，我有针对性地找这些孩子的家长，探讨孩子的教育问题，指导家长在家教育。后来我采用了李镇西老师的一些方法，利用班会时间，让全班同学给这四个孩子逐个找优点，并分条列举下来，写在一本本子上，然后找就近的一个负责任的孩子(同桌或后面的同学)每天记录他表现的优点和缺点，然后与家长沟通好，每天家长过目签字，配合教育。一段时间下来，有了一定的成效，但也有反弹。只能根据情况跟他们"斗智斗勇"。

张红：丽丽说得太好了！我非常认同！正如丽丽所说，这个孩子的家庭教育的确存在问题，和家长沟通过，但效果不明显。给孩子找优点这个点子很好，应该有效，我明天就试试。谢谢丽丽！

闫丽丽：希望能帮到这个孩子，让他向着更好的方面发展。

李永磊：于同学的问题，我个人认为是多年来老师、家长、周围的同学等集体的"杰作"，正是多年来众人的妥协，造就了他的优越感。就好像给孩子断奶，正是心软和所谓的怕麻烦，越拖越久，越来越貌似应该。首先，我认为改造时间肯定会很长。告诉家长，孩子这样下去，无法在社会上立足，这样惯孩子有百害无一利，要狠心，要家校一致才有可能改观。其次，对孩子的教育是最重要的，只有自己意识到才是真正的觉醒。这个孩子一根筋，但自尊心很强，张老师的办法乍看无效，但我觉得一定会有用的。很多活动围绕他展开，潜移默化只是时间问题。

杨艳：于同学跟我们班的吴同学情况较为相似，孩子很聪明，读书也多，但是抗挫能力很差。经过跟父母沟通，知道孩子从小由爷爷奶奶姥姥姥爷带大，父母和老人都很惯孩子，什么都依着孩子，加上孩子自己很聪明，可能这个原因导致抗挫能力差。孩子不管是考试还是平常练习，只要做错就会打自己的头，难受得哭。我跟语文老师一开始采取的措施是表扬，但是这个孩子只要有一次没受到表扬就会大闹。发现表扬不太好用，我们转向严格要求。跟父母沟通后，父母也很支持，因为可能陪读发现孩子在班级中的确存在很大问题，所以也特别配合。老师要求家长怎样，家长就怎样配合。经过半个学期的努力，孩子基本走上正轨。虽然有时候还是会闹情绪，但大部分时间能较好地控制自己的情绪。

江翠革：我们六年级一个班也有和于同学类似的一个孩子。前天因为连续几天没完成作业被老师批评后，下午竟然没来上学。经过老师调查后发现孩子中午自己在家，回家后给她妈打电话说下午不上学了。家长没有多问，只说了不同意，也没有及时与班主任联系。这个孩子之前也出现过这种情况，孩子因为老师的批评就自作主张不来上学，家长更没有主动跟班主任请假。像这种情况主要还是家长的教育方式不对，太纵容孩子了，不分对与错，盲目的溺爱对孩子没有好处。

孙岩：五三班的淘小子，或许，每个当过班主任的老师都遇到过，尤其是里面的小于同学，让我很有感触。以前，没有孩子的时候，只觉着教师的"威严"受到了"挑战"，怎么也得把这种孩子给"压"下去。当然，暂时是能压下去，但是，孩子的心里肯定不服气。后来有了孩子，发现儿童的心理很简单，但也很丰富。我们不从他们的角度多想一想，只是一味地去蛮横处理，那是不行的。

他哭，在我们看起来，真是可笑：多大点事呀，值得去哭吗？可是，我们认为的小事，说不定在他心中就是大事呢！所以，不能只把他当成小孩子。

他朝老师喊，在我们看来，确实挺让人生气，但是，正是我们这些老师在他们面前说要守学校的规章制度。这规章制度里，有铃声响，进课堂，也应该有铃声响，下课堂才对呀。

所以，遇到这种淘小子，一要冷静，让自己静下来，静看事情的原因。二要思考，站在孩子们的角度思考，用他们的心理去想为什么，说不定，事情原来很简单。

张红：事情没这么简单。他不是一般地淘，简直可以说是无法无天；他不是简单地喊，他是恶毒地骂。

李晓宁：于同学的情况也让我想到了我班的一个孩子。这个孩子也是属于聪明好动型的孩子，很喜欢表现自己。孩子是家里最小的，也比较娇惯。老师一句批评往往就会让他大哭，老师课堂上没有叫到他发言也会哭，同桌合作也会哭。一天下来，会出现好几次打断课堂上课的现象。谈心是我想到的第一个措施，但是谈心并没起到很好的效果。于是，我又想到了利用班级评价制度来激励他。一天下来，若他没有出现哭闹现象，就可以获得一枚小红星。这个方法还是起到了一定的效果，但有时还会出现反复。近期我又加上了小组评价制度,培养孩子们的集体荣辱感。这个措施还是不错的,一个成员犯错,整个小组就失去了评选星小组的资格。自从这个措施开始实施,这个孩子改变了很多。

梁燕:对于班主任而言,接班的时候遇到一个比较特殊的学生,比接手一个新班更让人费心。由于是半路接班,孩子们的心中就会有一杆秤,秤的两端放着原班主任和新班主任。同样,家长也是如此。因此,接手这样一个班,班主任的工作开展起来难上加难。其实,在上一次的讨论中我们就说过,每一个特殊孩子的背后,都有一个特殊的家庭,想要改变一个特殊的孩子,必须从他的原生家庭入手。我们在处理这样的问题时,一旦遇到原生家庭的家长拒绝改变,那么对于这个孩子来说是可悲的。而对于班主任来说,其中的无奈,无以言表。我们必须在和他有限的缘分的时间内,尽最大可能地改变他的生活轨迹。对于这样的孩子,我总是想先了解他的家庭,希望能够得到他的父母的支持、理解和配合,但很少能得到这样的答复,这是意料之中的。毕竟孩子成长为现在的孩子,也不是一天两天的事情,所以我会把功夫下在班级当中,尽最大可能让班级成为孩子的第二个家,让全班四五十个孩子来影响这一个孩子。我不敢奢望这个孩子会为此而改变。我也知道,我的努力、全班同学的努力和这个孩子的改变效果未必能形成正比,但是我觉得作为老师,作为班主任,只要我们做了就问心无愧。其实,有时候回想起来,越是这样的孩子在离开学校之后,越会把老师放在心里,这说明什么呢? 说明我们做的都会在孩子的成长过程中留下痕迹,而我们工作的意义便在于此。

张红:燕,你真说到我心里了! 拥抱拥抱!

付翠丽:遇到小于这样的熊孩子,有时候会一个头两个大,教育不听,打也不是,骂也不行,究竟如何教育他呢? 我给大家支支招。第一招:分析孩子胡搅蛮缠的原因。事出必有因,询问孩子为何这样胡搅蛮缠,让孩子说出事情的缘由,然后再跟孩子好好讲道理,不要一味地批评,因为孩子已经有了一定的自我意识,越是批评孩子,其叛逆心理就越强,反抗的决心就更大。所以,孩子犯错,家长和老师应先找原因,再对症下药解决问题。第二招:教孩子正确管理情绪。学会管理自己的情绪是一个人应该学会的能力。如果孩子以种种胡搅蛮缠的行为作为宣泄情绪的方法,这显然是不对的。要好好跟他讲道理,告诉他这样做是不应该的,不是好孩子的做法,然后引导他通过一些正当的方式去管理情绪。应该教孩子发泄的正确方式，比如向父母或朋友、老师倾诉自己心中的不愉快；到空旷的地方大喊；可以给小于看一些关于管理情绪的书，让他在学习中明白什么是对、什么是错，这样远远比批评他来得更有效。第三招：给孩子树立良好榜样。父母永远是孩子的第一任老师，跟小于的父母沟通，让他们为孩子树立一个良好的榜样，以身作则，绝不要用暴力解决问题，要对孩子给予更多积极的关注和尊重，鼓励孩子的正确行为，能让孩子更愿意倾听、学习和改变。发现孩子的不良行为一定要及时阻止，并好好教导孩子，避免极端教育方式助长孩子的叛逆心理。第四招：多关注孩子、陪伴孩子。有时候孩子犯错只是为了引起老师、父母的注意，并不是真的想胡搅蛮缠。如果是这样，那么老师、父母就要好好反思，是不是缺乏对孩子的关爱，平时对他忽视不理，导致孩子产生这种负面的想法。多关注孩子、陪伴孩子，不要让他觉得孤独，要给予他更多的关爱，填满他内心的空缺，不让坏情绪影响了孩子。

张红：感谢大家的分享。倾听着大家的发言，感受着大家的智慧，我"郁闷"的心也得到了些许安慰。有你们，真好！回首初心，有对教育事业的挚爱，有对烦琐生活的热心与执着，有对生命成长的耐心与包容。初心依然存在，我决心砥砺前行！加油！加油！加油！

附：五三班的淘小子

这个学期，对我来说，是一个不同寻常的学期。因为班里有四个非常特别的孩子——小林、小于、小徐、小王，四位各有各的"过人之处"：毫无忌惮，口无遮拦，不愿用心，随心所欲。因为他们的存在，整个班级不仅难得片刻安宁，而且显得"热闹非凡"。五年级三班，每天都在发生不同的故事，每天都在上演别样的剧情。

尤其是口无遮拦的小于同学，他的优点是爱学习，书写认真，发言积极，乐于助人，最爱当班干部帮老师管同学。他最大的特点是爱哭。上课举手发言时，叫了别的同学没叫他，哭；做了错事，老师说几句，哭，再批评，就骂；《多一点诗意》这本书，因四班没有，我们作为邻班要分一半过去，哭；小组比赛，他组输了，哭；在基地素质拓展课上走软桥，他一米七四的个子排在最后，一时半会轮不到他，就开始着急出样，终于在他前面还有四个同学时哭出了声……

一天下雨不上操，班主任看班。因经常有外班学生来"告状"，说我们班有几个孩子在洗手间欺负人，大课间时间长，更要避免产生矛盾。所以我先把学生组织起来，进行教育，防患于未然。他大声说笑，我让他停，他说下课了，我说我说完再下课，他大声吆喝："打铃了就是下课了！"我说："我说下课再下课！"他一直嘟囔个不停。我很生气："自从升入五年级，表扬你次数太多了，给你口好气你不知姓什么了！"他把桌子一拍，站了起来："我知道，我姓于！"第二天，校领导来听课，我班上作文，指导了20分钟，我说25开始计时，40分钟后收。怕小于再捣乱，我提前讲好："这样会把课间包进去，铃响咱就不下课了，作文交上后老师还给大家十几分钟，把课间玩回来，同学们能接受吗？于同学，你能接受吗？""能。""不能说'打铃了就是下课了！'""不能。"

一次数学课上，他来到我办公室，说肚子疼，要喝水。我问："饮水机里没有吗？"他说饮水机水不够热。我给他加满热水，他喝了一点，我又给他加满，他抱着走了。上操时他说不想去，肚子疼。我说肚子疼更要跟在我身边，我好随时关注，他坚持不去。我说："那行，我重新找一个班干部带队。"他一听这话，马上说："我去我去！"来到操场，我说："今天不舒服，你不用跳绳，站在阴凉处看着同学们就行了。"当天上操时，五个孩子特别不遵守纪律，他们是小王、小于、小林、小徐、小泽（四位都在里面）。我把这五个孩子叫在前面逐个分析，先说优点再说缺点。小泽在跳绳时和小王总是聚在一起玩游戏，我在队伍中提醒三次，上楼梯时继续玩剪子包袱锤，我又提醒了两次；小林在队伍中一直说笑打闹，旁若无人，视纪律为无物；小于带队不像个带队的，自己转转着说个不停。这些同学每人扣五分，小于放声哭了："我说不下去你非让我下去，我肚子疼你还让我下去！你还扣我分！"我笑着说："你真没有良心！来，我再跟你说说我为什么让你下去……"到小徐时，我说："小徐也有优点啊！小徐品德考了45，比很多同学都高，小徐在品德课上学习也很努力。语文也不错，考了66，下次考试小徐若能得76我给加量化10分，86加20，96加30（当然他目前是无论如何达不到这个高度的）。"小于着急了："老师，我考96你也给我加30。"我说："你不能和小徐一个标准，那不把自己降低了？"他一听这话又哭了，说我不公平，他的口头禅就是哭着说"不公平"。我当场无语了："你这个学习上能得优秀等级的学生怎么能跟小徐攀这个伴儿？"为了安抚他的情绪，也为了让全班同学理解真正的公平，我说："我给大家举个例子吧！"我在黑板上画了三个小人儿、三个箱子、一堵墙，墙内是精彩的球赛。"假设这三个小人儿是我们班的三个孩子，这个最小的小徐，中个儿的是小涵，这个大个儿就是小于。小徐看不见，我给他个箱子，还看不见，我再给他加上个。小涵也看不见啊，我也给他一个箱子，这下他俩都看见了。小于，你会不会说老师不公平，光给他俩不给我？"他摇摇头。我继续说："你个儿高，根本不需要。如果以你的观点小徐有你也该有。我要说，给你两个箱子，站上去也许还有危险来。"他说："嗯，我一头就扎下去了。""所以，真正的公平，并不像你所说，而是你需要我给你，你若不需要，我就不必多此一举。"

9月20日，中午放学，我在教室门口整顿好纪律。带到一楼时，学生说话，我继续停下整顿，他在队伍里说笑。我说："你出来！离开队伍！"他一下子坐到走廊窗台上，又哭了："我又没说话，你凭什么叫我出来……"丁老师走到身边，看他在骂骂咧咧，就哄他："别哭，你有什么话，你跟张老师说说。"明明在那里边说边笑，还拒不承认！我说："丁老师，你不用跟他费口舌，你走吧！""你是什么老师？你瞎眼了！"他破口大骂！全班同学都在场。

以后的日子，每当我提到要心存感恩、尊敬老师时，还没提到他名字，他都会不高兴："我不就犯了这么点儿错？你又得说？""你以为这个错还小？你还得怎么样？"他压根就没意识到自己错的严重性！

所以，距离第一次"发飙"100多天之后，有一天第一节数学课，他再一次开骂！骂黑老师，并且很难听。我彻底无语了！我也曾耐心教育过他，也曾用爱心温暖过他，也严厉地批评过他，但都无济于事。我很伤心，也很担心，我不知道下一次会在什么时候来临，下一位被伤害的会是哪一位老师。我很惶恐，我很无奈，我很无助。25年来，头一次遇到这样的学生，头一次有如此大的挫败感，感觉自己几乎没了成就感，一片茫然。回首初心，有对教育事业的挚爱，有对烦琐生活的热心与执着，有对生命成长的耐心与包容。"耐"，古同"奈"，既然有些无可奈何，唯有默默接受了。生活总得继续啊！初心依然存在，决心砥砺前行！

事发之后，班会课上，我给孩子们讲了一个故事——《世界，正在悄悄地奖励有教养的孩子》，希望能对孩子们有点启发。家庭教育的缺失，现在靠学校教育来弥补，成效甚微，但我不会放弃。成长远比成功更重要，培养孩子如同种树，只有先在根上滋养他，然后以品德之养分来灌溉，孩子们才能长得枝繁叶茂，离阳光更近些。我告诉学生，要努力做一个谦让、随和、助人的小孩。

其实，早在开学第一天，我就送给了孩子们一句话："让人们因我的存在而感到幸福。"我教育学生，平时说话做事的时候，都想想是否会给他人带来幸福，至少应该努力做到不妨碍他人。我相信，这样慢慢地引导，孩子们会潜移默化地受到教育，当整个班级形成感恩的风气时，那些特别的孩子也或多或少会受到积极的影响。后来，我又带领孩子们写感恩日记，更是受到了学生的欢迎。

忙忙碌碌，走走停停，还好，心里的彩虹一直都在。2018，为自己加油！

研修主题（三）：如何应对进入叛逆期的孩子

付翠丽：本周我们研修的主题是"如何应对进入叛逆期的孩子"。欣然是班里一个外表十分文静的女孩，从小很听父母的话。随着年龄的增长，进入六年级的欣然越来越看不惯父母，更严重的是开始明里暗里与父母对着干。

最近，欣然的父亲让她帮自己干点活，她当时正在写作业，就没有吭声。父亲见女儿一点反应都没有，就上前质问她："我叫你帮我干活呢，你听不见吗？还坐着不动！"令父亲没想到的是，欣然淡淡地看了父亲一眼，然后慢条斯理地回答："你没看到我正在写作业吗？你让我帮你干活征求我的意见了没有？"

一向言听计从的欣然突然这样，让父亲大吃一惊，禁不住怒火中烧，顺手拿起旁边的扫帚。欣然没有躲，反而抬头怒视着父亲。这更加激怒了父亲，他用扫帚狠狠地朝女儿的胳膊打了下去。

结果，欣然的胳膊肿了好几天。从此以后，欣然算是与父亲"结下了仇"，不但一直不与父亲说话，而且只要看到父亲在哪儿，她扭头就走，像躲避瘟疫一样。欣然的父亲看到女儿这个态度，也不知如何是好了。

杨艳：很明显孩子进入了青春叛逆期。我觉得对待叛逆期的孩子应该给予尊重，家长对特殊时期的孩子要有耐心，不能用家长的身份打压孩子。

孙岩：我也觉得家长最不应该做的就是打骂。虽然如果自己的孩子这样做，我也一定会很生气，但是，我们都知道，父母打骂完了，只是把自己当时的气愤发泄出来了而已，对于问题的解决，没有一点点帮助。面对这样的事情，家长还是选择冷静处理比较好，尤其是文中的孩子明显是在写作业呀。

梁燕：欣然的故事的确应该引起我们对"乖孩子"的反思：在老师和家长面前的乖孩子，是真的心甘情愿地跟从，还是惧怕于师长的威严而压抑自我？

当孩子还小的时候,他们的能量场很小,有些事情即使他们认为是对的,也不敢坚持,或者说没有能量坚持。但是这股力量不会消失,而是积攒在小小的身体里。随着孩子们一天天长大,到了所谓的青春期,孩子们的能量积攒到了一定的程度,他们有想要维护自己想法的意识,也有这样的能量,所以会在一时间爆发出来。而这样的爆发对于父母而言,是出乎意料的,所以父母的反应是不理解的表现,而这个时候父母采取打骂孩子,无疑是对自己无法安置的情绪的掩饰。其实,在孩子小的时候,家长就应该正视孩子们的听话,要把说话的权利还给孩子。不给孩子提供积攒怨气的机会,这样孩子就不会在青春期瞬间爆发,而对于已经积攒到青春期的孩子而言,首先处理的,应该是彼此的情绪。在大家都心平气和的情况下,再把问题拿出来逐条分析,分析是留给孩子说话的权利。大家把对事情的看法都拿到台面上来。如果觉得自己言之有理,那么就用自己的依据说服对方,即使在这个环节中家长"败下阵"来,也可以有效地了解孩子的真实想法。这样的家庭沟通才是有效的。

江翠苹:叛逆期对于孩子们而言是必须经历的一个阶段,但如何帮助孩子们度过这个阶段,需要家长们共同努力并智慧地处理。欣然的表现很大程度上跟与父母从小的沟通有关,能够看出从小欣然的父亲属于命令式的家长,认为自己的一切都是对的,孩子必须照做。但随着年龄的增长,孩子们有了自己的判断、自己的思想,不接受家长们的控制,所以父亲显然接受不了。而采取这种不可取的做法只会让矛盾越来越深,这个时候家长应该考虑原因,即为什么会这样。面对叛逆期的孩子,家长要有足够的耐心、足够的包容心跟孩子摆事实、讲道理,用真理说服他们,而不是用武力解决。

闫丽丽:欣然由一个乖乖女变成与大人对着干的孩子,实际上是有一个过程的。刚开始,她没有自己的思想时,只是默默地接受着大人的命令与呵斥,没有反抗。在外人看来,她就是一个言听计从的孩子。但是,当这样的事情越来越多时,她一次次默默接受的同时,不满在心中慢慢积聚。她也在默默思考,默默与别人对比。渐渐地,她有了自己的思想。当青春期来临,独立、认为自己长大了的思想开始冲击孩子的头脑,青春的萌动里多了一分冲动。尤其当任务压头,再次听到不合时宜的命令时,她的思想再也压抑不住,如火山一样爆发,让家长一时难以接受。冰冻三尺,非一日之寒。其实,这种现象的出现,应该早有苗头,只是轻微,家长没在意罢了。最主要的不是青春期惹的祸，而是家长的教育出了问题。一味把欣然当小孩子看待，没有从她的角度看问题，没有替她考虑过，只是顺着大人的意愿来，孩子只能越来越反感大人的行为，只不过迫于大人威严，没有表现得很强烈。当孩子的任务烦琐时，她的情绪也会跟着烦躁，大人再无视她这些，再次命令时，孩子的情绪就会爆发。如果大人不及时跟上疏导，矛盾就会激化。武力，不是解决青春期问题的方法，它只会让问题向相反的方向发展。这时家长所能做的，就是反思自己的言行，调整自己的心态，改变自己的做法，把孩子当一个大人看待，从孩子的角度思考问题，找到原因，找准谈话的切入点，平心静气地沟通，疏导孩子的情绪，让她平稳情绪，顺利地度过青春期。

李永磊：欣然叛逆说明她一直没有得到父母的尊重和爱。以前她是父母眼中的乖乖女，是因为她自以为没有能力反抗，委曲求全。当她有了自己的想法，感觉自己有力量时，她就会反抗。文中欣然父亲在孩子作业时，用命令式口吻让孩子干活，孩子又怎能不拒绝？我觉得首先父母应该放下姿态，尊重孩子。在尊重前提下和孩子沟通，进行思想碰撞增进了解，创建良好的亲子关系，才能正确引导孩子。

李晓宁：面对处于这个时期的孩子，家长要懂得多倾听孩子的心声。交流都是相互的，想让孩子听你的，就要主动多去倾听一下孩子的想法，别总觉得孩子小不知道什么，其实孩子是不善于表达。如果家长善于引导，孩子就会把心里的想法告知家长，得到理解的孩子就会变得很听话，因为她们觉得被理解被尊重了。

张红：故事中的欣然显然进入了叛逆期。这个时期的孩子独立意识和自我意识开始增强，他们经常会用一种很特别的方法来确立"自我"与外界的平等地位。此时，孩子的心理是很脆弱、很敏感的，更需要家长的引导与呵护。欣然爸爸这样情绪激动地"教育"孩子，孩子会本能地抗拒。遇到这样的情况，家长应该冷静下来，尊重孩子，尽可能不在心烦、急躁时教育孩子，以免恶化关系。面对这些处在十字路口的孩子，家长的教育要更加耐心、细心和用心，应该多关注孩子的心态，多与孩子沟通，知道孩子心里在想些什么，理解孩子的喜怒哀乐，培养孩子的健康心态。我曾经读过刘称莲老师的《陪孩子走过高中三年》，深受启发。刘老师看到孩子有问题的时候，先表达自己的感受，然后问孩子怎么看。有一次她看到女儿回家后情绪很低，就试探着问：

"宝贝,妈妈觉得你今天情绪不高,遇到什么事情了吗?"表达自己的感受,表明妈妈细心地关注到了她的低落情绪,并且非常关心她,这对孩子的心理首先就是一个安慰。而且她问的是"遇到什么事情了吗",而不是"你怎么了",这是对事不对人的一种表示,孩子会感觉舒服一些,所以才愿意敞开心扉。我们做老师的也要特别关注处于叛逆期的孩子,尽可能地尊重他们,理解他们,帮助他们平稳地度过这个特殊的时期。

孙岩:我倒觉得,成年人先不要给孩子戴上"叛逆期"这样的帽子,就好像心理学家陈默教授说的,世上本没有什么多动症儿童,只是成年人这样说着、说着就创造出来了一样。我们应该明白,这个时期,恰恰是孩子长大的表现,就好像一年级孩子哭着拿着掉了的牙来找老师诉说,我们应该笑着告诉他们:"宝贝,恭喜你,又长大了一点哦。"这个时候的欣然,很明显,是有自我意识的表现,家长先在心里接受这种表现,才会心平气和地面对。班主任老师应该介入这件事,先找欣然父亲谈谈话,沟通一下,然后也过问过问欣然对此事的想法,最终应该能化解这个不必要的矛盾。

张红:同意孙岩的观点。大人心里有数就行,不必当着孩子的面过多提"叛逆"这个词,有些孩子会把"叛逆"当理由,变本加厉地闹情绪。家长平时注意观察孩子的情绪变化,及时和孩子沟通,别让负面情绪升级,多数孩子能平稳度过这段时期。

付翠丽:叛逆心理产生的原因多种多样,具体可以归结为:孩子自身的原因,父母的不当教育,学校、同学或社会的影响。找孩子谈心,找出她叛逆的真正原因。

将心比心,用理解化解欣然的叛逆。出现叛逆心理,表明欣然已经长大,正在学着独立自主。虽然行为上有些过激,但对于她来说并不是一件坏事。如果父母善加利用,她的叛逆心理和行为会向好的方向发展。

1. 对欣然要宽容理解,平等尊重。欣然出现了过激行为,父母最好采用冷静处理的方法,否则会加重她的叛逆心理。

2. 引导欣然舒缓不良情绪。叛逆期的孩子常伴有不良情绪,父母可以用合适的方法引导她舒缓这种情绪。比如带欣然多出去运动,让她学会冷静对待或主动找父母、同学倾诉,鼓励她去做自己喜欢的事情。

3. 教欣然学着换位思考。父母在欣然情绪好的时候,应该教她站在父母的立场上考虑问题,体谅父母的辛苦,有了叛逆心理时,要学会克制,减少冲动的行为。

4.鼓励欣然勇敢面对现实。很多外界的因素,比如生活环境、周围人群的态度,都不可能依个人意志为转移。父母要鼓励欣然面对这样一个现实,试着调整自己,减少对外界的苛求,更好地融入社会。

研修主题(四):爱笑又爱哭的小浩

李晓宁:本周我们要研修的主题是"爱笑又爱哭的小浩"。小浩长得很矮小,但白白净净,架着一副黑色的小眼镜。小浩很喜欢笑,他一笑起来小眼睛眯成了一条缝,参差不齐的小牙全露了出来。课间经常可以听到他的笑声,而且每次他遇到觉得好笑的事情,就会跑过来抱着我说个不停。课间小浩的笑让我喜欢,有时候听见他的笑我也觉得很开心。

课堂上的小浩同样也很喜欢笑,一丁点的小插曲,就会让他大笑起来。他的笑声也很快会影响到其他的同学,打乱了课堂的节奏,让我很生气。我对他很大声地批评,效果很好,小浩马上不笑了。但是他却立刻转到了哭的节奏,开始是小声委屈地哭,我对他置之不理,他就声音越来越大。我只能放弃讲课转上自习课,将他叫到身边谈话。

小浩就是这样,情绪来得很快,同时也很敏感,要求你格外关注。作为老师也是会有情绪的,不当的处理往往又会让我后悔。大家说,我该怎么处理?

闫丽丽:我认为这个孩子应该是一个情绪化且性格执拗的孩子。这个孩子在小的时候很有可能很娇惯,家长或其他长辈看孩子时为了不让孩子哭,过分迁就孩子。一人笑,全家乐;一哭百应,所以孩子受不得半点委屈。但他很明白大人的心理,他知道如何用自己的情绪去制约大人。久而久之,孩子形成了这种不良的习惯。无论对谁,一不顺心,就用这种方式表达自己的内心感情。在学校,他想用这种方式引起老师的关注。在这种孩子的心中,他就是中心,人人都应该围着他来转,而且这种孩子的意志力很薄弱。一旦开了一次头,他就会有第二次,第三次……对于这种孩子,我们可以和家长沟通,让家长明白孩子这样对成长的弊端。希望家长配合教育,并能与学校达成一致,完全支持配合学校教育,尽快改掉孩子这个毛病。我想,这样的孩子越去哄他,他说不定哭得越厉害。哭得起劲的时候,讲道理也听不进去。用我们的话说,他就是不识惯的一个孩子。所以,有时候冷处理不妨是一种好办法。

安抚好其他孩子，该干什么干什么，任何人都不去理他，哭一段时间他就没劲哭了。等他情绪稳定了，再跟他讲道理，他当时可能表现出不是很愿意接受，但他过后一定会思考，再一次哭时，他就会想好多。因为他知道，老师这儿，用哭解决问题行不通。告诉孩子，在困难和挫折面前，不要哭，而应动手动脑、勤于思考，找出失败的原因，顽强地坚持下去。当他稍有进步时，就进行表扬，具体点出他进步的地方，让他清楚老师是在关注他。同时要明确地告诉孩子，有要求应该通过语言来表达，而不是哭闹解决，那是无能的表现。也可以引导孩子看一些故事进行勇敢教育，让他在心中树立榜样，学着努力控制情绪，做一个更坚强的孩子。家长平时注意引导，进行勇敢教育，教孩子掌握一些做事的方法和技巧，让孩子多做一些力所能及的事情，让他们学会适当承受一些挫败感，性格坚强，自然就会减少哭泣。

张红：丽丽说得真好！为丽丽鼓掌！

李晓宁：真棒！

李永磊：闫老师说得太好了，很全面。非要说的话，感觉教师需要智慧的底蕴，要与时俱进，多读书。不但要尊重，关心孩子，更需要教育机智。像文中的小浩，我们要了解家庭背景，要鼓励，要约束，既要说服，又要"惩罚"。我认为在课堂上尽量不要激化矛盾，不要激怒他，要冷处理。他笑就让他笑好了，一个"嘘"，相信比大声斥责好一点。就像老师们说的控制自己的情绪，让我们继续修炼吧。

杨艳：我觉得孩子养成这样的习惯是多方面原因造成的。如果在课堂上发生案例中的事，我会跟班里的老师协调，把孩子先送到办公室，以免他的笑或者哭影响到其他孩子。这样也可以避免因为他的情绪影响到我上课的情绪而对他批评。课后再对他进行教育，告诉他老师很喜欢他，只要不在课上捣乱，老师就会表扬他，并且进行奖励；可是如果他控制不住自己的情绪，老师就会批评他，并且也会惹老师生气。自己要学会控制情绪。

江翠苹：低年级的学生出现这种情况的概率比较高，这充分说明孩子在家里属于溺爱型的，家长什么事都依从于他，所以在他看来没有不应该的事。家庭教育没有给他形成一定的规则，进入学校生活后方方面面都需要规则约束自己，但他显然是缺乏对规则的认知，更不会去遵守。所以，还是家庭教育出现了问题。针对这种情况应该多跟家长沟通，让孩子知道在学校不是在家里那么随便、那么放任自我，课上多表扬典型学生，让他知道自己与别的同学的差别，知道什么是对的，什么是错的。

梁燕：我觉得大家说得都非常有道理。看完这个案例后，我首先想到的是，这个孩子的口欲期是怎样度过的，换句话说，就是这个孩子戒奶的时候家长采取了怎样的措施。很多时候孩子们产生的问题是在婴儿时期就埋下了伏笔的。

孙岩：这种情况，我是真见多了，因为教了三年一年级。我非常同意老师们的说法，"问题孩子"的背后都有一个有问题的家庭。在进入一年级前，这个孩子已经形成了这种无规矩的习惯，想笑就笑，不如意就哭。所以，一定要请父母到学校来，很认真地探讨这个问题。当然，面对家长，我们也不能把这件事夸大。只是从让孩子养成好习惯，或者如何让孩子顺利适应小学一年级生活等话题入手，和家长共同探讨。要求父母在家中的教育方式以及和孩子谈话的方式，最大可能地和学校里老师的要求一致。只有这样，才会家校合一，慢慢地给他养成好习惯。不过在课堂上，我们尽量不当众点名批评，因为孩子还是太小，我们要让他养好习惯，也不能急于求成。当众点名容易让其他小孩子分心，也容易伤他的自尊心。在课堂上，他扰乱课堂纪律，我建议还是采取小声提醒，行为干预(教师走到身边，拍拍他的肩膀，做安静的手势提醒等等)，这样可能更容易让他接受。

付翠丽：一年级的学生刚从学前班或幼儿园转到正规的课堂上来学习，他们还不知道课堂纪律是何物。如果只是一味地批评，只能管得了一时，却管不了一堂，还容易挫伤学生的自信心和自尊心。小浩很明显的特点是求关注，教师应当利用儿童都喜欢被表扬的特性，去发现小浩的闪光点，在他没有又笑又哭的表现时，及时给予表扬鼓励，有时也可适当采取奖励小红花、小红旗、小星星的方法，把他引入教师所希望的轨道上来。教育小浩学会自控，尊重他人。平时在他不闹时，可以通过讲故事或他身边认识的小学生的表现教育他，将他的情绪消灭在萌芽状态，让他慢慢学会控制自己的情绪，学会尊重课堂、尊重老师、尊重同学。但这是个慢过程，学生养成教育的过程，就需要我们老师反复抓、抓反复，一定要有耐心。

张红：大家都说得非常好！通过这次深入的研讨交流，相信大家都收获不少。我们做班主任的，真应该多读书多学习，并且善于将学到的知识运用到教育实践中,才能灵活应对各种各样与众不同的孩子,让我们为成为研究型、智慧型、专家型班主任而努力奋斗吧!

研修主题(五):一年级第一次家长会如何开

杨艳:本周我们要研修的主题是"一年级第一次家长会如何开"。对于一年级老师来说,每年新生的第一个家长会很重要,开不好的话,会有各种问题在第一个学期内出现,比如换位问题、同学之间的小摩擦。从幼儿园的宽松环境到一年级的紧凑环境,孩子各种不适应,家长各种不适应。作为班主任,我们从哪些方面给家长做好思想工作取得家长的信任和支持呢?

江翠萍:孩子从出生到上幼儿园前一直接受的是家长的主观意识的教育,幼儿园阶段是第一个约束自己的地方,但还是最基础的"可以"与"不可以"之间的关系。一年级是小朋友从自由自在的生活环境到有条条框框的具体要求的适应期,而孩子们适应得好不好关键在于家长和学校的这一座桥梁搭建得怎么样。第一次家长会,班主任与家长之间首先要建立一种互信的关系,让家长对我们足够信任,才能更好地开展以后的家校工作。其次,要对家长进行心理上的点拨,将入学后学习以及学校生活等方面的要求讲明白,并让家长明白家庭教育的重要性,共同引导孩子们更好地适应小学生活。

闫丽丽:孩子刚上一年级,家长诸多的担心会萦绕心头,既有心理上对老师的审视观望,又迫切希望得到老师的帮助。要让家长配合老师让孩子尽快适应新的环境,班主任的沟通交流起着重要作用。首先,我们得在孩子报到的那一天创造一个温馨、和谐的氛围,让家长、孩子都喜欢校园、教室,家长才跟孩子有得夸啊,这是一种无形的思想工作。我们教师的慈爱、温和,要让家长和孩子有安全感和信任感,包括我们讲的每一件事,让家长感到我们处处为孩子着想,和家长是站在一条线上的,认为我们是细心的人,把孩子交给我们放心。这样,家长才会心甘情愿地做好后续的配合教育工作。

当然,我们也要把孩子可能出现的一些情况跟家长沟通,并给家长支着,让家长做到心中有数。如果孩子出现暂时的逃学现象,家长要理解我们所做的一切都是为了孩子尽快适应新的环境,家长不要因为心疼孩子过多干预,不仅行动上要能够配合老师,而且事后要跟上教育。

其次,家校教育方式不尽相同,观点自然不同。当家校观点有冲突时,让家长明白:不要在孩子面前表露出任何一点不满,可以私下跟老师沟通,否则对自己的孩子不好。而家长应该做的,是在孩子面前恰当地表扬老师,让孩子喜欢老师,才能听从老师的教育。

再次,让家长明白一年级是养成习惯的最佳时期,罗列出具体的做法,让家长协助养成习惯,使孩子尽快适应小学生活。

在开家长会时,可以结合事例,用通俗易接受的方式介入,使家长不仅知其然,而且知其所以然,家长才会心服口服,也会避免好多不必要的麻烦。

孙岩:很幸运,我一连教了三个一年级,每年新生家长会都是让人煞费苦心,也积累了几点经验,拿出来跟姐妹们分享一下。新生家长会有几点要尤其注意。

1.大部分一年级家长都会很焦虑,担心自己的孩子在学校里不适应,更担心孩子在学校里的生活。

我们学校中午托管,所以家长焦虑得更多。于是,家长会第一条,播放孩子们在学校的一天,要很细致很细致,细致到每节课下课班主任都会提醒孩子们喝水、上厕所、洗手;细致到中午给他们夹菜,督促他们多喝粥;细致到午睡时提醒孩子们脱好外套,避免出汗等等。这样做的目的只有一个,让家长放心地把孩子交到你的手里。你会像妈妈一样关注每一个孩子,关注他们每一个细小的方面。

2.和家长交流你管理班级的理念。

尤其重要的是,你不是只关注分数,而是在打好基础的前提下,更注重习惯养成、同伴交流、礼仪素养等方面。最好列举实例,让家长们明白你为什么会有这样的理念,让家长们尤其是一批批年轻的新生家长们了解。对于诸如孩子们之间的小矛盾、小摩擦、小委屈,你会充分听取他们的倾诉,同时合理地处理,力求不伤害孩子们的心灵,又让孩子们重新找回友谊。所以,你希望家长们面对孩子的倾诉时也不要小题大做,当然可以打电话和教师沟通想法等等。

3.说说你目前接手后重点要培养的几个习惯,最好先是一个,最多两个。

我们当时最先培养的是整理的习惯和倾听的习惯。告诉家长你在学校里会怎样要求孩子们,家长们在家中应如何配合你。

梁燕:我觉得对于一年级来说,要做好心理准备的不仅仅是学生,还有家长。就孩子而言,他们从以游戏活动为主的幼儿园进入以学习活动为主的小学,首先在时间上会呈现出各种不适应,具体表现为上课睡觉,站队速度慢,不知道作业为何物等。要改正这些问题，不能只从表面入手，还要从根源入手，当然最好是在萌芽期就将这些问题解决。家长的心理建设特别重要。只有家长做好了充分的准备，才能帮助这些小孩完成幼儿园到小学的过渡。因此，第一个家长会就显得尤为重要。家长会上，老师需要从物质上的准备、精神上的准备等方面给家长做详细说明，物质上的准备要细化到铅笔带几支、尺子带几把、铅笔怎么来削这样的问题；而精神上的准备，老师要结合之前所带班级出现的种种问题进行事前说明，不仅仅是帮助家长们做好过渡，更是便于在以后问题发生时解决问题。

付翠丽：一是让学生家长了解自己孩子所在的班级的老师，从心里佩服。然后希望家长始终与老师站同一战线上，尤其孩子有情绪时，一定要在他们面前表扬老师，让孩子从入学时就为自己在这个班级骄傲，理解老师的辛苦，以后的工作就会顺利得多。二是小学是培养习惯的黄金时期，让家长真切地感受到老师把每一个孩子都放在心里，配合老师的工作，使学生尽快养成良好的习惯。三是经常在家长群里发送孩子好的日常表现，让家长放心，从而更加支持老师的工作。

李晓宁：我发现，一年级的家长有不少认为，小孩进入小学，就是来学习系统的文化知识的。应该在第一次家长会上让家长们了解到这个观点是比较片面的，是不可取的。不错，小孩进入小学是要开始学习系统的文化知识了，我们的家长进行学习辅导也是必要的，但这绝对不是小学教育的全部，也不是家庭教育的全部。小学教育的主要任务是为儿童今后的全面发展打好基础。这个基础，不仅包括学习的基础，还包括做人的基础、生活的基础。如果说得简洁点，就是要逐步培养学生学会做人、学会生活、学会学习。这是我们小学教育的任务，也应该成为家庭教育的目标，因为学校教育与家庭教育的方向是一致的。

学会做人的内容很多，对一年级的小朋友来讲，就是要学会对人有礼貌，学会尊重人，学会关心人，学会与人交往，学会与人相处。再具体一点，就是要对长辈、老师、同学有礼貌，学会尊重父母、尊重老师和同学（学会倾听、学会接受别人的意见），学会体贴、关心父母（不给父母添麻烦，尽量减轻父母的负担，关心父母的身体和情绪状态，学会询问和安慰父母……），学会关心老师，学会帮助同学，学会同情弱者，学会与同学友好相处（一起游戏、活动），不争吵，不闹别扭。这些都是做人的基础，打好了这些基础，将对孩子一生的发展产生积极的影响（尤其是孩子之间的相处这个方面给家长们讲清楚了，也可避免个别家长在孩子发生摩擦后小题大做）。

学会生活。主要跟家长们谈谈习惯的培养。良好的习惯一旦形成，将使人终身受用。一年级小朋友要培养的生活习惯有早睡早起的习惯（晚8点，早6点）、早晚刷牙的习惯、饭前便后洗手的习惯、保持卫生的习惯、勤剪指甲的习惯、物有定所的习惯等。学习习惯包括课堂习惯、上下课的准备习惯以及路队习惯等（这些可以通过图片和视频直观地展现给家长们）。一年级小朋友要培养自己穿衣脱衣的技能、自己穿鞋系带的技能、自己刷牙洗脸洗脚的技能、自己盛饭的技能等，凡是自己能做的事都要自己做。

一年级的家长会，要让家长们了解孩子在学校的各种情况，还要让他们知道在家里要怎样引导和培养孩子，让孩子尽快适应小学生活。

李永磊：我只开过一次一年级的家长会，但感觉就是要从老师、孩子、家长三方入手。要介绍老师的工作，让家长了解并给予理解，尊重喜欢老师。要从专业方面介绍孩子的身心特点。既然是家长会，要给家长一些教育孩子的有针对性的小建议，如督促孩子学习、良好习惯养成，让家长在孩子转型时先转型适应小学生活。

张红：听了老师们的发言，感觉大家的工作真是周到、细致，实操性特别强，佩服佩服！感觉有了这些经验，教一年级都不打怵了呢！这些怀着不安与渴望从幼儿园步入小学的孩子将面临很多挑战：如何适应新的校园生活？如何和新老师、新同学建立亲密的关系，从中体验学校生活的愉快？这也就是丽丽和梁燕说的环境适应问题。解决好这些问题，将有助于小学生尽快适应学校生活，从而为他们顺利度过整个小学阶段奠定基础。而这个过程离不开家长的大力支持，家校沟通显得尤为重要。在实际操作过程中，运用上大家的经验之谈，效果一定不会差。感谢大家愉快地交流、无私地分享！

研修主题（六）：小学生上学该不该戴电话手表

李永磊：本周我们要研修的主题是"小学生上学该不该戴电话手表"。我班现在有不少孩子家长都给配备了电话手表，甚至使用手机，相信这种现象在其他班也比较普遍。但小学生自制力不强，贪玩，上课"欣赏"靓丽的外壳，对着阳光随意摆弄，严重影响了正常的上课秩序。课下部分孩子互相攀比，聚在一起玩手机游戏、肆意上网等。找部分家长谈过，但家长们认为，现代社会不太安全，家长们上班，不能按时接送孩子上放学，也不能经常陪伴在孩子身边，给孩子配上电话手表或手机可方便随时联系。到底家长该不该给孩子配电话手表或手机呢？

李晓宁：小学生，尤其是低年级学生，自制力比较差，戴着电话手表上课很容易分心。而且孩子们课下对于手表其他功能的着迷，也影响了学生课间活动的开展。同时，一些电话手表可以通过手机APP，在手表佩戴人不知情的情况下启动，手机上就能听见手表周围的声音。某些情况下，这一功能会帮助家长掌握孩子所处的环境，但也有一部分家长在孩子上课时使用这一功能，让老师有一种被"监视"的感觉。

家长们买电话手表，无非是担心孩子上学和放学路上的安全问题。学校里有老师，家长们完全可以放心。我对于班里孩子的要求是，电话手表家长可以买，孩子也可以戴，但进入教室手表要放在自己的书包里，书包要锁到走廊的柜子里。放学准备时可以拿出戴在自己的手腕上。

闫丽丽：我认为小学生佩戴电话手表或手机没有必要。理由如下：一、这两样东西都有辐射，对孩子身体不好。二、这些电子产品会吸引孩子的注意力，本来小孩子注意力集中的时间不长，学习又是"枯燥无味"的事情，他们会认为还不如玩这些呢。所以，当孩子把注意力用到这些上面的时候，家长想收回，收回的只是电话手表或手机，孩子的心不好收。三、进课堂带手机，一旦响起，会扰乱正常的上课秩序。四、这些容易让孩子形成攀比心理。尤其低年级孩子，只是知道别人有，好玩，也想跟家长要。多数家长给孩子买这个是担心孩子安全，有这些联系方便。实际上，孩子的安全关键是培养孩子的安全意识，提高孩子的认知能力及防范意识。多数小学生上放学路上都有家长接送，在学校有事可以直接跟老师联系。当然，我们跟家长摆明这些后，家长就是想让孩子戴，我们可以跟孩子约定：上课不能玩或不能上课时间响起，一旦出现其中一种情形，由老师代为保管，然后交由家长带回，不得再进入课堂；自己保存好，若随意乱放，一旦丢失自己负责。

江翠革：对于电话手表我也不建议孩子们上学戴。手表是用来看时间的，但电话手表就是一个监视器，让我们老师们感觉有种不安全感，并且给我们的工作带来了麻烦。我有时候上课孩子们的电话手表就会响，影响上课，有的班的学生竟然上课外出接电话。孩子们在校上学是一件很平常的事，不知道家长们为什么那么不放心。就算是为了方便联系，也应该直接跟我们班主任联系，而不是与孩子直接联系。有一次，我班一个学生下课后不见了，我问了才知道原来家长给他打电话来接他，没跟我说直接出去了。所以，这个电话手表是不必戴的。

付翠丽：我也不建议学生上学戴电话手表。一是容易让学生分散课堂注意力，引发攀比心理，而且更多的学生是把它当成玩具，失去了它的价值，因此没实际意义。学生在学校有任何需要帮助的地方，都可以随时找老师；学生在学校有任何情况，老师都会及时与家长联系。因此小学生没必要戴着电话手表上学，家长也无须过多担心。二是安全意识的培养不能完全依靠科技。孩子心智不成熟，可能就是把它作为玩具，而且即便是高科技防丢失技术，也并非万全之策。家长买了个放心，但是不能完全依赖于此，日常的行为规范教育才是最重要的。

杨艳：电话手表不建议戴着上学。每年开家长会的时候，也会给家长提个醒。电话手表影响孩子的注意力。有的孩子早晨自己戴着手表来了，可能想起老师不让戴了，摘下来自己放书包里了，但是老是有心事，上课的时候手一直放书包里捣鼓，所以真的影响孩子的注意力。还有，这个学期别的班级里的孩子戴着手表上学，把老师批评另一个孩子的话录下来了，中午在辅导班放给其他孩子听，被辅导班老师听到了，要求孩子把录音删了。虽然都是小事，但是会造成不太好的影响。就像其他老师说的，有种被监视的感觉。所以不建议孩子戴电话手表上学。

孙岩：姐妹们说的我非常同意。我们班一开始也有戴电话手表的，而且的确很容易引起攀比心理。我们班就是有家长先提出来不要让孩子戴电话手表到学校的。其次，利用家长会的时机，我们可以把各种利弊对家长们说清楚。其实，班里很多家长还是比较支持的。

张红：我也不建议小学生戴电话手表，手机更不能带。感觉弊大于利。大家已经说得很全面了，除此之外，我认为还有别的弊端。本学期，我们班一个学生在洗手间玩水，和邻班同学发生了冲突，把水喷到了邻班同学的耳朵里。邻班同学直接用自己的电话手表给家长打了电话，然后跟班主任说，他家长要来领他去医院看耳朵。他班主任一听，赶紧了解情况，并通知我此事。我们马上把孩子叫到一起处理问题。虽说事情得到了解决，但给我们班主任工作造成了被动。本学期还有件事，我们办公室一位班主任老师接到家长电话，问他的孩子是否在教室上课，原因是他收到孩子的定位不在学校，而是在离学校不远的一个路口，结果造成了不必要的担心。

梁燕：对于电话手表，学生该不该戴到学校这个问题，我的看法是不建议学生将电话手表戴至学校。理由有以下几点：首先，同一个班级里的学生家庭情况参差不齐，电话手表戴到学校来势必会导致班级内出现攀比的现象。而如今的家庭，多数家长都能够满足孩子的各种需求。这样一来，孩子们想要得到的东西太容易被满足，孩子就少了进取的欲望。第二点，当孩子拿到一个新鲜的物件时，就会心心念念地想着、念着，这样就会导致上课的精力不集中。而手表的使用不当可能会引起课堂上的小骚动，导致更多的孩子听讲的注意力被影响。第三点，一旦手表在学校内丢失，就会有太多的说不清，牵扯更多人的精力，也会影响孩子之间的友情。其实，家长不必过度担心，孩子在学校内发生任何情况，老师都会第一时间告诉家长，所以我觉得孩子没有必要戴电话手表到学校来。

研修主题（七）：面对父母离异的"问题孩子"，该怎么办

江翠苹：本周我们要研修的主题是"面对父母离异的'问题孩子'，该怎么办"。六年级女孩小月，从小父母感情不和离异，跟奶奶生活，后来妈妈重组家庭把小月接了过去。小月学习上跟不上，自己不愿意学，妈妈因为从小对她的亏欠也不强制要求，作业从来不记也不写，所有自己能做的事全是妈妈包办。经过多次与家长的沟通，家长开始意识到对孩子的教育需要改变。但是，小月接受不了父母在学习上对自己的管束，变得不愿意说话，干什么也慢吞吞。家长也跟我说不敢多管，说得最多的就是"老师多费心"。面对这种情况，我们应该怎么办？

张红：说起来，这个孩子也真是可怜。几年的时间，家庭的变故，环境的改变，大人都不易接受，更何况孩子。我觉得，她现在不仅仅是表面上的不爱学习，而是一种心理问题。再加上逐渐进入青春期，孩子变得更加敏感脆弱。父母离异给孩子造成的伤害既成事实，无法回避。家长也明白，但可能会为自己没能给孩子一个完整的家而愧疚，为了弥补孩子缺失的爱，经常会溺爱孩子。必须让家长明白：孩子在承受父母离异的打击之后固然需要安慰，但父母的安慰必须通过正确的方式来表达，过分的迁就与溺爱只会造成孩子新的

行为问题。

在学校，我们也只能尽力而为，让孩子内心多些温暖。我们做老师的，多表扬孩子的优点，增强其自信；多关注孩子的学业辅导，及时提供适当的帮助，使其消除无助感；多组织一些集体活动，引导小月这样的孩子参加，增加她人际交往的机会，更多的是自然地引导同学们来关心、帮助、支持她，因为同龄儿童的接纳至关重要。

梁燕：我觉得要解决这一问题还是要从家长入手。首先要通过沟通使家长明白自己怎样做对孩子才是有利的。也许家长最难过的是自己那一关，总觉得亏欠孩子，就会无底线地妥协。每一次对孩子的"强硬"，都觉得是更加对不起孩子。可是，我们都知道这样的想法是错误的。所以，我们首先要帮家长把这个观念扭过来，这需要老师的支持。其实，这个时候我反倒觉得老师应该是那个贴心的人。当家长对孩子的过激行为进行强行制止时，老师再适当地介入，给予安抚的同时引导孩子明白家长这样做的苦心，来缓和家长和孩子的关系。

孙岩：都说"问题孩子"背后都有"问题父母"，这话真不假。我也认为先得转变家长的理念。家长首先得明白这样一味迁就孩子根本不是办法，而且孩子已经上六年级，家长再这样下去，孩子也会觉得就应该迁就她。既然孩子已经大了，就把她当成大人来沟通，家长完全可以大大方方承认错误。自己当初的不容易跟孩子直接说，现在为什么要在一起生活也直接说。更重要的是要说清楚，家长虽然离异，但这并不表明要事事顺从她，否则就是对孩子的更不负责任了。我觉得六年级孩子应该会理解家长了。

杨艳：家长尽量不要无原则地迁就、溺爱孩子。在离异之后，为人父母者往往更加怜悯孩子，啥事都依孩子，一切都任由孩子摆布，宁愿自己受苦受累，也不让孩子受一点"委屈"。其结果常常导致孩子处处以自我为中心，变成自私、专横和任性，缺乏同情心和责任感，不懂得尊重他人，往往瞧不起含辛茹苦养育自己的父母。我们要把利弊跟孩子母亲讲清楚，尽量慢慢地跟家长一块改变孩子，在学校多给孩子温暖。

闫丽丽：小月小时候跟着奶奶生活，可能日子不如跟着妈妈舒适，但奶奶对她的教育应该不会管束太多。她自然从小就习惯了自己管理自己的生活。妈妈接过去后，又给予太多的放任，她就习惯成自然了。学习上的懒散不再是想管就可以管理好的。一个习惯了衣来伸手、饭来张口的孩子,让她去爱劳动,怎么可能?更何况,妈妈把她从一个家庭带入另一个家庭,孩子对新家庭中的一切是否真的适应呢?随着她年龄的增长,她在对一些现象进行分析思考,敏感、叛逆会逐渐加强。如果妈妈再婚后又有了宝宝,孩子的反应会更厉害。一不小心,就会触动她敏感的心。妈妈的转变,会让她怎么想呢?所以,她的心理很复杂。家长如果硬逼着来很容易出事。这就是家长也不敢多管的原因。我觉得,当务之急需要家长跟上教育,经常跟孩子沟通,消除可能存在的误解。让她了解妈妈的心声,她才可能改变。经常观察、沟通,需要家长跟上。我们老师能做的,就是多给予孩子一些关心,拉近孩子与我们的距离,才能让她听从教导,或许能了解她的内心,为她的转变找到突破口。否则,到了初中,很容易陷入早恋,以后就更难以管理。

李永磊:我认为小月的情况是典型的家庭问题引发的孩子问题。无论是妈妈,还是奶奶,都觉得对不起孩子,故而放纵、包办、替代,致使孩子懒散、拖拉。孩子看起来小,其实他们很敏感,家庭变故,和别的小朋友的不同,让他们容易心生怨恨,无助,没有希望、斗志及进取之心。以前我班也有一个父母闹矛盾分居的孩子,当家庭和好后孩子各方面就明显好转。我想作为老师两方都要沟通。对于母亲我们要劝导怎么慢慢让孩子适应独立、规则并给予孩子希望。对于孩子我们要关爱、多交流,使她感受和别人一样的生活,她不是特殊的。否则,真能出现逃课、早恋等现象。

李晓宁:大家说得好棒,我觉得不少离异家庭的孩子在心理上会有一些自卑,缺乏安全感。小月的一系列表现一方面是家长的问题,另一方面小月自身的心理也是有一定的问题的。六年级的孩子已经进入叛逆期。我觉得老师的确需要多关注一下这个孩子,多发现她的闪光点,让她多参与班级的工作,建立她的自信心和做事情的自主性。而家长应该多与孩子进行沟通,多和孩子共同去做一些事情,拉近与孩子的距离。

付翠丽:一个"问题孩子"的背后必然有一对"问题父母"。父母离异给孩子心理上造成的痛苦,是我们成年人难以想象的。在这个过程中,老师和家长要给予小月更多的关注和关怀,而不是放纵。让孩子感受到她虽然家庭不健全,但她被爱包围,从不缺爱。最重要的是要让小月学会感恩,感恩父母和老师对她的付出。一个心怀感恩的人是一定不会像小月这样的。相信小月会慢慢地不再内向,变得活泼开朗。

江翠苹:溺爱是不可取的。每个家庭都应该找到适合自己的相处和教育的方式,希望每个孩子都能幸福、快乐地生活。